Karen Heidl

Das Frauen-
Computerbuch:
Word

IWT Verlag GmbH

CIP-Titelaufnahme der Deutschen Bibliothek

Heidl, Karen:
Word 5.0, 5.5 : Was Frauen schon immer über dieses Textverarbeitungssystem wissen wollten / Karen Heidl. – Vaterstetten : IWT-Verl., 1992
(Das Frauen-Computerbuch)
ISBN 3-88322-419-7

Unser Beitrag zum Umweltschutz:
IWT-Bücher werden auf säurearm hergestelltem Papier gedruckt. Unser Motto ist „Qualität vor Quantität", um durch dünnere, aber inhaltlich hochwertige Bücher den Papierverbrauch (und die Umweltschädigung durch die Papierherstellung) in vertretbaren Grenzen zu halten.
Um eine umweltbelastende Herstellung und Entsorgung von Verpackungsmaterial zu vermeiden, schweißen wir unsere Bücher nicht mehr in Folie ein.

ISBN 3-88322-419-7
1. Auflage 1992

Printed in Germany
© Copyright 1992 by IWT Verlag GmbH
Vaterstetten bei München

Herstellung: Freiburger Graphische Betriebe, Freiburg
Umschlaggestaltung: CommunAction, München
Satz und Layout: C. Neumann

Inhaltsverzeichnis

Einführung

Geleitwort von Dagmar Berghoff

Wahrscheinlich gelte ich bereits als Fossil in der heutigen Zeit, weil ich immer noch kein Fax-Gerät zuhause habe, geschweige denn mit einem Computer umgehen kann. Gar nicht mal aus Angst vor der Technik, sondern irgendwann habe ich entnervt meine Versuche aufgegeben, solch eine Maschine nach den komplizierten Lehranweisungen zu verstehen und damit zu beherrschen.

So wie mir wird es vielen Frauen gehen, vor allem, wenn noch eine gewisse Scheu, ein Unbehagen gegenüber dem Computer mit seinem Sprachkauderwelch und seiner unüberschaubaren Tastatur dazukommen.

Aber um mich herum höre ich nur begeisterte Stimmen, wenn einer oder eine mal seine/ihren PC „im Griff" hat. Die Möglichkeiten, das Gerät einzusetzen, scheinen schier unbegrenzt, die Zeitersparnis gar nicht zu bezahlen, und außerdem scheint es allen richtig Spaß zu machen, mit ihrem PC zu experimentieren.

Ob man es nicht doch noch einmal probieren sollte??

Hier ist eine Lehrbuchreihe, die Anfängerinnen behutsam und sehr geduldig in die zunächst völlig unverständliche und geheimnisvolle Welt der Computer einführen will.

Diesem Vorhaben wünsche ich sehr viel Erfolg!

Und wer weiß, vielleicht werden sogar wir am Ende dieser Lehrgänge zu überzeugten Computerfreaks...

Ihre Dagmar Berghoff

Computerbücher für Frauen?

Funktioniert der Computer anders, wenn Frauen ihn bedienen? Müssen Frauen andere Tasten drücken, damit der PC läuft?

Nein, natürlich nicht. Das, was im Zusammenhang mit dem Computer erlernt werden muß, ist natürlich immer das Gleiche.

Ein Unterschied besteht aber vor allem in der Art und Weise, wie Frauen sich technisches Wissen aneignen und anwenden.

Frauen betrachten einen Computer ernsthaft, etwas ehrfurchtsvoll und ängstlich. Wenn etwas anderes passiert als erwartet, halten sie sich selbst für inkompetent: „Ich kann halt nicht damit umgehen". Männer haben keinerlei solcher Hemmungen. Ihr Umgang mit dem Computer ist eher spielerisch - sie probieren so lange, bis es funktioniert. Und wenn es nicht funktioniert, dann liegt das an der „blöden Kiste", nicht an ihnen selbst.

Diese Unsicherheit und Angst möchten wir unseren Leserinnen gerne nehmen. Spaß am Ausprobieren und Interesse am selbständigen Erobern der PC-Welt möchten wir Ihnen nahebringen. Damit Sie eine Selbständigkeit in technischen Dingen, eine Unabhängigkeit von wohlmeinenden Helfern erreichen.

Der Einstieg in den Umgang mit einem Computer ist für alle Menschen sehr verwirrend: eine vollständig neue und fremde Welt technischer Geräte und Spielereien, eine babylonische Sprachverwirrung bei den Fachausdrücken und in den unverständlichen Handbüchern. Für Frauen ist dieser Einstieg allerdings besonders schwer, weil sie zudem oft von den „netten" Kollegen, Freunden, Partnern oder Söhnen als die „dümmeren Menschen" hingestellt werden.

Begonnen hat das ganze Malheur mit der unterschiedlichen Erziehung von Jungen und Mädchen. Es wurden und werden an sie oft - bewußt und unbewußt - andere Erwartungen gestellt: Mädchen ordnen wir den sozial-integrativen, sprachlich-kommunikativen und ästhetischen Bereichen, Jungen hingegen eher den handwerklichen, technischen und naturwissenschaftlichen Bereichen zu. Bewußte und unbewußte Eingriffe des erziehenden Umfelds haben zur Folge, daß Kinder sich stärker in den angeblich für ihr jeweiliges Geschlecht passenden Bereichen entwickeln. Die vielen Diskussionen um Koedukation - also der gemeinsame Unterricht von Jungen und Mädchen - zeigen, daß der so entstandene Unterschied offenbar doch sehr groß ist. Mädchen verhalten sich z.B. im technisch orientierten Unterricht ganz unterschiedlich, je nachdem ob sie unter sich oder mit Jungen zusammen unterrichtet werden.

Nur Mädchen aus reinen Mädchenschulen gehen ähnlich selbstbewußt mit dem Computer um wie Jungen. Dazu kommen die äußeren Bedingungen: etwa 70 % der Jungen *besitzen* zu Hause einen eigenen Rechner, aber nur etwa 40 % der Mädchen können zu Hause einen Rechner *benutzen* - und der gehört oftmals nicht einmal ihnen, sondern dem Vater oder Bruder.

Dennoch: Es besteht kein Grund, die Technik-Kompetenz weiterhin nur den Männern zu überlassen!

Die Frauen-Computerbücher wollen Ihnen dabei helfen, auch diese Kompetenz zu erlangen. Sie sind keine Fachbücher zweiter Klasse, sondern Bücher, die abgestimmt sind auf die besonderen Bedürfnisse ihrer Leserinnen. Diese Bücher sind geschrieben für Frauen, die den Einstieg in die Computerwelt finden möchten oder müssen. Sie sprechen die Leserin direkt an, nicht nur einen anonymen Benutzer oder Anwender. Verfaßt wurden sie ebenfalls von Frauen - die sich natürlich bestens auf die Leserinnen einstellen können, schließlich mußten sie sich selbst ja einmal allein durch den EDV-Dschungel schlagen. Sie nehmen Frauen ernst in ihrer Angst vor der Technik, sie erklären ohne Überheblichkeit, ohne ausgrenzendes Vokabular oder unverständliches Fachchinesisch zu benutzen. Zur Veranschaulichung verwenden Sie viele Beispiele, die der weiblichen Erfahrungswelt entnommen sind; außerdem erklären an den Stellen, an denen bildliche Darstellungen sinnvoller und anschaulicher als Worte sind, viele Abbildungen den Sachverhalt. Die Autorinnen erklären nach und nach, Schritt für Schritt, mit Rückbezüge und durch Wiederholung von schon Erklärtem, wie ein Computer, ein Programm oder ein Betriebssystem funktioniert. Nicht nur in theoretischen Exkursen, sondern vor allem sehr praxisnah. Auf diese Weise versuchen sie, eine umfassende Sicht des Computers und seiner Programme zu vermitteln, ein Grundverständnis, das zu einem technischen Selbstbewußtsein verhilft.

Dieses Selbstbewußtsein hatten Frauen früher übrigens ganz selbstverständlich. Denn die Geschichte des Computers ist stark geprägt von engagierten Frauen - was allerdings oft verschwiegen wird.

Erst im 20. Jahrhundert nämlich wurden mit dem Wort Computer große Rechenmaschinen bezeichnet. Aber schon seit dem 18. Jahrhundert gab es in England „computer", womit weiblich Arbeitskräfte gemeint waren, die unter Anleitung von Mathematikern Logarithmentafeln für die Seefahrt erstellten. Später übernahmen solche Frauen die Berechnungen für astrologische, in unserem Jahrhundert dann für militärische Zwecke. Als einer der ersten elektronischen Computer, ENIAC, in den USA entwickelt wurde, programmierten ihn sechs dieser ehemaligen Rechnerinnen, die sogenannten ENIAC-Girls. Später hieß es dann, die Frauen seien nur beschäftigt worden, da man das wirklich Anspruchsvolle des Programmierens weit unterschätzt habe...

Dabei war die erste im heutigen Sinne programmierende Person auch eine Frau: Ada Gräfin von Lovelace, eine Tochter des englischen Dichters Lord Byron. Sie hat vor 150 Jahren die von einem englischen Mathematiker erfundene „Analytische Maschine", eine Art Vorstufe des Computers, in ihren Funktionsweisen und Möglichkeiten beschrieben. Zur Erklärung entwickelte sie ganze Folgen von Befehlen, die ersten Computer-Programme, die schon die Grundkonzepte der heutigen Programmierpraxis enthielten. Seitdem gilt sie als die erste Programmiererin der Welt; das US-amerikanische Verteidigungsministerium hat sogar eine Programmiersprache nach ihr benannt: ADA.

Sehr erfolgreich war auch die Programmiererin Grace M. Hopper, die u.a. den ersten Compiler entwickelte (ein Übersetzungsprogramm, mit dem Befehle in Maschinensprache übertragen werden), was eine enorme Erleichterung für die Programmierung bedeutete. Grace Hopper wirkte aber vor allem federführend an der Entwicklung der Programmiersprache COBOL mit. Wie sehr damals jedoch Männer die technische Welt anführten, zeigt eine der vielen Auszeichnungen von Grace Hopper: 1969 wurde sie zum „Computer Science Man (!) of the Year" ernannt.

Wir wünschen Ihnen genügend Mut, viel Spaß und viel Erfolg für Ihren Eintritt in die Welt der Computer.

Wenn Sie uns einmal schreiben möchten, welche Erfahrungen Sie dabei machen, wie Ihnen unsere Bücher dabei geholfen haben und welche Verbesserungsvorschläge Sie machen wollen, würde es uns sehr freuen.

IWT Verlag GmbH
Elke Hansel
Lektorin
Postfach 11 44
8011 Vaterstetten

Vorwort

Textverarbeitung ist eigentlich ein ziemlich scheußliches Wort. Ich persönlich muß dabei immer an Hackfleisch denken – etwas wird zerstückelt, zu Mus verarbeitet.

Dieser Eindruck verstärkt sich, wenn ich Literatur zum Thema Textverarbeitung zu Rate ziehe. Hier werden zwar die einzelnen Bestandteile eines Textverarbeitungsprogramms systematisch, korrekt und mehr oder weniger vollständig erläutert, aber **wie** sich die Bestandteile in einer vernünftigen Arbeitsweise wieder zusammensetzen lassen, leuchtet der Leserin erst einmal nicht ein.

Aber lassen wir es bei dieser Terminologie – es ist ja bekannt, daß in Informatikerkreisen die interessantesten Neuschöpfungen unseren guten alten Wortschatz bereichern: Booten bezeichnet zum Beispiel nicht den in jedem Fall zu vermeidenden Vorgang, einen Rechner zu baden, sondern lediglich das automatische Laden des Betriebssystems nach dem Einschalten des Computers. Wie so viele Begriffe des Computerchinesisch stammt auch er aus dem Englischen.

Dieses Buch beschäftigt sich mit der Text**be**arbeitung und -gestaltung mit Hilfe der Programme Word 5.0 und Word 5.5.

Die beiden Word-Versionen unterscheiden sich hauptsächlich durch Äußerlichkeiten. So wurde zum Beispiel in Word 5.5 die Fenstertechnik der Anwenderin zur Verfügung gestellt, das heißt unter anderem, daß Sie mehr von dem, was Sie gerade tun, auf dem Bildschirm nachvollziehen können. Die Menüs in Word 5.5 sind noch übersichtlicher und zum Teil anders aufgebaut. Die Entwicklungen von 5.0 zu 5.5 können unter dem inzwischen immer beliebter werdenden Stichwort „Steigerung der Anwender(innen)freundlichkeit" gefaßt werden. Diese Tendenz schließt zum Beispiel das Arbeiten mit der Maus ein, ebenso die differenzierte Fenstertechnik. Abgesehen davon, daß in der Tat bestimmte Abläufe in Word 5.5 objektiv verkürzt und vereinfacht wurden und die Leistungsfähigkeit des Programms gesteigert wurde, kann man über das, was anwender(innen)freundlich ist, streiten (Maus oder nicht Maus?).

Es werden anschließend nicht alle Aspekte dieser Programme erläutert, so bleiben etwa das Arbeiten mit Druckformatvorlagen oder mit automatischer Gliederung ausgespart. Für eine Anwenderin und gegebenenfalls Einsteigerin ist es wichtig, die Struktur des Programms zu verstehen und alltägliche Arbeitsabläufe zu bewältigen. Der Rest kommt dann von ganz allein, und Sie werden die in diesem Buch nicht besprochenen Optionen nach und nach selbst erforschen. Über das nötige Vorwissen dazu werden Sie verfügen.

Als alltägliche Arbeitsabläufe bezeichne ich das Schreiben von Briefen und anderen, längeren Texten, das Erstellen von Serienbriefen und Adreßaufklebern sowie Tabellen. Die Ausführungen hangeln sich an diesen thematischen Schwerpunkten entlang, während alles Wichtige dazu eingebettet wird. Zum Beispiel werden Tabulatoren erst beim Thema „Tabellen", Spaltensatz erst unter der Überschrift „Zwei- und mehrspaltiger Adressendruck" erläutert usw. Sollten Sie also im Inhaltsverzeichnis nicht sofort eine benötigte Information finden, schlagen Sie im differenzierteren Stichwortverzeichnis nach.

Formales:

Es findet konzeptionell keine Zweiteilung zwischen Word 5.0 und Word 5.5 statt. Die Tastenfolgen bzw. Ausführungsschritte werden zwar jeweils unterschieden, jedoch die Erläuterungen dazu gelten meistens für beide Word-Versionen. Eventuell markieren Sie sich beim Arbeiten mit dem Buch die für Sie wichtigen Tastenfolgen jeweils mit einem Textmarker, das hilft Ihnen wahrscheinlich, sich schneller zurechtzufinden. Nur wenn es „ganz dick kommt", das heißt, wenn sich die Arbeitsweisen in den beiden Programmen fast grundlegend unterscheiden, wurden die entsprechenden Abschnitte voneinander abgetrennt.

Die Tastaturbezeichnungen sind vielfältig. Ich habe mich zwar auf eine bestimmte Bezeichnungsweise festgelegt, anfangs finden Sie jedoch noch die Alternativbezeichnungen (zum Beispiel: Eingabetaste = Return = CR = Wagenrückholtaste). Die in Deutschland verwendeten Tastaturen selbst – die sogenannten Keyboards - können englische Bezeichnungen aufweisen oder eben deutsche (zum Beispiel Del für „delete" auf der englischen Tastatur und Entf für „entfernen" auf der deutschen Tastatur). Diese deutsch-englischen Variationsmöglichkeiten sind immer im Text integriert, zum Beispiel in der Form: Umschalttaste-Del (Umschalttaste-Entf).

Ich denke, daß Sie sich mit diesen Vorab-Informationen zurechtfinden werden, und wünsche Ihnen viel Erfolg!

Berlin, August 1992

Karen Heidl

1 Die wichtigsten Einstiegsinformationen über Word

Das Programm MS-Word gehört zu den am weitesten verbreiteten Textverarbeitungsprogrammen. Seine Entwicklung fiel gerade in jene Zeit, als viele mittelständische und Kleinstfirmen den Computer für ihre Zwecke entdeckten. Wenn auch die Software-Hersteller schon wieder dabei sind, sogenannte „neue Standards" ihrer Produkte auf den Markt zu werfen, so kann man doch davon ausgehen, daß sich das gute alte Word 5.0 und inzwischen sein Nachfolger, Word 5.5, noch eine ganze Weile wacker schlagen werden.

Dies hat gute Gründe: Abgesehen davon, daß wir – zumeist – Anwenderinnen kaum Lust, Zeit und die nicht zu knappen finanziellen Mittel haben werden, uns mit immer neuen Software-Spielereien zu befassen, sind diese beiden Word-Versionen in ihren vielen Textverarbeitungsmöglichkeiten schon so komplex und vielseitig, daß sie die Grundbedürfnisse bei der Texterstellung und -gestaltung mehr als abdecken. Wenn Sie eine Weile mit Word gearbeitet und vielleicht hier und da einmal spielerisch herumprobiert haben werden, werden Sie höchstwahrscheinlich feststellen, daß mit den sich anbietenden Möglichkeiten auch Ihre persönlichen Gestaltungsansprüche und Optimierungswünsche wachsen. Im Moment wird sich Ihr Ehrgeiz allerdings auf Bescheideneres richten:

Was ist Word?

Word ist ein Programm, das wiederum aus einigen Unterprogrammen besteht, mit denen Sie alles, was Sie schreiben, fast beliebig vergrößern, verkleinern, hin- und herschieben, einrücken, umsortieren, ausrichten, unterstreichen, umranden, fett oder kursiv schreiben, x-mal kopieren, speichern, löschen, drucken sowie automatisch korrigieren und trennen, suchen, auswechseln und vieles andere mehr können.

1.1 Einstieg in Word

Im Prinzip gibt es zwei verschiedene Möglichkeiten, an Word heranzukommen, das hängt ganz davon ab, was auf dem Bildschirm schließlich erscheint, wenn der Rechner seine sogenannte Startroutine beendet hat. Nachdem Sie den Rechner und gegebenenfalls gesondert den Bildschirm eingeschaltet haben, fängt es ein wenig in Ihrer Kiste an zu rappeln. Auf dem Bildschirm erscheinen verschiedene Meldungen. Sobald sich nichts mehr rührt, hat der Computer seine Startroutine beendet und Sie können mit der Eingabe von Befehlen beginnen. In diesem Fall würden wir gerne mit dem Programm *Word* arbeiten.

Die prinzipiell erste Möglichkeit, auf Word zuzugreifen, bietet Ihnen ein sogenanntes Auswahlmenü. Hier handelt es sich um eine Art Liste, in der alle auf dem Rechner zur Verfügung stehenden Programme aufgeführt sind. Neben dem textverarbeitenden Word können sie zum Beispiel Buchhaltungs- oder Graphikprogramme oder Datenbanken etc. sein. Die einzelnen Programmnamen sind meistens balkenartig umrahmt. Manchmal enthält ein Balken Anweisungen, wie man an das gewünschte Programm gelangt, zum Beispiel „Press F1", das heißt, Sie müßten auf die Taste F1 (linker Tastaturblock oder oberste Tastenreihe) drücken. Stehen keine Anweisungen in den Balken, bewegen Sie sich mit den Cursor- bzw. zu deutsch Pfeil- oder Richtungstasten (oder mit der Maus) nach oben, unten, rechts oder links auf das entsprechende Feld und bestätigen Ihre Auswahl mit der Return-, zu deutsch Wagenrückholtaste (bzw. mit Klicken einer Maustaste).

Die Cursor- bzw. Pfeiltasten werden von Word selbst Richtungstasten genannt, sie befinden sich einerseits auf einem gesonderten Block zwischen Nummern- und Tastaturblock oder andererseits auf dem Nummernblock, werden hier jedoch erst wirksam, wenn auf der darüberliegenden NUM-LOCK-Taste das Licht ausgeschaltet ist (dazu einfach auf diese Taste drücken). Wenn Sie „blind" schreiben, ist die Orientierung auf dem Nummernblock einfacher, da hier die Tasten weiter auseinander liegen.

Die Returntaste bezeichnet Word selbst als Eingabetaste.

Die andere Möglichkeit, Word aufzurufen besteht, wenn nach dem Anschalten des Computers dieser sein verhaltenes Rattern, Piepsen und Tröten gestoppt hat und dann seine Aktivitäten bei diesem Zeichen beendet: C:\>. Dieses Zeichen besagt, daß Ihr Rechner bereit ist, auf seiner Festplatte, auf der in der Regel alle Programme und Verzeichnisse (auch Dateien genannt) abgelegt sind, nach etwas zu suchen (Bereitschaftszeichen). Allerdings müßten Sie ihm das, was Sie gerne zur Verfügung hätten, mitteilen, also schreiben Sie ohne weitere Umstände *word* (Groß- oder Kleinschreibung ist völlig egal) und drücken die Eingabetaste.

Jetzt müßten Sie in **Word 5.0** Folgendes sehen:

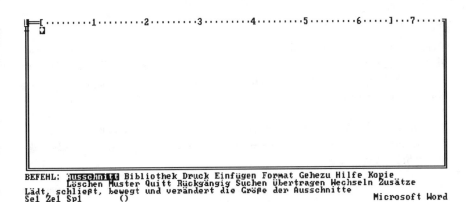

Abbildung 1.1: Word 5.0-Schreibfeld mit Befehlszeilen unten

Arbeiten Sie mit **Word 5.5**, sehen Sie dies:

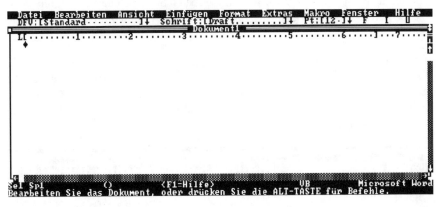

Abbildung 1.2: Word 5.5-Schreibfeld mit Befehlszeile oben

Wenn Sie diesen Bildschirm vor sich haben, sind Sie richtig.

1.2 Tips zum schnellen Aneignen von Word

1.2.1 Das Hilfe- und Lernprogramm

Ein Blick in das Hilferegister bietet eine Art Word-Panoramablick, und gleichzeitig erhalten Sie jetzt die wichtigste Information, die Sie für das Arbeiten mit Word benötigen.

Das Hilfeprogramm in Word 5.0

Beginnen Sie, indem Sie auf die Escape-Taste oben links neben der Ziffernreihe (Esc) drücken. Unterhalb der Umrahmung tauchen jetzt zusätzlich drei Befehlszeilen auf. Eventuell waren diese Zeilen auch schon vorher vorhanden, dies hängt von Einstellungen ab, die Ihnen auf in Kapitel 1.1.3 unter *Bildschirmeinstellungen* erläutert werden. In beiden Fällen – ob bereits vorhanden oder nicht – befindet sich jetzt das Kästchen, das die aktuelle Position des Cursors symbolisiert, innerhalb dieser Befehlszeilen. Anhand der Cursorposition wird Ihnen deutlich, wo im Text bzw. im Befehlsmenü Sie sich gerade befinden.

Momentan halten Sie sich in der Befehlsleiste auf, und von hier aus können Sie bestimmen, welche Funktionen Sie durchführen möchten. Dies geschieht nach folgendem Prinzip: Ansteuern des jeweiligen Befehls mit dem Cursor über die Cursortasten (oder Maus) oder Drücken des ersten Buchstabens des jeweiligen Befehls. Wenn Sie gut tippen können, ist es sinnvoller, sich gleich daran zu gewöhnen, einfach die Buchstaben zu drücken. Damit ersparen Sie es sich in der Zukunft, wenn Sie die Befehlskombinationen eingeübt haben, auf den Bildschirm schauen zu müssen.

Um in das Hilferegister zu gelangen, springen Sie entweder mit dem Cursor auf HILFE und anschließend auf die Eingabetaste oder Sie tippen einfach H. Jetzt taucht ein Text auf dem Bildschirm auf, der Sie über die Handhabung der Word-Hilfe informiert. Lesen Sie ihn sich einmal in aller Ruhe durch und befolgen Sie dann die letzte Anweisung dieses Textes: Drücken Sie R.

```
Adressenetiketten        Grafiken                 Rechtschreibprogramm
Anmerkungen              Groß-/Kleinschreibung    Schnelle Formatierung
ASCII-Datei              Großschreibung           Schnellformatierungstasten
Ausschnitte             Hoch-/Tiefgestellt       Schriftart
Ausschnittsrahmen        Index                    Seitenumbruch
Auto-speichern           Inhaltsverzeichnis       Seitenwechsel
Befehle                  Kalkulationstabellen     Serienbriefe
Bereichswechsel          Kapitälchen              Sicherungskopie
Block                    Kopf-/Fußzeilen          Sortieren
Blocksatz                Kopfzeilen               Spalten
Datei-Manager            Kopieren                 Speichern
Dateiformate             Kreuzverweis             Suchen
Dokument Laden           Kursivschrift            Tabellen
Doppelter Zeilenabstand  Kurzinformationen        Tabstopps
DOS, OS/2 und zurück     Layoutanzeige            Tastatur
Druck Layoutkontrolle    Linienzeichnen           Text markieren
Drucken                  Links ausgerichtet       Text verschieben
Druckformatvorlagen      Löschen                  Textbausteine
Durchstreichen           Makros                   Textmarken

HILFE REGISTER: Adressenetiketten

Markieren Sie das Hilfe-Thema; BILD NACH UNTEN-TASTE für weitere Themen?
Sei Zei Sp1          ()                              Microsoft Word
```

Abbildung 1.3: Hilferegister in Word 5.0

In dem nun erscheinenden Register sind alle Funktionen, die sich Ihnen in Word bieten, aufgeführt. Vielleicht erscheint Ihnen einiges als reines Computerchinesisch, anderes dürfte dafür auf Anhieb verständlich sein. Am besten verwenden Sie erst einmal ein wenig Zeit darauf, sich mit dem Cursor durch das Register zu bewegen und zu überlegen, was sich hinter den einzelnen Stichwörtern verbergen könnte.

Wenn Sie vor der Situation stehen sollten, sich Word ohne fremde Hilfe und in möglichst kurzer Zeit aneignen zu müssen, dann machen Sie sich mit diesem Hilfe-register vertraut. Die meisten Funktionen, die hier erläutert werden, sind auch mit einem Lernprogramm gekoppelt, das Sie aufrufen können, wenn Sie aus den Erläute-rungen nicht schlau werden.

Sehen wir uns einmal solch eine Erläuterung an: Springen Sie mit dem Cursor auf SPEICHERN (anschließend die Eingabetaste) und lesen Sie, was Ihnen Word zu diesem Thema zu sagen hat. Ohne jetzt inhaltlich darauf einzugehen, möchte ich Sie auf die vorletzte Zeile innerhalb des Rahmens verweisen: „Lernprogramm: Spei-chern". Es wird also zum Vorgang des Speicherns eine Lektion angeboten, die Ihnen Schritt für Schritt diesen Prozeß erläutert. Schauen Sie jetzt unter den Rahmen, hier bietet Ihnen das Hilfeprogramm eine Art Untermenü mit verschiedenen Optionen. Springen Sie nun entweder mit dem Cursor auf LERNHILFE (anschließend Ein-gabetaste) oder drücken Sie einfach L, dann wieder L für LEKTION. Jetzt startet das Lernprogramm zum Thema „Speichern". Wenn Sie alle Anweisungen genau lesen und befolgen, sollte es Ihnen möglich sein, sich selbständig die notwendigen Informa-tionen zu beschaffen. Lassen Sie uns nun aber abbrechen, denn dies ist lediglich eine Prozedur für den Notfall, die allerdings in ihrer Nützlichkeit nicht zu unterschätzen ist.

Vom Lernprogramm gelangen Sie mit Crtl-B (auf manchen Tastaturen mit Strg-B) wieder zurück zum Hilfe-Menü, von dort mit W für WIEDERAUFNAHME zurück zum noch leeren Schreibfeld.

Zusammenfassung:

1. Alle Word 5.0-Befehle werden mit Hilfe der Escape-Taste (oben links) Esc aufgerufen, jeder Befehl stellt Untermenüs zur Verfügung, in denen Sie Ihre Wünsche weiter differenzieren können.

2. Sie können die einzelnen Befehle aufrufen, indem Sie den Cursor-Block mit Hilfe der Cursortasten oder den Mauszeiger auf den jeweiligen Befehl legen (und anschließend jeweils die Eingabetaste betätigen) oder indem Sie den ersten Buchstaben des jeweiligen Befehls drücken. Jeder Prozeß kann zu einem beliebigen Zeitpunkt ebenfalls mit der Escape-Taste unterbrochen werden.

3. Notfalls können Sie sich über das Hilfeprogramm und das meistens zur Verfügung stehende Lernprogramm die einzelnen Ausführungsprozesse selbst beibringen. Hier erfahren Sie auch alles über die Untermenü-Struktur. Wie soll eine Anwenderin schließlich ahnen, daß der Befehl SPEICHERN ausgerechnet unter dem Befehl ÜBERTRAGEN zu suchen ist – ein Sinnzusammenhang ist hier kaum offensichtlich. Dies erfahren Sie, indem Sie HILFE aufrufen (mit dem Cursor oder H drücken), anschließend R für REGISTER, dort SPEICHERN und die Ausführungen zum Thema zur Kenntnis nehmen und sich gegebenenfalls Notizen machen.

Handschriftliche Notizen können Sie sich sparen, wenn Ihr Drucker angeschlossen ist und auch sonst keine Probleme einem Spontanausdruck im Wege stehen.

Bildschirmabzüge in Word 5.0

Auf Ihrer Tastatur müßte sich irgendwo eine Taste befinden, auf der „Druck" oder „Prt Sc" (Print Screen) zu lesen ist. Diese Taste dient dazu, alles, was auf dem Bildschirm abgebildet ist, auszudrucken. Das Produkt dieses Ausdrucks wird Bildschirmabzug genannt. Sie können also jeden beliebigen Text aus dem Hilfs- bzw. Lernprogramm ausdrucken, um ihn sich anschließend bei der eigentlichen Anwendung des gesuchten Befehls als Vorlage bereitzulegen.

Das funktioniert aber nicht immer so reibungslos. Manche Drucker reagieren erst auf die Betätigungen der Druck-Taste (bzw. Prt Sc-Taste), wenn Sie – sobald Sie wieder nach Abschluß aller Recherche-Tätigkeiten ins Word 5.0-Schreibfeld zurückgekehrt sind – einmal die Ctrl-Taste (bzw. Strg-Taste) und gleichzeitig die Taste F8 gedrückt haben. Das auftauchende Zwischenmenü ignorieren Sie momentan, indem Sie mit der Eingabetaste darüber hinweggehen.

Die Funktionstasten in Word 5.0

Mit dieser letzten Aktion sind wir bei den F-Tasten, den Funktionstasten angelangt. Diese, F1 bis F10 (bei manchen Tastaturen bis F12), liegen entweder in der obersten Tastaturreihe oder ganz links als Block angeordnet. Mit diesen Tasten können Sie zum Teil besondere Funktionen ausführen, zumeist stellen sie aber Abkürzungen dar. Bei Einsatz dieser Tasten ersparen Sie sich den Sprung in die Befehlszeilen. Die Tasten sind vierfach belegt, das heißt jede Funktionstaste ist in der Lage, vier verschiedene Funktionen auszuführen, und zwar entweder in Kombination (gleichzeitiges Drücken) mit der Alt-Taste (unten links neben der Leertaste), der Ctrl-Taste (Strg-Taste) oder der Umschalttaste (mit der Großbuchstaben geschrieben werden, rechts und links neben der untersten Buchstabenreihe auf der Tastatur) oder ohne Kombination.

So haben wir eben mit Ctrl-F8 einen regulären Druckvorgang gestartet. Zwar war auf dem Schreibfeld noch kein Text, aber das ist dem Drucker egal, der meldet lediglich: „1 Zeilen und 0 Wörter gedruckt" und wirft ein leeres Blatt Papier aus. Das Starten eines regulären Druckvorganges ist manchmal notwendig, damit der Drucker mit den Bildschirmabzügen herausrückt, die wir ja vom Hilfs- bzw. Lernprogramm haben wollten.

Dieser reguläre Druckvorgang läßt sich auch „zu Fuß" auslösen, und zwar: Esc-Taste, dann D wie DRUCK, dann in diesem Untermenü wieder D für DRUCKER (oder mit dem Cursor springen und jeweils mit der Eingabetaste bestätigen) – und ab geht die Post. Selbst wenn es in der Regel bequemer ist, die Funktionstaste in Verbindung mit der Ctrl-Taste (Strg-Taste) zu betätigen, ist es doch notwendig, das Druck-Untermenü zu kennen, da hier noch wichtige Sonderwünsche formuliert werden können, zum Beispiel, daß von einem mehrseitigen Brief nur einzelne Seiten gedruckt werden sollen etc. Analog verhält es sich auch mit den weiteren Funktionen, die mit Hilfe dieser speziellen Tastatur aufgerufen werden können.

Eine Übersicht über die Tastatur befindet sich wieder im Hilfeprogramm, rufen Sie hier direkt die Tastatur auf und blättern Sie ein wenig in den Übersichten mit N für NÄCHSTE SEITE oder – wenn Sie es zu eilig hatten – mit V für VORHERGEHENDE SEITE.

Zur Wiederholung:

> Drücken Sie Esc, um in die Befehlszeilen zu gelangen, dann H für HILFE, dann T für TASTATUR. Es erscheint die folgende Übersicht:

```
TASTATUR   Seite 1 von 11            Hilfe
Tastenkombinationen zur direkten Befehls/Funktionsanwahl (entweder nur
Taste oder Taste plus UMSCHALTTASTE, STRG oder ALT).

         NUR TASTE        UMSCHALTTASTE      STRG-TASTE        ALT-TASTE

F1       nchst. Ausschn.  Rückgängig         Ausschn. zoomen   Tabulator setzen
F2       Rechenfunktion   Gliederungsans.    Kopfzeile         Fußzeile
F3       Textbaustein     Makro aufzeichn.   Einzelschritt     Kopie
F4       Bearb. wiederh.  Suche wiederh.     Groß/Kleinschr.   Layout
F5       Überschreiben    Glied.AUFBAU bear. Linienzeichnen    Gehezu Seite
F6       Erweiterung      Spaltenmarkg.      Thesaurus         Rechtschreibpr.
F7       vorherg. Wort    vorherg. Satz      Laden             Zeilenumbrüche
F8       nächstes Wort    nächster Satz      Drucken           Schriftart
F9       vorher. Absatz   aktuelle Zeile     Druck Layoutk.    Text/Grafik
F10      nächster Absatz  gesamter Text      Speichern         Druckformat aufz.

                        Lernprogramm: Lektion nicht verfügbar
                        Handbuch: Siehe Tastatur Arbeitshilfe

HILFE: Wiederaufnahme Nächste-Seite Vorhergehende-Seite Grundbegriffe
       Register Lernhilfe Tastatur Maus
Geht zur Stelle/zum Menü zurück, wo Hilfe angefordert wurde
Sel Zel Sp1         ()                                    Microsoft Word
```

Abbildung 1.4: HILFE, TASTATUR Seite 1 von 11

Ganz oben links können Sie dem Text entnehmen, daß hier 11 Seiten zur Verfügung stehen. Wenn Ihnen eine Übersicht (zum Beispiel über die Funktionsweisen der Cursortasten) besonders interessant erscheint, drücken Sie einfach auf die Druck-Taste (Prt Sc-Taste) und gegebenenfalls anschließend im Schreibfeld wieder auf Ctrl-F8, damit der Drucker Ihnen Bildschirmabzüge von den Übersichten ausdruckt.

Um zurück zum Schreibfeld zu gelangen, tippen Sie W für WIEDERAUFNAHME.

Momentan mögen Ihnen diese Übersichten noch völlig uninteressant und teilweise auch schlicht unverständlich erscheinen. Die Bedeutung der einzelnen Funktionen wird sich von selbst bei der praktischen Anwendung ergeben – und dann ist es immer sehr nützlich, wenn Sie schnell einmal irgendwo nachschauen können.

Das Arbeiten mit der Maus ist in Word 5.0 eher etwas umständlich. Der ständige Wechsel zwischen Maus und Tastatur, der in Word 5.0 im Gegensatz zu Word 5.5 notwendig ist, stiftet höchstens Verwirrung und rationalisiert nicht unbedingt die Arbeit – aber das ist Geschmackssache. In den folgenden Ausführungen zu Word 5.0 werden alle Funktionen über die Tastatur erklärt.

Hinweis zum Verlassen von Word 5.0:

Zum Verlassen von Word drücken Sie Esc, Q für QUITT. Entweder befinden Sie sich jetzt wieder bei c:\> oder Sie müßten noch ein paarmal Esc drücken und eventuell noch ein paar Fragen beantworten, die Ihnen in den folgenden Menüs gestellt werden. Fertig sind Sie jedenfalls, wenn Sie glücklich wieder bei c:\> gelandet sind. Das bedeutet dann, daß Sie sich in keinem Programm mehr befinden und Sie können den Computer getrost ausschalten.

Bis hierhin haben Sie noch kein Dokument geschrieben, somit müssen Sie auch noch nichts speichern (siehe Kapitel 2.1 Sp*eichern in Word 5.0*).

Arbeiten mit der Maus in Word 5.5

Es empfiehlt sich, bei Word 5.5 die Maus einzusetzen. Word 5.5 hat einen anderen optischen und strukturellen Aufbau als Word 5.0, der hauptsächlich auf das Arbeiten mit der Maus ausgerichtet ist, weshalb ein Aufruf der Befehle über die Tastatur zwar möglich, aber wesentlich umständlicher ist.

Unter der Maus befindet sich ein kleines Röllchen, das Ihre Handbewegungen über die Maus an den Rechner überträgt. Die Handhabung erscheint anfangs etwas ungewohnt im Vergleich zur Tastatur, das ist jedoch reine Übungssache. Für diejenigen, die im Tippen nicht so geübt sind, ist die Fortbewegung mit der Maus sicherlich vorteilhafter. Allerdings verlangt sie auch ständige Konzentration auf den Bildschirm, was beim Arbeiten mit Tastenkombinationen nicht der Fall ist. Über die Vorteile der Fenstertechnik und des Arbeitens mit der Maus kann also durchaus gestritten werden. Dennoch ist es gerade für die Word 5.5-Anfängerin einfacher, sich mit Hilfe der Maus mit dem Programm bekannt zu machen.

Bewegen Sie ein wenig die Maus und verfolgen Sie dabei den Lauf des kleinen Kästchens auf dem Bildschirm. Mit der Zeit werden Sie ein Gefühl für die Treffsicherheit erlangen. Ihre Maus besitzt mindestens zwei Tasten, von denen in der Regel die linke benutzt wird. Seien Sie anfangs noch vorsichtig beim Drücken dieser Tasten, schnell gelangen Sie in ein Unterprogramm, mit dem Sie vorläufig nichts anfangen können. Im Notfall drücken Sie Esc (oben links neben der Ziffern- oder Funktionstastenreihe). Sie gelangen dann zum Schreibfeld zurück. Mit der Maus können Sie sich also über den Bildschirm bewegen. Darüber hinaus wird die Maus folgendermaßen gehandhabt:

1. **Klicken** bedeutet, daß Sie einmal eine Maustaste – meistens die linke – drücken. Dies erfüllt die gleiche Funktion wie die Betätigung der Eingabetaste (Return-, Wagenrückholtaste).

2. **Doppelklicken** besagt, daß Sie die linke Maustauste zweimal kurz hintereinander drücken.

3. **Ziehen** erfolgt, indem Sie den Mauszeiger bei gedrückter Maustaste über den Bildschirm ziehen. Der Mauszeiger wird im Schreibfeld von einem Rechteck symbolisiert, arbeiten Sie mit dem Cursor, wird dessen Position von einem blinkenden Strich symbolisiert.

Wozu die beiden letztgenannten Funktionen eingesetzt werden, wird Ihnen im Laufe der Word 5.5-Anwendung deutlich.

Das Hilfeprogramm in Word 5.5

In der obersten Befehlszeile befindet sich ganz rechts der Befehl HILFE. Diesen rufen Sie über die Tastatur auf, indem Sie die Alt-Taste (unten links auf der Tastatur) und **gleichzeitig** H für HILFE drücken. In dieser Weise gelangen Sie auch in alle anderen Unterprogamme (=Befehle). Sie müssen entweder den ersten Buchstaben des jeweiligen Befehls drücken oder diesen extra markierten. Drücken Sie nur Alt, springt der Cursorblock in die obige Befehlszeile, in der Sie jetzt auch „zu Fuß" auswählen können, indem Sie sich mit den Cursortasten (Richtungstasten) – und wenn Sie so nicht weiterkommen, mit der Tabulatortaste - nach rechts oder links, oben oder unten durch dieses Menü bewegen und auf dem gewünschten Befehl die Eingabetaste (Returntaste, Wagenrückholtaste etc.) drücken. Dies ist aber etwas umständlich.

Am einfachsten ist es, sich mit der Maus auf den gewünschten Befehl – hier HILFE – niederzulassen und einmal zu klicken.

Es erscheint oben rechts über dem Schreibfeld ein kleines Fenster, das Ihnen wieder eine Auswahl von Möglichkeiten bietet. Arbeiten Sie sich am besten durch sämtliche Optionen. Dabei üben Sie den Umgang mit Menüs (Befehls- und Auswahlübersichten) und erhalten gleichzeitig viele nützliche Informationen über Word 5.5, die Sie jederzeit abfragen können. Mit Esc gelangen Sie jeweils zum Schreibfeld zurück. Momentan erscheint Ihnen sicherlich vieles völlig unverständlich, Sie werden aber mit der Routine im Umgang mit Word so ganz nebenbei mit den Word eigenen Formulierungen vertraut werden.

Anfangs erhalten Sie ein paar Informationen darüber, wie Sie mit dem Hilfeprogramm umgehen können, anschließend betrachten Sie sich einige Übersichten, zum Beispiel über die Möglichkeiten verschiedener Tastenkombinationen und der Funktionstasten.

Rufen Sie mit der Maus oder mit dem Cursor den Menüpunkt „Hilfe benutzen" auf (mit der Maus anspringen und mit der linken Maustaste klicken oder mit dem Cursor ebenfalls den Menüpunkt belegen und Eingabetaste betätigen). Bevor Sie diese Option aufrufen, das heißt durch Klicken oder mit der Eingabetaste bestätigen, werfen Sie jetzt einen kurzen Blick nach links unten, unterhalb des Schreibfeldes. Hier ist zu lesen: „Gibt Instruktionen, wie die Hilfe benutzt werden kann". In dieser Zeile sagt Word Ihnen also, was sich jeweils hinter dem Menüpunkt verbirgt, den Sie gerade mit der Maus oder mit dem Cursor angesteuert haben. Diese Zeile wird **Meldungszeile** genannt.

Sie haben momentan das Menü „Hilfe benutzen" aufgerufen. Alle Textteile in spitzen Klammern enthalten weitere Untermenüs mit weiteren Informationen. Um diese aufzurufen, müßten Sie wieder den Mauszeiger oder den Cursorblock in jene Klammern stellen und mit Klicken oder der Eingabetaste bestätigen.

In der obersten Zeile stehen die Optionen <Index>, <Zurück> und <Beenden> zur Verfügung. <Index> ruft Ihnen den Hilfeindex auf, der momentan nicht sehr informativ ist. Mit <Zurück> gelangen Sie zum vorherigen Menü zurück und mit <Beenden> verlassen Sie das Hilfeprogramm und begeben sich in das Schreibfeld an den Ausgangspunkt Ihrer Aktivitäten im Hilfemenü zurück.

In dem Ihnen nun vorliegenden Fenster sehen Sie nur einen Ausschnitt. Wenn Sie mit dem Cursor oder mit der Maus an seinen unteren Ausschnittsrand gehen, rollt der Text nach oben, befinden Sie sich am oberen Rand, rollt er nach unten.

Die unterste Option <Lektion: So verwenden Sie die Hilfe> besagt, daß Ihnen zu dem angegebenen Thema eine Lernlektion im Lernprogramm zur Verfügung steht. Wenn Sie also aus den theoretischen Erläuterungen im Hilfeprogramm nicht schlau werden, rufen Sie die dazugehörige Lektion auf und simulieren den entsprechenden Prozeß. Dazu begeben Sie sich wieder mit Cursor oder Mauszeiger zwischen die spitzen Klammern und bestätigen mit der Eingabetaste bzw. Klicken mit einer Maustaste. Das Lernprogramm startet, und Sie müssen nun alles aufmerksam durchlesen. Mit Ctrl (Strg) gelangen Sie jederzeit zu einem Menü, aus dem Sie über die Option <Beenden> das Lernprogramm verlassen können.

Jetzt ist es an der Zeit, uns mit dem Index zu befassen. Die erste nützliche Option ist hier zum Beispiel <Definitionen>. Unter diesem Menü befindet sich eine Liste von Word-Fachausdrücken, zum Beispiel „Absatzmarke", die dann leicht verständlich erläutert werden. Wenn Sie also einen Hilfetext einmal nicht verstehen, weil Ihnen die Begrifflichkeit fremd ist, rufen Sie Alt-H für HILFE auf, bestätigen „Index" und rufen schließlich „Definitionen" auf, um sich über das Gemeinte klarzuwerden.

Weitere wichtige Übersichten finden Sie, wenn Sie im Hilfe-Menü „Index" aufrufen und dort „Tastatur". Lassen Sie sich zeigen, was sich hinter <Funktionstasten>, <Formatierung> und hinter <Markieren von Textabschnitten> verbirgt. Sie erhalten hier beim Durchlesen der Übersichten einen kleine Eindruck von dem, was Word alles kann. Formatierungen sind alle Vorgänge, die einen Text irgendwie gestalten, ob es sich um Zeilenabstände, Einrückungen, Schriftarten oder was auch immer handeln mag.

Die Funktionstasten in Word 5.5

An dieser Stelle fragen Sie sich vielleicht, was unter dem Begriff Funktionstasten zu verstehen ist. Diese, F1 bis F10 (bei manchen Tastaturen bis F12), liegen entweder in der obersten Tastaturreihe oder ganz links als Block angeordnet. Mit diesen Tasten können Sie zum Teil besondere Funktionen ausführen, zumeist stellen sie aber Abkürzungen dar. Bei Einsatz der Tasten ersparen Sie sich den Sprung in die Befehlszeilen. Die Tasten sind vierfach, teilweise über Dreierkombinationen fünf- bzw. sechsfach belegt, das heißt, jede Funktionstaste ist in der Lage, verschiedene Funktionen auszuführen, und zwar entweder in Kombination (gleichzeitiges Drücken) mit der Alt-Taste (unten links neben der Leertaste), der Ctrl-Taste (Strg-Taste) oder der Umschalttaste (mit der Großbuchstaben geschrieben werden, rechts und links neben der untersten Buchstabenreihe auf der Tastatur) oder ohne Kombination bzw. mit einer Dreierkombination, die fingerakrobatische Glanzleistungen erfordern kann – dies ist aber zum Glück die Ausnahme.

Was sich in Word 5.5 hinter den Funktionstasten verbirgt, können Sie ungefähr erahnen, wenn Sie einen Blick in die Übersicht werfen, die mit <Funktionstasten> im Hilfemenü aufgerufen wird. Im Gegensatz zu Word 5.0 verfügt Word 5.5 über zwölf Funktionstasten. Word 5.0 benötigt nur zehn Funktionstasten. Wenn sich auf Ihrer Tastatur also nur zehn Funktionstasten befinden, haben Sie schlichtweg Pech gehabt: es ist aber nicht weiter dramatisch, da diese fehlende Funktionstasten nur Befehle ausführen, die bereits von anderen Funktionstasten in anderen Kombinationen abgedeckt oder über Menüs durchführbar sind.

Bevor Sie bestimmte Textabschnitte gestalten können, müssen Sie meistens – nicht immer – markiert werden. Welche Tasten hierbei welche Funktionen ausführen, entnehmen Sie bitte ebenfalls der entsprechenden Übersicht aus dem Hilfeprogramm.

Im Moment ist es nicht notwendig, daß Sie sich detailliert mit diesen vielen Funktionen befassen. Lesen Sie sie einfach nur durch. Wenn Sie sie anwenden müssen, lernen Sie automatisch die Handhabung der zahlreichen Tastenkombinationen. Sofern Sie eine Maus installiert haben, müssen Sie sich noch nicht einmal mit einem Bruchteil dieser Vielfalt befassen.

Damit Sie allerdings nicht ständig im Hilfeprogramm nachsuchen und dabei völlig von der eigentlichen Arbeitsroutine abgelenkt werden, empfehle ich Ihnen dringend, sich die wichtigsten Übersichten und Prozeßbeschreibungen bei Bedarf auszudrukken. Dies ist ganz einfach: drücken Sie die Umschalttaste (Shift-Taste) und gleichzeitig F9. Dies ist ein Druckbefehl (ist der Drucker eingeschaltet?), auf den ein weiteres Untermenü angezeigt wird. Das beachten Sie bei dieser Aktion nicht weiter, sondern gehen mit einem Mausklick oder durch Drücken der Eingabetaste darüber hinweg.

Besonders die tabellarischen Übersichten sind sehr nützlich, und ich empfehle Ihnen, die für Sie wichtigsten einfach irgendwo neben den Rechner zu pinnen, um sie jederzeit bereit zu haben.

Sie haben verschiedene Möglichkeiten, das Hilfeprogramm für Ihre Zwecke einzusetzen. Wenn Sie zum Beispiel bei einem gerade zu bearbeitenden Befehl nicht verstehen, worum es sich hier handeln könnte, drücken Sie F1, und Word führt Sie direkt zu dem entsprechenden Hilfethema.

Hinweis für Umsteigerinnen von Word 5.0 auf Word 5.5:

Im Hilfemenü befindet sich eine vergleichende Übersicht der Tastenbelegungen bei Word 5.0 und Word 5.5, und zwar auf der ersten Menüebene. Werfen Sie für den Fall, daß Sie Umsteigerin sind, einmal einen Blick hinein. Word 5.5 bietet ferner die famose Möglichkeit, den Funktionstasten, die ja in Word 5.5 zum Teil andere Aufgaben übernehmen als in Version 5.0, wieder die alten Word 5.0-Belegungen zuzuordnen. Dazu tippen Sie Alt-X für EXTRAS, wählen dort mit dem Cursor EINSTELLUNGEN... .(oder die Optionen jeweils mit der Maus anklicken) und nehmen folgende Veränderung vor: „Word 5.0-Funktionstasten benutzen". Sie erkennen an dem X in der eckigen Klammer [x], ob die Option aktiviert ist. Wenn Ihnen keine Maus zur Verfügung steht, benutzen Sie die Leertaste, um das X zur Aktivierung hier einzusetzen, nochmaliges Betätigen der Leertaste läßt das X wieder verschwinden. Mit der Maus klicken Sie auf diese eckige Klammer, springen zum Abschluß nach rechts unten auf <OK> und klicken dort wieder. Mit der Tastatur schließen Sie über die Eingabetaste ab. Sollten Sie versehentlich Esc für <Abbrechen> tippen, wurden die Änderungen nicht übernommen. Sie müssen gegebenenfalls den Vorgang wiederholen.

Zusammenfassung:

1. In die oberste Menüzeile gelangen Sie mit der Maus oder mit Hilfe der Alt-Taste in Kombination mit dem markierten Buchstaben eines jeden Befehls.

2. Alle Word 5.5-Funktionen sind im Hilfeprogramm erklärt und können im dazugehörigen Lernprogramm geübt werden.

3. Tastenbelegungen werden tabellarisch erklärt unter dem Menüpunkt „Tastatur" des Hilfeprogramms.

4. Das Menü <Definitionen> unter dem Index des Hilfeprogramms enthält Erklärungen aller Fachausdrücke.

5. Sämtliche Hilfetexte können mit der Umschalttaste-F9 ausgedruckt werden und stehen so jederzeit zur Verfügung.

6. Den Weg über das komplette Hilfemenü ersparen Sie sich, wenn Sie sich direkt auf den unbekannten Befehl begeben und dort mit F1 die Direkthilfe aufrufen.

7. Mit Esc gelangen Sie immer wieder zurück zum Schreibfeld.

8. Eine kleine Gedächtnisstütze bietet die Meldungszeile ganz unten am Bildschirmrand, in der immer eine Kurzerläuterung zum momentanen Status nachzulesen ist.

Hinweis:

Word 5.5 verlassen Sie über die Tastenkombination Alt-F4.

1.2.2 Der Bildschirm

Bildschirmeinstellungen

Bevor wir uns aber jetzt den praktischen Dingen des Alltags zuwenden, gibt es noch etwas zu erledigen, damit Sie die besten Voraussetzungen erhalten, diesen Ausführungen zu Word zu folgen.

Vielleicht haben Sie schon bemerkt, daß sich ein paar sonderbare Zeichen auf Ihrem Bildschirm befinden. Diese Zeichen lassen sich sichtbar oder unsichtbar machen, und weil sie – sofern man die Zeichen zu deuten weiß – ungeheuer praktisch sind, müssen ein paar Bildschirmeinstellungen vorgenommen werden. Das klingt etwas gestelzt, ist aber mit Word ein simpler Vorgang.

Einstellungen für Word 5.0

Bitte drücken Sie einfach Esc, Z für ZUSÄTZE.

```
╠═[··········1·········2·········3·········4·········5·········6····]···7·····╤
│  ▯
│
│
║
AUSSCHNITT ZUSÄTZE Ausschnitt Nr.: 1█
        Verborgener Text sichtbar:(Ja)Nein         Zeilenlineal:(Ja)Nein
        Sonderzeichen sichtbar: Nein Teilweise(Alle)      Layout: Ja(Nein)
              Zeilenumbrüche: Ja(Nein)              Gliederung: Ja(Nein)
            Druckformatspalte: Ja(Nein)
ALLGEMEINE ZUSÄTZE Warnton aus: Ja(Nein)         Kurzinformation:(Ja)Nein
              Maßeinheit: Zoll(Cm)10er-Teilung 12er-Teilung Punkt
               Bildschirm: 1                      Seitenumbruch:(Auto)Manuell
                 Farben:                           Auto-speichern: 15
Auto-speichern mit Bestätigung: Ja(Nein)          Menü sichtbar: Ja(Nein)
        Ausschnittsrahmen:(Ja)Nein     Dezimaltrennzeichen: .(,)
               Zeitformat: 12(24)              Abstand Tabstopps: 1,3 cm
            Zeilennummern:(Ja)Nein        Leerzeilen zählen: Ja(Nein)
            Geschwindigkeit: 3                 Linienzeichen: (|)
           Rechtschreibung: C:\WORD5\SPELL-GE.LEX
Geben Sie bitte eine Zahl ein!
Sel Zel Spl       ()                              Microsoft Word
```

Abbildung 1.5: Menü ZUSÄTZE

Innerhalb dieses Menüs bewegen Sie sich mit Hilfe der Cursortasten (Richtungstasten, Pfeiltasten) oder oder mit der Tabulatortaste. Wollen Sie Einstellungen verändern, steuern Sie die gewünschten Optionen innerhalb der betreffenden Zeilen mit der Löschtaste (oberhalb der Eingabetaste) an. Ganz unten am Bildschirmrand sagt Word Ihnen, welche Auswahlmöglichkeiten Ihnen jeweils zur Verfügung stehen. Korrigieren Sie bitte gegebenenfalls abweichende Angaben in der beschriebenen Weise mit Hilfe der Löschtaste. Mir kommt es auf folgende Optionen von oben links beginnend an, wobei die jeweils eingeklammerte die momentan gültige ist:

(Alle) Sonderzeichen sollen sichtbar sein,

Zeilennummern: (Ja),

Zeilenlineal: (Ja),

Menü sichtbar: (Nein).

Nach Abschluß der Einstellungen drücken Sie bitte wieder auf die Eingabetaste.

Einstellungen für Word 5.5

Mit der Maus oder über Alt-A rufen Sie den Menüpunkt ANSICHT auf.

Es erscheint folgendes Untermenü:

Abbildung 1.6: Menü ANSICHT

Dort bestätigen Sie durch Anklicken mit der Maus oder Betätigen der Leertaste ZEICHENLEISTE, LINEAL und STATUSZEILE. Sie erkennen die Aktivierung der jeweiligen Einstellungen an dem Punkt links von diesen Optionen.

Danach begeben Sie sich auf BILDSCHIRMEINSTELLUNGEN... . und rufen das Untermenü auf oder klicken diese Option mit der Maus an. Es erscheint das folgende Fenster:

Abbildung 1.7: Menü ANSICHT, BILDSCHIRMEINSTELLUNGEN...

In diesem, wie in allen noch zu besprechenden Menüs, bewegen Sie sich entweder mit Cursortasten oder mit der Tabulatortaste (oben links neben der obersten Buchstabenreihe auf der Tastatur) fort.

Nehmen Sie dort alle Einstellungen, so wie sie unten angegeben sind, vor. Die Aktivierung erkennen Sie am X in den eckigen Klammern. Dieses X setzen Sie mit Hilfe der Leertaste ein, sobald Sie sich mit dem Cursor auf der jeweiligen Option befinden. Alternativ können Sie diese Optionen mit der Maus anklicken. Wiederholtes Bestätigen der Leertaste bzw. wiederholtes Anklicken mit der Maus macht die vorgenommene Aktivierung wieder rückgängig.

Hier eine Auswahl der Optionen, die unbedingt in der vorgegebenen Weise eingestellt sein sollten:

Nicht druckbare Zeichen:

[x] Alle anzeigen

[x] Tabstops

[x] Absatzmarken

[x] Leerzeichen

[x] Verborgener Text

Einblenden:

[x] Zeilenwechsel

[x] Menü

[ ] Druckformatspalte

[x] Fensterrahmen

[x] Meldungszeile

Bestätigen Sie diese Einstellungen mit der Eingabetaste (Returntaste) oder indem Sie mit der Maus <OK> unten rechts im Menü anklicken.

Alle weiteren Optionen ignorieren Sie vorerst. Wenn Sie Lust und Zeit haben, können Sie sich noch immer einen Eindruck über die Auswirkungen ihrer Aktivierung verschaffen, indem Sie am jeweiligen Menüpunkt mit F1 die Hilfe aufrufen, die Ihnen dann ausführliche Informationen darüber bietet. Mit Esc verlassen Sie die Hilfe wieder und gelangen zum Schreibfeld zurück.

Hinweis:

Im Menü ANSICHT befinden sich hinter BILDSCHIRMEINSTELLUN-GEN... drei Punkte. Diese Punkte besagen, daß es zu dieser Option ein weiteres Auswahlmenü gibt.

Erläuterungen zu den Wirkungen der Bildschirmeinstellungen beider Word-Versionen

Sonderzeichen sind zum Beispiel die Punkte, die die Leerzeichen symbolisieren, oder das Zeichen , das auftaucht, wenn die Zeilenschaltung betätigt wird (Absatzmarke oder Absatzzeichen). Diese Sonderzeichen dienen erheblich der Übersicht.

Die Zeilennummern werden unten links unterhalb des Schreibfeldrahmens gezählt (Ze), ebenso die Seiten (Se) und die Spalten (Sp). So wissen Sie gerade bei längeren Dokumenten immer, wo Sie sich momentan mit dem Cursor befinden.

Das Zeilenlineal - bei **Word 5.5** nur Lineal genannt – ist die gepunktete Linie, die den Rahmen des Schreibfeldes oben begrenzt. Es enthält eine numerische Unterteilung. Die eckigen Klammern markieren den Seitenrand, werden Tabulatoren gesetzt, sind auch diese dort oben vermerkt.

Das unsichtbare Menü bei **Word 5.0** bedeutet lediglich, daß die Befehlszeilen, in die man mit Esc gelangt, nicht sichtbar sind, solange sie nicht benötigt werden. Drücken Sie Esc, tauchen sie wieder auf. Diese Einstellung hat den Vorteil, daß während der normalen Schreibvorgänge der Ausschnitt des Schreibfeldes größer ist, außerdem erleichtert es die Orientierung: Es wird deutlicher, ob man sich in den Befehlszeilen befindet oder im Text.

In **Word 5.5** bleibt die Menüzeile ganz oben am Bildschirmrand aktiviert. Hier ist die optische Gliederung im Gegensatz zu Word 5.0 viel besser, außerdem handelt es sich statt um drei Menüzeilen um nur eine, und die Anwenderin erkennt sofort, wo sie sich gerade mit dem Cursor befindet. Aus diesem Grund stört die permanent aktivierte Menüzeile nicht, sondern dient – ganz im Gegenteil – der Übersicht.

Die Zeichenleiste existiert nur bei **Word 5.5** und liegt bei Aktivierung direkt unter der Menüzeile über dem Schreibfeldrahmen. Die ganz linke Angabe in dieser Zeile bezieht sich auf die aktuell verwendete Druckformatvorlage. Dieses Thema klammern wir an dieser Stelle aus. Die mittlere Angabe enthält die Schriftart des Textteils, auf dem sich gerade der Cursor befindet – Sie können in einem Dokument ja verschiedene Schriftarten benutzen, wenn Sie wollen. „Pt:" enthält die Schriftgröße in

Point, „F", „I" und „U" beziehen sich auf Formatierungen F für fett gesetzt, I für kursiv und U für unterstrichen.

Auf Ihrem **Word 5.5**-Bildschirm befindet sich ganz rechts im Rahmen, der sogenannten Bildlaufleiste, oben, unterhalb der parallelen kurzen Linien ein Symbol, und zwar ein waagerechter Strich auf dem sich ein senkrechter befindet (_). Wenn Sie mit der Maus auf dieses Symbol klicken, können Sie ruckzuck die Zeichenleiste bzw. das Lineal ein- oder ausschalten. Sie müssen also nicht unbedingt über das Menü AN-SICHT, BILDSCHIRMEINSTELLUNGEN... gehen.

In **Word 5.5** können ferner als zusätzliche Einstellungen noch die Aktivierung der Meldungszeile (ganz unten am Bildschirmrand, enthält Hinweise auf die Funktionen des aktuellen Menüs oder der aktuellen Option) und der Fensterrahmen vorgenommen werden. **Word 5.0** arbeitet nicht mit Fenstern, das heißt, hier werden Menüs nicht optisch übereinandergelegt. Deshalb ist eine Einstellung bezüglich der Fensterrahmen auch nicht notwendig.

Die Option „Zeilenwechsel" in **Word 5.5** besagt, daß die Zeilenenden (Zeilenumbrüche) sichtbar gemacht werden. Die Bildschirmdarstellung stimmt diesbezüglich sonst nicht unbedingt mit dem späteren Ausdruck überein. Das liegt daran, daß auf dem Bildschirm die einzelnen Zeichen immer gleich groß sind, egal welche Schriftgröße eingegeben wurde. Wie Sie sich sonst noch einen besseren Überblick darüber verschaffen können, wie Ihr Ausdruck tatsächlich aussehen wird, wird in Kapitel 2.3.1 *Die Layoutkontrolle/Seitenansicht* erläutert.

Einstellungen im Menü ZUSÄTZE gelten immer für alle **Word 5.0**-Dateien, nicht nur für die aktuell zu bearbeitende. Das gleiche gilt für die Einstellungen im Menü ANSICHT für **Word 5.5**-Dateien.

2 Der Brief in Word

Zu den häufigsten Anwendungen einer Textverarbeitung gehört das Schreiben von Briefen.

Falls Sie sich noch in den Befehlszeilen oder in irgendeinem Menü befinden, drücken Sie die Esc-Taste, um wieder in das Schreibfeld zu gelangen.

Ich schlage vor, daß Sie einfach loslegen: Schreiben Sie einen Brief (mit Adresse, Datum etc.) in das Schreibfeld, und zwar so, wie Sie es gewohnt sind, allerdings ohne am Zeilenende die Zeilenschaltung (Wagenrückholtaste, Returntaste, Eingabetaste) zu betätigen. Schalten Sie lediglich wie gewohnt bei Absätzen (mindestens ein Absatz sollte vorhanden sein) und nach der letzten Zeile.

Wenn Sie sich verschreiben, ignorieren Sie es am besten, das kommt uns ganz gelegen, vielleicht bauen Sie zusätzlich noch ein paar schöne Fehler ein. Falls Sie zu den ganz pedantischen Frauen gehören, können Sie mit der Löschtaste agieren.

Probeausdrucke

Bevor wir uns in einem anderen Kapitel in das Thema „Druck" vertiefen, zur Wiederholung ein Hinweis darauf, wie Sie zwischendurch Probeausdrucke bewerkstelligen können. In **Word 5.0** betätigen Sie die Tastenkombination Ctrl(Strg)-F8 (ist der Drucker eingeschaltet?). In Word 5.5 tippen Sie die Umschalttaste-F9. In beiden Word-Versionen stehen auch Menüs zur Verfügung, in denen Sie einzelne Optionen zu bestätigen haben. Aber das ist anfangs vielleicht etwas verwirrend. Eventuell werden Sie nach Start des Druckbefehls in der untersten Bildschirmzeile aufgefordert, Papier einzulegen. Erscheint die Meldung: „Drucker nicht betriebsbereit", kontrollieren Sie, ob der Drucker eingeschaltet ist und die Online-Lampe leuchtet. Ist dies nicht der Fall, drücken Sie auf den entsprechenden Schalter im Drucker.

Hinweis:

Jeder Druckvorgang kann in beiden Word-Versionen mit Esc abgebrochen werden. Wenn Sie diese Taste während eines Ausdrucks betätigt haben, fragt Word Sie noch einmal, ob Sie abbrechen möchten oder weiterdrucken wollen. Hierauf müßten Sie den Abbruch bestätigen.

Die Fortbewegung im Text

Über die Cursortasten (Richtungstasten, Pfeiltasten und können Sie sich mit dem Viereck, das die Cursorposition anzeigt, über den Bildschirm bewegen. Wenn Sie den Text durchlaufen, sind außerdem noch die „Pg Up"- und „Pg Dn"-Tasten (Bild nach oben- und Bild nach unten-Tasten) nützlich. Damit überspringen Sie jeweils ca. zwanzig Zeilen nach oben bzw. nach unten. Mit der Taste Home (Pos1) oder End (Ende) springen Sie an den Anfang bzw. an das Ende der Zeile, in der Sie sich gerade befinden.

Weitere spezifische Fortbewegungsarten bei Word 5.0

Mit Ctrl-Pg Up (Strg-Pg Up) erreichen Sie rasant den Textanfang , mit Ctrl-Pg Dn (Strg-Pg Dn) das Textende. Vielleicht laufen Sie ein wenig in Ihrem Text herum, um das Ganze einmal auszuprobieren. Die Routine bei der Anwendung dieser Tasten wird sich ohnehin erst mit der alltäglichen Praxis einstellen. Für Sie ist es vor allem wichtig zu wissen, was überhaupt möglich ist.

Weitere spezifische Fortbewegungsarten bei Word 5.5

Eine Übersicht über die Fortbewegung im Dokument erhalten Sie, wenn Sie das Hilfeprogramm aufrufen (**zur Wiederholung**: mit der Tastatur Alt-H oder mit der Maus HILFE anklicken, dann TASTATUR, <Bewegen in einem Dokument>). Drucken Sie sich die Übersicht am besten aus (Umschalttaste-F9) und üben Sie die einzelnen Funktionen ein wenig. Folgende wichtige Funktionen stehen zur Verfügung:

Zum Beginn des Dokuments: Crtl-Home (Strg-Pos1)

Zum Ende des Dokuments: Ctrl-End (Strg-Ende)

Zum nächsten Wort: Crtl(Strg)-Cursortaste mit Pfeil nach rechts bzw. links.

Darüber hinaus sind noch viele weitere Bewegungsmöglichkeiten aufgeführt, die aber entweder überflüssig sind oder im Moment bei Ihnen kaum zu mehr Verständnis führen würden. Sie werden im Laufe der Arbeit mit Word selbst herausfinden, welche Methoden Ihnen am praktikabelsten erscheinen.

In Word 5.5 ist es am einfachsten, sich mit der Maus durch den Text zu bewegen. Es ist die schnellste Art. Wollen Sie fensterweise nach oben bzw. unten springen, positionieren Sie den Mauszeiger auf den fetten Rahmen am rechten Bildschirmrand, auf die sogenannte Bildlaufleiste. Jeweiliges Klicken führt die gewünschte Option einmal aus. In dieser fetten, schattierten Bildlaufleiste befinden sich oben und unten

Pfeile. Positionieren Sie den Mauszeiger hierauf, rückt der Text bei jedem Mausklick in Pfeilrichtung je eine Zeile nach oben bzw. nach unten. Dies ist aber eine völlig überflüssige Funktion, da der Text auch nach Belieben weiterrückt, wenn Sie die Maus durch das Dokument führen.

2.1 Dokumente speichern und laden/öffnen

```
[·········1·········2·········3·········4·········5·········6····]···7····
Supa·IQ¶
--Redaktion·"Zeitgeistiges"·-¶
Kuhdamm·332¶
¶
1015·Bärlin¶
¶
··················································06,·August·1992¶
¶
Rundschreiben·August·1992¶
¶
¶
Liebe·Medienpartner,¶
¶
nein,·die·Chippendales·habn·uns·noch·nich·gereicht,·Jetzt·wollen·
wir·richttige·Machos·haben,·die·sich·schweißglänzend·und·
zähnebleckend·auf·der·mAtte·wälzen,·Deshalb·holen·wir·am·30,·
September·mit·der·CMS·EUROPEAN·TOUR·die·Elite·der·Catcher·in·die·
Stadthalle,...·damit·der·ohnehin·schon·heiße·Sommer·auch·heiß·
ausklingt,¶
¶
Mit·freundlichen·Grüßen¶
¶
                                                    BRIEF1.TXT
Se1 Ze1 Sp1        (¶)                               Microsoft Word
```

Abbildung 2.1: Beispieltext in Word 5.0

Der Name des Dokuments steht – wie Sie sehen – in **Word 5.0** unten rechts im Rahmen, in **Word 5.5** befindet sich der Name des Dokuments in der sogenannten Titelleiste, in der dritten Zeile von oben, zentriert über dem Fenster. Der Beispieltext wird Brief1 genannt.

Einen Namen muß man allen Dokumenten verpassen, mit denen man noch etwas vorhat. Mit Hilfe dieses Namens ist das Dokument in dem Stadium, in dem es sich zum Zeitpunkt der Namensgebung bzw. der Speicherung befand, identifizierbar. Das heißt, es kann immer wieder aufgerufen werden, solange es nicht explizit gelöscht worden ist.

Das Dokument zu benennen bedeutet- jedenfalls beim ersten Mal –, es zu speichern.

Speichern in Word 5.0

Der Befehl SPEICHERN befindet sich unter dem Befehl ÜBERTRAGEN.

Drücken Sie also Esc, Ü für ÜBERTRAGEN, S für SPEICHERN, dann taucht folgendes Untermenü auf:

Abbildung 2.2: Menü SPEICHERN

Es wird an der aktuellen Cursorposition ein Dateiname verlangt, der identisch ist mit dem Dokumentnamen. Schreiben Sie hier einen Namen hinein, der nicht mehr als acht Buchstaben hat und nicht aus völlig unverständlichen Abkürzungen besteht. Sie sollten auch in ferner Zukunft noch in der Lage sein zu erraten, was sich hinter diesem Namen wohl verbergen mag. Nach einiger Zeit taucht ein Zwischenmenü auf, in das Sie Kurzinfos zum gespeicherten Text schreiben können, wenn Sie wollen. Erscheint Ihnen dies nicht notwendig, gehen Sie mit einem Druck auf die Eingabetaste darüber hinweg. Diese Kurzinfos können ausgedruckt werden (siehe Kapitel 8. *Der schnellste Zugriff: der Dateimanager*) und erleichtern unter Umständen so einen Prozeß langwierigen Suchens.

Im Falle des Beispieltextes wurde also einfach Brief1 geschrieben und mit der Eingabetaste bestätigt. Word hängt automatisch .txt an diesen Namen. Der Punkt trennt den Namen von der sogenannten Kennung oder Erweiterung. Daneben gibt es noch eine Reihe von festgelegten Kennungen, zum Beispiel .sik für Sicherungskopien, .tbs für Textbausteindateien etc. Es bleiben aber immer noch genügend Abkürzungen, die Sie sich selbst wählen können, sie dürfen jedoch nicht mehr als drei Buchstaben haben.

Mit der Tasten-Kombination Ctrl-F10 (Strg-F10) gelangen Sie sofort in das Untermenü SPEICHERN.

Nachdem Sie den Text verändert haben, müssen Sie den bereits einmal abgespeicherten Text wieder speichern, damit die Änderungen ebenfalls registriert werden. Das, was Sie auf dem Bildschirm sehen, entspricht nicht unbedingt dem, was der Computer gespeichert hat (auf seiner Festplatte). Speichern Sie einen aktualisierten

Text, schlägt Ihnen Word automatisch den alten Namen vor und Sie müssen nur noch mit der Eingabetaste diesen Namen bestätigen.

Stellen Sie sich vor, Sie wollen, daß der aktualisierte Text einen anderen Namen als die alte Version erhält. In diesem Falle überschreiben Sie einfach den angebotenen alten Namen und bestätigen mit der Eingabetaste. Deshalb ist die alte Version unter dem alten Namen nicht verschwunden, sie ist noch immer vorhanden und sie bleibt auch so lange vorhanden, bis Sie diese Datei explizit löschen.

Vorerst speichern wir also den hoffentlich fehlerhaften Brief, in diesem Fall Brief1.txt.

Speichern in Word 5.5

Sie haben die Möglichkeit, zwischen dem Befehl SPEICHERN UNTER... .und SPEICHERN, die sich im Menü DATEI (Alt-D oder mit der Maus aufrufen) befinden, zu wählen.

Beginnen wir mit SPEICHERN. Wie bereits ausgeführt, können Sie diesen Befehl über das Menü DATEI aufrufen.

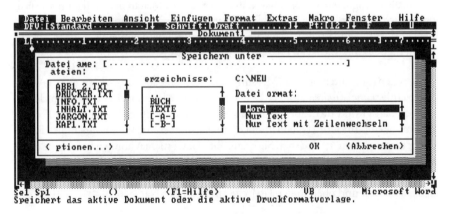

Abbildung 2.3: Menü DATEI, SPEICHERN UNTER

Die kurze Version ist Alt-Umschalttaste-F2, diese Fingerakrobatik ist natürlich Geschmackssache, am einfachsten ist auch hier der Mauseinsatz. Jetzt erscheint ein Zwischenmenü, in dem Sie bestimmte Dinge regeln können. Haben Sie das Dokument bisher noch nicht gespeichert, steht in der Zeile „Dateiname: c:Dokument1.txt". Hier schreiben Sie jetzt den von Ihnen gewählten Namen hinein, ohne das dort bereits Vermerkte löschen zu müssen. Das verschwindet von selbst. Der Name darf nicht mehr als acht Buchstaben haben und er sollte einen gewissen

Wiedererkennungswert besitzen, das heißt, Rückschlüsse auf den Inhalt der Datei zulassen (bei Briefen zum Beispiel den Namen des Adressaten).

Im Falle des Beispieltextes wurde also einfach Brief1 geschrieben und mit der Eingabetaste bestätigt, Word hängt automatisch .txt an diesen Namen. Der Punkt trennt den Namen von der sogenannten Kennung oder Erweiterung. Daneben gibt es noch eine Reihe von festgelegten Kennungen, zum Beispiel .sik für Sicherungskopien, .tbs für Textbausteindateien etc. Es bleiben aber immer noch genügend Abkürzungen, die Sie sich selbst wählen können, sie dürfen jedoch nicht mehr als drei Buchstaben haben.

Unter „Dateien:" erkennen Sie ein Kästchen, in dem alle Dateien angezeigt werden, die bereits im aktuellen Verzeichnis – das, in dem Sie momentan arbeiten – vorhanden sind. Ein Verzeichnis besteht aus mehreren Unterdateien, bezeichnet also nur eine bestimmte Gruppe von Dateien. Das aktuelle Verzeichnis ist hinter „Verzeichnisse:" angegeben. Die Struktur und die Bedeutungen der Angabe, die sich aus bestimmten Teilen zumsammensetzt, lesen Sie bitte in Kapitel 7 *DOS-Befehle für Word* unter *7.2 Arbeiten mit Verzeichnissen* nach. In dem Kästchen unter „Verzeichnisse:" werden Ihnen alle verfügbaren Verzeichnisse aufgeführt. Sie können in den Auflistungen nach oben oder unten rollen, da natürlich nicht immer alle Dateinamen oder Verzeichnisnamen dort hineinpassen. Wollen Sie einen Namen übernehmen, bestätigen Sie ihn mit der Maus durch Klicken oder mit der Eingabetaste.

Nun sehen Sie unten in der Meldungszeile die Angabe „Speichern von c:\(evtl. Verzeichnisname)\(Dateiname).txt". Während diese Meldung erscheint, ist Ihr Rechner beschäftigt und nicht für Sie ansprechbar. Zwischendurch erscheint ein Fenster, das mit „Datei-Info für (Dateiname).txt" überschrieben ist. Hier können Sie Eintragungen vornehmen, nach denen Sie später Ihre Datei suchen können, es besteht dafür aber keine Notwendigkeit. Dieses Fenster müssen Sie – ausgefüllt oder nicht – mit der Eingabetaste oder mit einem Mausklick bestätigen. Der Rechner beendet seine Speicheraktion und oben in der Titelzeile erscheint der Name.

Verändern Sie das Dokument noch einmal, müssen Sie es wieder abspeichern, wenn diese Änderungen endgültig sein sollen, sonst greift der Rechner beim nächsten Aufruf des Dokuments auf die alte Version zurück. Die Zwischenmenüs erscheinen beim wiederholten Speichern unter altem Namen nicht mehr. Sollten Sie das Speichern aber versehentlich vergessen haben, fragt Sie Word beim Verlassen des Dokuments danach, ob Sie das noch erledigen möchten.

SPEICHERN UNTER... (Alt-F2) benutzen Sie, wenn Sie eine neue Textversion unter einem anderen Namen speichern möchten, weil Sie ja bei einer Speicherung unter dem alten Namen über die Funktion SPEICHERN die alte Version überschreiben würden. Dies wollen Sie aber nicht, also wählen Sie die Option SPEICHERN UNTER... aus dem Menü DATEI. Die Prozedur ist identisch mit der des „Speicherns".

Hinweis für Anwenderinnen beider Word-Versionen:

Verlassen Sie niemals das Programm, ohne das Dokument gespeichert zu haben. Wenn Sie während einer Briefbearbeitung Esc, Q für QUITT bzw. in **Word 5.5** Alt-F4 drücken und der Brief ist noch nicht abgespeichert bzw. nach der letzten Speicherung noch einmal verändert worden, fragt Sie das Programm, ob Sie speichern wollen. Hierauf müssen Sie mit J für JA oder N für NEIN antworten. Schalten Sie den Rechner allerdings einfach aus der Dokumentbearbeitung heraus ab, bereitet Ihnen dies eine ähnliche Gänsehaut wie das Herunternehmen einer Schallplatte vom Plattenteller bei laufendem Betrieb. Mit anderen Worten: Sie verlieren Ihre aktuell bearbeitete Datei und ganz nebenbei strapazieren Sie Ihren Computer außerordentlich.

Hinweis zum Verlassen von Word 5.5:

Sofern Sie mit einer Maus arbeiten, haben Sie auch die Möglichkeit, Word durch Klicken auf das Kästchen an der linken Seite der Titelzeile zu verlassen.

Ich hatte schon erwähnt, wie Sie Word regulär verlassen können. Interessant wäre natürlich an dieser Stelle die Lösung der Frage, wie Sie wieder an Ihr altes Dokument kommen, wenn Sie erneut Word geladen haben und weiterarbeiten wollen.

Der Vorgang, sich eine bestimmte Datei zu suchen, heißt in **Word 5.0** „Laden", in **Word 5.5** „Öffnen".

Dokumente laden in Word 5.0

Der entsprechende Menüpunkt befindet sich unter ÜBERTRAGEN, also: Esc, Ü für ÜBERTRAGEN, L für LADEN. Jetzt erwartet Word einen Datei- bzw. Dokumentnamen. Haben Sie ihn vergessen, drücken Sie die Hilfetaste F1, und Sie erhalten eine Liste aller Dateien mit der Endung .txt. Begeben Sie sich mit dem Cursor auf das gewünschte Dokument und drücken Sie die Eingabetaste. Word lädt Ihre Datei in den Arbeitsspeicher und zeigt sie auf dem Bildschirm.

Wenn Sie Ihrer Datei eine andere Kennung als .txt verpaßt haben, zum Beispiel .jun für Juni, müssen Sie an der Stelle, wo das Programm nach der gewünschten Datei fragt, eingeben: *.* und anschließend unbedingt F1 drücken, da Ihnen das Programm sonst mitteilt, daß *.* kein gültiger Dateiname sei. Drücken Sie F1, zeigt Ihnen Word eine Liste aller Dateien und in eckigen Klammern aller Unterverzeichnisse. Rufen Sie Ihr Dokument aus diesem Verzeichnis auf, indem Sie den Cursor darauf plazieren und die Eingabetaste betätigen.

Haben Sie versehentlich die falsche Datei geladen, weil Sie den Namen nicht wiedererkannt haben, gehen Sie darüber hinweg und wiederholen Sie den Ladevorgang. Ohne zu zögern, befolgt Word dann Ihre erneute Wahl.

Hinweis:

> Wenn Sie einmal bei irgendeinem Arbeitsschritt nicht weiterwissen, drücken Sie einfach auf dem gerade aktuellen Menüpunkt Alt-?. Sie erhalten sofort vom Hilfeprogramm die gewünschten Erklärungen. Mit W für WIEDERAUF-NAHME kommen Sie umgehend zum Text zurück.

Dateien öffnen in Word 5.5

Wenn Sie einen bereits in der Vergangenheit einmal gespeicherten Text wieder bearbeiten möchten, müssen Sie die betreffende Datei öffnen, das heißt, von der Festplatte in den Arbeitsspeicher kopieren. Dieser Vorgang wird öffnen einer Datei genannt. Sobald Sie sich auf dem noch leeren Schreibfeld befinden, rufen Sie mit Alt-D oder mit der Maus den Menüpunkt DATEI auf, dort klicken Sie auf ÖFFNEN... oder drücken „f" bzw. die Eingabetaste, sofern sich der Cursorbalken auf dem Befehl befindet. Die Funktionstasten-Kombinationen Crtl-F12 (Strg-F12) sowie Ctrl(Strg)-F1 stehen Ihnen ebenfalls zum Öffnen der Datei zur Verfügung.

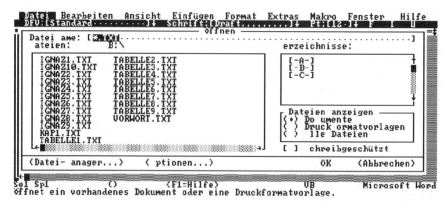

Abbildung 2.4: Menü DATEI, ÖFFNEN....

Jetzt können Sie in einem Untermenü die notwendigen Angaben eintragen.

Entweder Sie tragen sogleich den Dateinamen ein oder blättern Sie ein wenig in dem linken Kästchen, in dem die .txt-Dateien des aktuellen Verzeichnisses, das bei „Dateien:" angegeben ist, eingetragen sind. Sollten Sie eine Datei mit einer anderen Kennung als .txt suchen, schreiben Sie bei „Dateiname:" *.* und bestätigen Sie dies mit der Eingabetaste. Es werden Ihnen nun alle Dateien in dem aktuellen Verzeichnis gezeigt. Hier können Sie durch Anklicken mit der Maus oder durch Bestätigung der Cursorposition auf der gewünschten Datei diese aufrufen. Sollte sich Ihre Datei nicht in dem aktuellen Verzeichnis befinden, werfen Sie einen Blick in das rechte Kästchen, wo alle Verzeichnisse vermerkt sind. Auch hier können Sie durch Anklicken mit der Maus oder Bestätigung der Cursorposition auf der gewünschten Datei mit der Eingabetaste auswählen und die in diesem Verzeichnis abgelegten Dateien durchschauen. Dabei kann dieses wieder Unterverzeichnisse enthalten. Wie Sie Verzeichnisse anlegen, erfahren Sie in Kapitel 7.3 *Verzeichnisse anlegen*. Im Moment ist es sinnvoller, sich nur mit einzelnen Dateien zu befassen.

Sollten Sie einmal versehentlich eine Datei überschrieben haben, benötigen aber wieder die alte Version zur Bearbeitung, ist dies noch keine Katastrophe. Word legt in der Regel Sicherungskopien an, die zwar denselben Dateinamen tragen wie die überschriebene Datei, jedoch die Kennung .sik besitzen. Um an diese Sicherungskopie zu gelangen, schreiben Sie in das Feld „Dateiname:" *.sik. Ihnen werden daraufhin im linken unteren Kasten alle .sik-Dateien gezeigt, aus denen Sie wählen können. Suchen Sie sich die gewünschte Sicherungskopie heraus. Diese Datei speichern Sie nun mit der Funktion SPEICHERN UNTER.... Sie wird jetzt kopiert, indem sie noch einmal unter einem anderen Namen als .txt-Datei auf der Festplatte abgelegt wird. Dabei wird die Sicherungskopie nicht überschrieben und nicht gelöscht, bleibt also erhalten.

Sie können, je nach Leistungsfähigkeit Ihres Rechners, in **Word 5.5** bis zu neun Dateien simultan geöffnet haben. Jede Datei ist dann in einem eigenen Fenster untergebracht. Diese Fenster liegen übereinander. Die Fenstertechnik ermöglicht das Arbeiten mit mehreren Dateien (siehe Kapitel 5.2 *Die Word 5.5-Fenstertechnik*).

2.2   Textkorrekturen

Korrekturmethoden

Es gibt zwei Möglichkeiten, fehlerhafte Textstellen auszumerzen: Entweder werden diese richtig überschrieben, oder die falschen Stellen werden erst gelöscht und dann neuer Text eingefügt.

Beginnen wir mit der ersten Möglichkeit, dem Überschreiben: Dazu drücken Sie in **Word 5.0** F5 oder in **Word 5.5** Alt-F5, und rechts unterhalb des Schreibfeldrahmens taucht ÜB auf. ÜB bedeutet, daß der Überschreibmodus aktiviert ist. Drücken Sie wieder F5 (**Word 5.0**) bzw. Alt-F5 (**Word 5.5**), ist diese Funktion ausgeschaltet. Solange sie aber eingeschaltet ist, werden Sie nur wortweise mit Hilfe der Löschtaste (oberhalb der Eingabetaste) rückwärts – von rechts nach links – löschen können, während Sie normalerweise ganze Textabschnitte mit dieser Taste vom Bildschirm verschwinden lassen können. Stehen Sie zudem bei eingeschalteter Überschreibfunktion auch noch auf einem Absatzzeichen , piept Ihr Rechner sofort, um Ihnen anzudeuten, daß es ihm nicht möglich ist, sich zu rühren. Rückwärts löschen ist also schwierig, dafür können Sie aber überschreiben. Wenden wir uns einem Fehler aus Brief1 zu: „Matte" ist falsch geschrieben, und zwar „mAtte". Ich werde hier also den Cursor auf dem „m" plazieren, F5 bzw. Alt-F5 drücken, „Ma" schreiben und dann wieder F5 oder Alt-F5 drücken, um den Überschreibmodus auszuschalten und nicht versehentlich etwas Richtiges zu überschreiben.

Wenn Sie diese Möglichkeit ausprobieren, werden Sie feststellen, daß sich die Korrekturart am besten für größere Textabschnitte eignet. Ist ÜB nicht aktiviert, befindet sich Word im Einfügemodus, das heißt, daß an den Stellen, an denen Sie etwas einfügen möchten, die bereits dort vorhandenen Zeichen nach rechts „gedrängt" werden. Will ich zum Beispiel in Brief1 „habn" in „haben" korrigieren, gehe ich mit dem Cursor auf das „n" und tippe das fehlende „e", dabei weichen alle folgenden Zeichen nach rechts bzw. bei längeren Einfügungen Zeilen und Absätze nach unten aus.

Fehlerhafte Zeichen entfernen Sie, indem Sie sie entweder mit der Löschtaste von rechts nach links, also rückwärts, weglöschen oder indem Sie die Entf-Taste (Del-Taste), die sich im Cursorblock, aber auch im Nummernblock befindet, betätigen. Entf steht für „Entfernen" und Del steht für „Delete". Ich beabsichtige zum Beispiel, in Brief1 „richttige" zu korrigieren. Entweder setze ich den Cursor auf das zweite „t" und betätige jetzt einmal die Löschtaste oder ich setze ihn auf ein überflüssiges „t" und drücke auf Entf. Dabei rutschen die nachfolgenden Zeichen nach.

Auf diese Weise lassen sich auch größere Textabschnitte sehr gut löschen. Dazu müßten Sie jedoch diese Abschnitte zuvor markieren, um dem Rechner klarzumachen, um welche Textstellen es sich handelt. Die verschiedenen Markierungsfunktionen sind in einer Übersicht im Hilfeprogramm enthalten.

Textabschnitte markieren in Word 5.0

Gehen Sie also in die Hilfe, ins Register, rufen Sie „Text markieren" auf, lesen Sie sich die dazu vorhandenen drei Seiten aufmerksam durch und machen Sie sich gegebenenfalls Bildschirmabzüge, damit Sie jederzeit einen Überblick über die wichtigsten Markierungsfunktionen erhalten.

Zur Wiederholung:

Um den oben beschriebenen Vorgang durchzuführen, drücken Sie:

Esc, H für HILFE, R für REGISTER, mit dem Cursor auf „Text markieren", Eingabetaste, Druck-Taste (Prt Sc-Taste), n (für NÄCHSTE SEITE), wieder ausdrucken mit den entsprechenden Tasten, NÄCHSTE SEITE, dann W für WIEDERAUFNAHME, um zum Text zurückzugelangen.

Auf jeden Fall im Gedächtnis behalten sollten Sie die Möglichkeit, mit Hilfe der Cursortasten bei gleichzeitigem Drücken der Umschalttaste in jede beliebige Richtung in jedem beliebigen Umfang markieren zu können. Lassen Sie die Umschalttaste los und bewegen gleich darauf den Cursor, verschwindet die bisher vorgenommene Markierung wieder.

Vielleicht üben Sie in Ihrem Text ein wenig das Markieren: Springen Sie mit F8 durch den Text von vorne nach hinten oder andersherum mit F7, drücken Sie einmal F9 und schauen Sie, was passiert, dann die Umschalttaste-F8, dann die Umschalttaste-F10.

Drücken Sie im Anschluß an irgendeinen beliebigen Markierungsvorgang die Entf-Taste. Sie werden bemerken, daß der markierte Text verschwunden ist, der Rest ist nachgerückt.

```
┌────────────────────────■Hilfe■────────────────────────┐
│ TASTATUR    Seite 5 von 11                             │
│                                                        │
│ Um ... zu markieren:          Drücken Sie:             │
│                                                        │
│   Das linke Wort              F7                        │
│   Den vorhergehenden Satz     UMSCHALTTASTE+F7          │
│   Das rechte Wort             F8                        │
│   Den nächsten Satz           UMSCHALTTASTE+F8          │
│   Den vorhergehenden Absatz   F9                        │
│   Die aktive Zeile            UMSCHALTTASTE+F9          │
│   Den nächsten Absatz         F10                       │
│   Den gesamten Text           UMSCHALTTASTE+F10         │
│   Markierung erweitern ein/aus F6 oder UMSCHALTTASTE+beliebige RICHTUNGST. │
│   Spaltenmarkierung ein/aus   UMSCHALTTASTE+F6          │
│                                                        │
│ ══════════════════════ Lernprogramm: Markieren von Text │
│                        Handbuch: Kapitel 4              │
│ HILFE: Wiederaufnahme Nächste-Seite Vorhergehende-Seite Grundbegriffe │
│        Register Lernhilfe Tastatur Maus                │
│ Geht zur Stelle/zum Menü zurück, wo Hilfe angefordert wurde │
│ Sel Zei Spl      ()                      Microsoft Word │
└────────────────────────────────────────────────────────┘
```

Abbildung 2.5: Übersicht der Markierungsfunktionen aus dem Word 5.0-Hilfeprogramm

Textabschnitte markieren in Word 5.5

Besorgen Sie sich zuerst eine Übersicht der Markierungsfunktionen aus dem Hilfe-programm, sofern Sie dies noch nicht getan haben, und drucken Sie sich diese aus.

Zur Wiederholung:

Alt-H für HILFE drücken oder durch Anklicken mit der Maus das Hilfemenü aufrufen. Dort die Option TASTATUR bestätigen bzw. aufrufen, dann <Mar-kieren von Textabschnitten> mit der Eingabetaste oder der Maus aufrufen. Die jetzt erscheinende Übersicht wird mit Umschalttaste-F9 ausgedruckt.

Sie sehen, es gibt viele Möglichkeiten, verschiedene Texteinheiten zu markieren – momentan wahrscheinlich zu viele. Behalten Sie die wichtigste Möglichkeit im Kopf: Drücken Sie am Ausgangspunkt der gewünschten Markierung die Umschalttaste und bewegen Sie den Cursor in die gewünschte Richtung nach links, rechts, oben oder unten. So können Sie zeilen- oder wortweise recht zügig markieren.

Eine zentrale Taste beim Markieren mit der Tastatur ist F8. Drücken Sie diese Taste, unten rechts in der Statuszeile, erscheint nun ER wie „erweitern". Die Markierung wird bei jeder Cursorbewegung nun um eine Einheit weiterverlagert (vom Zeichen zum Wort, zum Absatz, dann bis zum Dokumentanfang bzw. -ende). Außerdem fungiert F8 bei einigen Markierungsvorgängen als Wiederholtaste.

Sie müssen sich mit dem Erlernen dieser vielen Markierungsmöglichkeiten über Funktionstasten gar nicht befassen, wenn Sie über eine Maus verfügen. Durch Ziehen (Maustaste drücken, während der Mauszeiger über die zu markierenden Textab-schnitte geführt wird) gelangen Sie am schnellsten und unkompliziertesten zum Ziel. Weitere Differenzierungen beim Markieren nehmen Sie mit der Maus vor, wenn Sie den Mauszeiger links neben einer Zeile plazieren (nicht auf dem Schreibfeldrahmen, sondern in dem leeren Zwischenraum zwischen Text und Rahmen) und die linke Maustaste klicken. Die neben dem Mauszeiger liegende Zeile wird markiert. Klicken Sie in dieser Position mit der rechten Maustaste, markieren Sie den Absatz, in dessen Höhe Sie sich befinden. Drücken Sie hier beide Maustasten gleichzeitig, markieren Sie den gesamten Text. Ist der Mauszeiger in einem Wort positioniert, betätigen Sie zum Markieren des Wortes die rechte Maustaste.

Trotzdem ist es vielleicht sinnvoll, sich mit der einen oder anderen Funktionstaste in diesem Zusammenhang vertraut zu machen: Zum Beispiel werden Strg(Ctrl)-5 oder Umschalttaste-F10 zum Markieren des gesamten Dokuments häufiger benötigt.

Drücken Sie nach einem kleineren Markierungsvorgang die Del-Taste (Entf-Taste). Sie werden feststellen, daß der markierte Text verschwunden ist. Drücken Sie gleich anschließend Alt-Löschtaste , und der verschwundene Text ist wieder da.

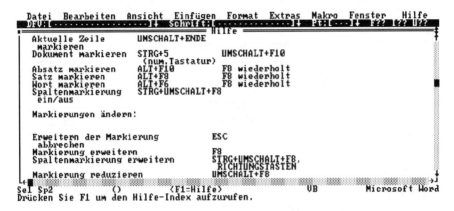

Abbildung 2.6: Übersicht der Markierungsfunktionen aus dem Word 5.5-Hilfeprogramm

Hinweis für Anwenderinnen beider Wordversionen:

Wenn Sie einmal eine falsche Funktionstaste oder eine falsche Tastenkombination erwischt haben sollten, können Sie den Fehler meistens wieder ausmerzen, indem Sie diese Kombination noch einmal drücken, bei Markierungen genügt das Bewegen irgendeiner Cursortaste oder das Drücken von Esc.

Die „Rückgängig"-Funktion

Sollten Sie den Wunsch haben, Löschaktionen oder auch andere Prozesse rückgängig machen zu wollen, bedienen Sie sich der RÜCKGÄNGIG-Funktion (in **Word 5.0**: Esc, R für RÜCKGÄNGIG/in **Word 5.5**: Alt-Löschtaste), und alles ist wieder beim alten. Die meisten Pannen lassen sich mit diesem Befehl wieder beheben, sofern man zwischendurch nicht andere Befehle aufgerufen hatte. Word ist nur in der Lage, mit RÜCKGÄNGIG die <u>zuletzt</u> durchgeführte Aktion zu widerrufen.

Brief1 ist jetzt korrigiert und heißt Brief2, das bedeutet, auf meiner Festplatte befinden sich der unkorrigierte Brief1 und der korrigierte Brief2. Das ist natürlich Humbug. Es genügt Ihnen völlig, wenn Sie nach Beendigung der Korrekturarbeiten den Text wieder unter dem alten Namen speichern.

Zur Wiederholung – Speichern bei Word 5.0:

> Esc, Ü für ÜBERTRAGEN, S für SPEICHERN, Eingabetaste. Damit wird der von Word vorgeschlagene alte Name nur bestätigt und kein neuer für eine zweite korrigierte Datei vergeben; das bedeutet, die alte unkorrigierte Datei wird von der neuen korrigierten Version überschrieben.

Zur Wiederholung – Speichern bei Word 5.5:

> Alt-D für DATEI, SPEICHERN (überschreibt ohne Rückfrage die alte Version).

 Zusammenfassung:

> Es gibt verschiedene Möglichkeiten, einen Text zu korrigieren. Zur Verfügung stehen:
>
> 1. Die Löschtaste (löscht von rechts nach links),
>
> 2. der Überschreibmodus, der in **Word 5.0** mit F5 und in **Word 5.5** mit Alt-F5 aktiviert wird,
>
> 3. das Einfügen von Text, gegebenenfalls muß anschließend fehlerhafter Text gesondert gelöscht werden: Einzelzeichen mit der Löschtaste oder mit Entf (Del); zusammenhängende Textabschnitte werden zuvor markiert und dann mit der Entf-Taste gelöscht.
>
> 4. Zum Markieren stehen Funktionstasten (Übersicht im Hilfeprogramm, bei **Word 5.0**: Stichwort „Text markieren", bei **Word 5.5**: TASTATUR, <Markieren von Textabschnitten>) oder die Cursortasten in Kombination mit der Umschalttaste zur Verfügung. Am einfachsten ist aber das Markieren mit der Maus.
>
> 5. Die neue Version sollte gespeichert werden, und zwar unter dem alten Namen.

2.3 Formatierungen

Die Texterfassung, also das bloße Schreiben des Textes, ist natürlich nicht alles, was einen Brief ausmacht. Einerseits gibt es formale Kriterien für die Textaufteilung und Vorgaben, die sich zum Beispiel nach dem verwendeten Briefpapier oder nach dem Zweck und Adressaten des Briefes richten, andererseits gibt es subjektive ästhetische Maßstäbe für das Textlayout.

2.3.1 Die Layoutkontrolle/Seitenansicht

Auf dem Bildschirm sehen Sie nur einen Teil einer gewöhnlichen DIN A4-Seite. Sobald Sie eine kleine Schrift verwenden möchten, weicht die Bildschirmdarstellung komplett von dem späteren Ausdruck ab. Ebenso verhält es sich mit verschiedenen Schrifttypen und Formatierungen. Der Bildschirm ist in Word 5.0 und 5.5. nicht in der Lage, eine 1:1-Abbildung zu liefern.

Um sich trotzdem eine gewisse Übersicht verschaffen zu können, wurde eine Layoutkontrolle eingerichtet. In dieser Funktion verändert sich die Darstellungsweise des Bildschirms komplett, Sie können hier zwar keinen Text mehr erkennen, dafür aber die gröbsten Formatierungen, wie zum Beispiel Fettdruck, Absätze, Seitenränder und Seitenumbrüche. Wenn Sie wissen wollen, worum es sich dabei handelt, drücken Sie Ctrl-F9 (Strg-F9). Dies gilt für beide Textverarbeitungen, Word 5.0 und Word 5.5.

Innerhalb der Menüstruktur ist ihre Unterbringung allerdings unterschiedlich:

Layoutkontrolle in Word 5.0

In **Word 5.0** drücken Sie etwas umständlich Esc, D für DRUCK, L für LAYOUT-KONTROLLE.

Lesen Sie bitte alle Anweisungen in diesem Menü genau durch, Sie werden feststellen, daß es ausgesprochen einfach zu handhaben ist. Auf dem Nummernblock befinden sich rechts oben und unten die „Bild nach oben"- bzw. „Bild nach unten"-Tasten (Pg Up, Pg DN, Bild auf, Bild ab). Mit Ctrl-Pg Up bzw. Ctrl-Pg Dn (bzw. statt Ctrl bei manchen Tastaturen Strg) gelangen Sie bei mehrseitigen Dokumenten direkt an den Anfang bzw. an das Ende des Gesamtdokuments. Sie sehen im Menü den Unterpunkt OPTIONEN. Rufen Sie diese auf, werden Ihnen verschiedene Einstellungen der Layoutkontrolle angeboten: einseitig, zweiseitig oder gegenüberliegende Seiten. Wenn Sie gegenüberliegende Seiten eingestellt haben, hat das den Vorteil, daß Sie immer die ungeraden Seiten links und geraden rechts auf dem Bildschrim gezeigt bekommen. Bei der Einstellung „Zweiseitig" wird beim Blättern durch das mehrseitige Dokument die Darstellung immer um eine Seite verschoben, das heißt, es wird ständig eine Seite wiederholt dargestellt. Aber das können wir uns später bei der Behandlung umfangreicherer Dokumente noch genauer anschauen. Die Einstellung „Gegenüberliegende-Seiten" erscheint mir jedenfalls am sinnvollsten, aber besser probieren Sie die verschiedenen Möglichkeiten selbst aus, um sich ein Urteil zu bilden.

Die Festlegungen werden mit der Löschtaste vorgenommen und mit der Eingabetaste bestätigt. Aus der Layoutkontrolle heraus kann entweder mit Ctrl-F8 oder über D für DRUCK, D für DRUCKER, Eingabetaste das Dokument gedruckt werden.

Mit B für BEENDEN gelangen Sie wieder auf die Seite im Text, die gerade in der Layoutkontrolle dargestellt worden ist. Eine andere Möglichkeit ist auch, wieder Ctrl-F9 zu drücken.

Seitenansicht in Word 5.5

In Word 5.5 heißt die Layoutkontrolle Seitenansicht und befindet sich unter DATEI. Es stehen Ihnen hier in der obersten Zeile weitere Optionen zur Verfügung, die auf der Tastatur mit Hilfe der Alt-Taste in Verbindung mit dem Anfangsbuchstaben des jeweiligen Befehls aufgerufen werden, oder Sie benutzen die Maus, was auch in diesem Fall wieder rationeller ist.

Im Menü DATEI der Seitenansicht können Sie Einstellungen rund um den Drucker vornehmen, das Ausdrucken der gewünschten Datei geht aber schneller über die Kombination Umschalttaste-F9. Sie verlassen die Seitenansicht auch besser nicht umständlicherweise über dieses Menü, sondern tippen einfach Esc.

Das Menü BEARBEITEN bietet die Möglichkeit, direkt eine bestimmte Seite in der Seitenansicht anzusteuern.

Das Menü ANSICHT der Seitenansicht bezieht sich auf die Darstellung der Seitenansicht, „ein- oder zweiseitig" oder „gegenüberliegende Seiten" können hier gewählt werden.

Übersichtlicher finde ich zweiseitig, bzw. gegenüberliegende Seiten. In dieser letzten Einstellung wird Ihnen die ungerade Seite immer rechts, die gerade immer links gezeigt – wie in einem Buch. Testen Sie am besten alle Modi, und entscheiden Sie sich dann für den für Sie sinnvollsten.

Das Menü MAKRO der Seitenansicht bezieht sich auf ein momentan noch zu komplexes Thema, weshalb wir es hier ignorieren (siehe dazu Kapitel 6.3 *Der Einsatz eines Makros zum Berechnen einer Tabelle*).

2.3.2 Seitenränder einstellen

An Ihrem Brief wird Ihnen als erstes wohl der Seitenrand nicht passen. Hier müssen wir ein wenig herumprobieren, da Ihr Drucker in der Regel auch noch ein paar Ränder für sich beansprucht, zum Beispiel benötigt er vom oberen Rand immer ein paar Millimeter zum Einzug, er druckt auch ungern ganz an den Papierrand.

Bevor Sie jetzt also anfangen, eventuell Leerzeilen mit Hilfe der Zeilenschaltung (Returntaste, Eingabetaste) zu fabrizieren, um die Adresse auch wirklich ins Adressenfeld zu bekommen, verändern Sie lieber den Seitenrand oben.

Dafür drücken Sie in **Word 5.0** Esc, F für FORMAT, B für BEREICH, S für SEITENRAND. Hier machen Sie erst einmal Halt und betrachten sich in Ruhe die Ihnen zur Verfügung stehenden Optionen.

```
⊫[·········1·········2········3·········4·······5·······6····]···7····┐
 ▯

 ║                                                                    ║
 ║                                                                    ║
 ║                                                                    ║
 ║                                                                    ║
 ║                                                                    ║
 ║                                                                    ║
 ║                                                                    ║

FORMAT BEREICH SEITENRAND
     Oben: 2,5 cm          Unten: 2 cm
     Links: 2 cm           Rechts: 2 cm
     Seitenlänge: 29,7 cm     Breite: 21 cm      Bundsteg: 0 cm
     Abstand Kopfzeile von oben: 1,25 cm         Fußzeile von unten: 1,25 cm
     Ränder spiegeln: Ja(Nein)                   Standardbenutzung: Ja(Nein)
Geben Sie bitte das Maß ein!
Sei Zel Spl              ()                       Microsoft Word
```

Abbildung 2.7: FORMAT, BEREICH, SEITENRAND

In **Word 5.5** rufen Sie FORMAT (Alt-T oder mit der Maus) auf und dort SEITEN-RÄNDER....

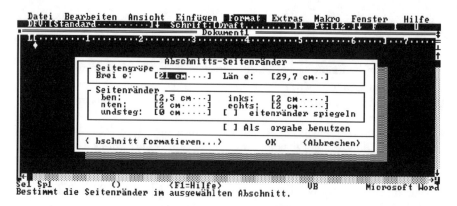

Abbildung 2.8: FORMAT, SEITENRÄNDER...

In diesen Menüs der beiden Word-Versionen ist zwar die Anordnung unterschiedlich, aber die Optionen sind identisch. Vorläufig wichtig sind die ersten sechs Optionen. Alle Angaben werden in der Regel in Zentimetern gemacht. Im Menü ZUSÄTZE in **Word 5.0** und im Menü EXTRAS, .EINSTELLUNGEN... in **Word 5.5** (dort im zuständigen Feld mit der Cursortaste nach oben oder unten „blättern") kann auch eine andere Maßeinheit eingestellt werden, aber zum Beispiel Zoll oder 10er-Teilung dürften doch etwas zu exotisch sein. Wenn Sie Daten für Seitenränder eingeben, ist es nicht notwendig, die Einheit „cm" dazuzuschreiben, die ist – wie gesagt – bereits verbindlich im Menü ZUSÄTZE bzw. EXTRAS, EINSTELLUNGEN... festgelegt worden.

In diesem Menü bewegen Sie sich wieder mit den Cursortasten oder mit der Maus zu den einzelnen Feldern. Die Seitenlänge von 29,7 cm braucht für eine DIN A4-Seite nicht verändert zu werden, ebenso die Breite von 21 cm. Aber „Oben" könnten Sie ja einmal 3,5 cm ausprobieren, das bedeutet, daß der Textanfang 3,5 cm unterhalb des oberen Papierrandes liegt. „Unten" ist es aus Schönheitsgründen vielleicht sinnvoll, ca. 4 cm zu wählen, das bedeutet, daß der Text 4 cm oberhalb des unteren Papierrandes endet, um dann auf einer neuen Seite zu beginnen. Bestimmen Sie jetzt noch den rechten und linken Rand, ignorieren Sie vorläufig den Rest und bestätigen Sie Ihre Angaben mit der Eingabetaste. Jetzt verschiebt sich der Text ein wenig und in der Layoutkontrolle bzw. Seitenansicht (Ctrl-F9) können Sie das Ergebnis begutachten (mit B für BEENDEN in **Word 5.0** und Esc in **Word 5.5** wieder zurück zum Text). Vielleicht spielen Sie ein wenig mit den Rändern herum, betrachten das Ergebnis in der Layoutkontrolle und drucken den Brief zwischendurch einmal aus, um zu sehen, wie das reale Produkt aussieht. In **Word 5.0** drucken Sie mit Ctrl-F8 (Strg-F8) aus, in **Word 5.5** mit Umschalttaste-F9.

Achten Sie darauf, wie sich die eckigen Klammern oben im Zeilenlineal je nach den Änderungen des rechten bzw. linken Seitenrandes verschoben haben.

Hinweise für Word 5.5-Anwenderinnen:

Im Menü SEITENRÄNDER... haben Sie die Möglichkeit „Als Vorgabe benutzen" einzustellen, das heißt, Ihre in diesem Menü getroffenen Eingaben gelten jetzt als Voreinstellung für die zukünftigen Dateien.

Die Option ABSCHNITT FORMATIEREN erlaubt den Sprung in das Menü FORMAT, ABSCHNITT.... Solche Sprungmöglichkeiten gibt es in **Word 5.0** nicht.

Einfügen und löschen von Leerzeilen

Vielleicht müßten Sie noch innerhalb des Briefes ein paar Leerzeilen einfügen oder löschen. Dazu betätigen Sie die Eingabetaste (Zeilenschaltung, Wagenrückholtaste, Returntaste). Wie Sie feststellen werden, bewegen sich die folgenden Absätze nach unten. Wenn Sie Leerzeilen löschen möchten, gehen Sie mit dem Cursor auf das Absatzzeichen und drücken die Entf-Taste (Del-Taste) oder die Löschtaste . Spielen Sie auch hier ein wenig herum, und schauen in der Layoutkontrolle/Seitenansicht nach den Auswirkungen.

2.3.3 Schrift-Formatierungen

Formatierungen der Schrift in Word 5.0

Einen Überblick über diverse Formatierungsmöglichkeiten erhalten Sie, wenn Sie Esc, F für FORMAT, Z für ZEICHEN oder – was wesentlich kürzer ist – Alt-F8 drücken.

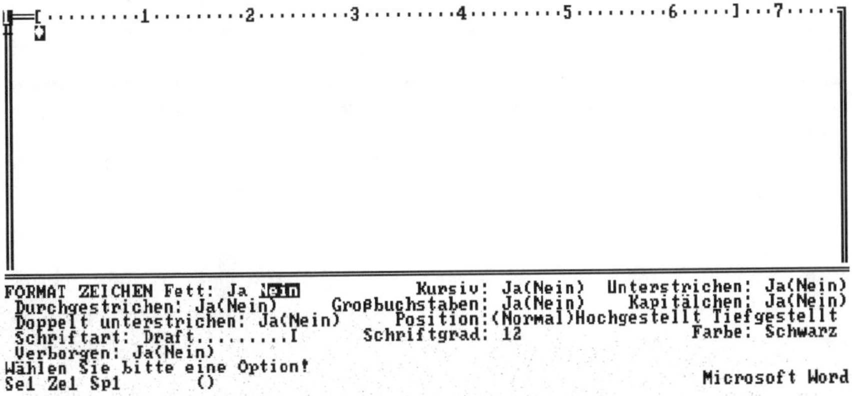

Abbildung 2.9.: FORMAT, ZEICHEN

Die Einstellungen in diesem Menü gelten immer nur für die jeweils markierten Zeichen. Haben Sie also vergessen zu markieren, erhält lediglich das Zeichen die Formatierung, auf dem sich gerade der Cursor befindet.

Sicherlich haben Sie in Ihrem Brief eine Betreffzeile stehen. Die Betreffzeile im Bespieltext lautet: „Rundschreiben August 1992". Diese Zeile soll **fett** formatiert werden. Also markiere ich die Zeile, die mit einem Absatzzeichen schließt, mit F9. Ich könnte jetzt Alt-F8 drücken und die Einstellung „FORMAT, ZEICHEN Fett: (Ja) Nein" vornehmen, einfacher ist dies jedoch mit dem Kurzgriff Alt-f.

Direktformatierungen bieten sich auch für die übrigen Gestaltungsmöglichkeiten mit Ausnahme der Schriftart, des Schriftgrades und der Farbe an. Werfen Sie doch einen Blick in die Tastaturübersicht des Hilfeprogramms (Seite 2), dort erfahren Sie alle Direktformatierungen, wie zum Beispiel Alt-i für kursive Schreibweise oder Alt-u für Unterstreichungen. Formatierungen einzelner Zeichen müssen zweimal hintereinander vorgenommen werden. Es sind auch mehrere Formatierungen auf einmal möglich (zum Beispiel fett und unterstrichen).

```
                             Hilfe
TASTATUR   Seite 2 von 11
Tastenkombinationen zur direkten Formatierung. Drücken Sie die ALT-TASTE+:
Zeichenformate                   Absatzformate
F         Fett                   Z    Zentriert
I         Kursiv                 L    Linksbündig
U         Unterstrichen          R    Rechtsbündig
D         Doppelt unterstrichen  B    Blocksatz
K         Kapitälchen            E    Erste Zeile um einen Tabstopp einrü.
S         Durchgestrichen        M    Link. Einzug um einen Tabstopp redu.
V         Verborgen              G    Link. Einzug um einen Tabst. erweit.
H         Hochgestellt           Q    Linker und rechter Einzug
T         Tiefgestellt           O    Anfangsabstand
LEERTASTE Standard               N    Standard
A         Standard               Y    Negativer Erstzeileneinzug
                                 2    Doppelter Abstand (zweizeilig)

Hinweis: Mit einer Druckformatvorlage, drücken Sie die ALT-TASTE+X+...
              Lernprogramm: Kursiv, Fett, usw.
              Handbuch: Kapitel 8 und 9

HILFE: Wiederaufnahme Nächste-Seite Vorhergehende-Seite Grundbegriffe
       Register Lernhilfe Tastatur Maus
Geht zur Stelle/zum Menü zurück, wo Hilfe angefordert wurde
Sel Zel Spl      ()                                   Microsoft Word
```

Abbildung 2.10: Tastaturübersicht für Formatierungen

Wenn Sie eine Formatierung wieder rückgängig machen wollen, könnten Sie dies umgehend erledigen, indem Sie Esc, R für RÜCKGÄNGIG drücken oder indem Sie folgende Tastenkombinationen wählen (nachdem Sie vorher die betreffenden Textabschnitte markiert haben):

Alt-a löscht die Formatierungen des markierten Textabschnitts, ohne die Schriftart und den Schriftgrad zu verändern.

Alt-Leertaste löscht alle Formatierungen des markierten Textabschnitts, einschließlich der Schriftart und des Schriftgrades. Es werden hier wieder die Standardvorgaben von Word eingesetzt.

Möglicherweise gefallen Ihnen die Standardvorgaben für die Schrift nicht. Diese können Sie ändern, indem Sie den von der Änderung betroffenen Text markieren, Alt-F8 drücken, sich mit dem Cursor zum Feld „Schriftart" begeben. Hier drücken Sie F1. Hinter F1 verbirgt sich meistens eine Hilfe, die eine Übersicht über die Auswahlmöglichkeiten zur Verfügung stellt. Drücken Sie also F1, damit Sie eine Liste der Schriftarten erhalten, die Ihr Drucker bereit ist zu akzeptieren. Stellen Sie den Cursor auf eine gewünschte Schriftart (zum Beispiel Times Roman), bestätigen Sie diese mit F1. Sie befinden sich jetzt wieder unten im Optionsmenü, das Sie mit der geänderten Schriftart über die Eingabetaste bestätigen können. Wenn Sie aber auch den Schriftgrad ändern möchten, können Sie dies in einem Zug erledigen. Sie springen jetzt mit dem Cursor auf das Feld „Schriftgrad", drücken wieder F1 und erhalten eine Liste der für die gewählte Schriftart möglichen Schriftgrade. Suchen Sie sich einen aus und bestätigen Sie ihn mit F1. Wenn Sie sicher sind, in diesem Menü vorläufig keine Wünsche offengelassen zu haben, bestätigen Sie alles mit der Eingabetaste.

Nun verschiebt sich natürlich wieder der Text. Eventuell wird (gerade bei sehr kleinen Schriften) die Bildschirmdarstellung noch unübersichtlicher, da sich die Zeilen über die Schreibfeldumrahmung hinaus fortsetzen, die Wortzwischenräume unglaublich groß erscheinen und Sie ständig mit dem Cursor unterwegs sind, wenn Sie den Text durchgehen wollen.

Ein Blick in die Layoutkontrolle (Ctr-F9) hat hier eine durchaus beruhigende Wirkung.

Formatierungen der Schrift bei Word 5.5

Einen Überblick über diverse Formatierungsmöglichkeiten erhalten Sie, wenn Sie im Menü FORMAT, .ZEICHEN... aufrufen (Alt-T, Z oder mit der Maus jeweils die Menüpunkte anklicken). Mit Ctrl-F2 (Strg-F2) gelangen Sie ebenfalls in dieses Menü.

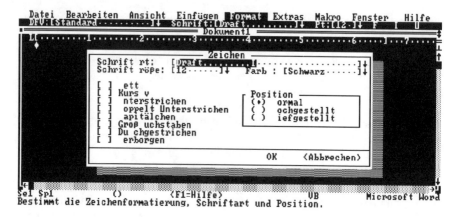

Abbildung 2.11: Menü FORMAT, ZEICHEN...

Die Einstellungen in diesem Menü gelten immer nur für die jeweils markierten Zeichen. Haben Sie also vergessen zu markieren, erhält lediglich das Zeichen die Formatierung, auf dem sich gerade der Cursor befindet.

Sicherlich haben Sie in Ihrem Brief eine Betreffzeile stehen. Die Betreffzeile im Beispiel-Text lautet: „Rundschreiben August 1992". Diese Zeile soll **fett** formatiert werden. Also markiere ich sie mit der Maus, begebe mich mit der Maus nach oben rechts in die Zeichenleiste auf F für „fett" und betätige einmal die Maustaste. Es ist auch möglich, wahlweise mit Tastatur oder Maus über das Menü FORMAT, ZEI-CHEN... zu laufen, in dem ich mit der Cursortaste in den einzelnen Feldern blättere und mit der Tabulatortaste von einem Feld zum anderen springe. Aber dies ist eigentlich zu umständlich.

Mit der Maus verfahren Sie wie eben beschrieben. Mit der Tastatur können Sie die Formatierung über sogenannte Direktformatierungen abkürzen, in diesem Fall drük-ken Sie nach dem Markieren Ctrl-f (Strg-f).

Direktformatierungen bieten sich auch für die übrigen Gestaltungsmöglichkeiten mit Ausnahme der Schriftart, des Schriftgrades und der Farbe an. Werfen Sie einen Blick in die entsprechende Tastaturübersicht: Begeben Sie sich in HILFE, TASTATUR..., <Formatierung>, studieren Sie die Liste und drucken Sie sich gegebenenfalls diese Liste über Umschalttaste-F9 aus.

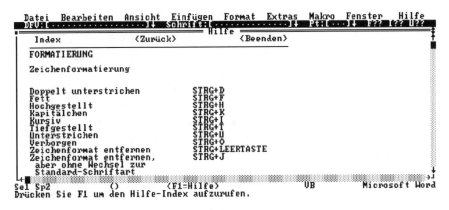

Abbildung 2.12: Tastaturübersicht für Formatierungen aus dem Word 5.5-Hilfeprogramm

In Brief3 sind jetzt ein paar Formatierungen enthalten, die Sie in Ihrem Brief ausprobieren könnten.

Zur Entfernung der Formatierung drücken Sie die Kombination Ctrl-Leertaste (Strg-Leertaste), dabei verlieren Sie auch eventuell vorgenommene Änderungen des Schrifttyps und des Schriftgrades. Wollen Sie dies ausschließen, drücken Sie Ctrl-J (Strg-J). Über diese Tastenkombinationen müssen Sie sich aber keine Gedanken machen, wenn Sie die Formatierungsanweisungen einfach wiederholen, zum Beispiel mit der Maus erneut markieren und in der Zeichenleiste auf „F" klicken, womit eine Fettformatierung revidiert wird.

Zur Änderung der Schriftart ist es wieder nötig zu markieren, FORMAT, ZEICHEN... aufzurufen und dort bei „Schriftart" die gewünschte einzutragen bzw. nach Durchblättern aller möglichen Schriftarten aufzurufen. Sie können sowohl mit dem Cursor die Liste abrollen lassen als auch mit der Maus, indem Sie auf den Pfeil rechts von dem Feld klicken.

Ebenso verfahren Sie mit dem Schriftgrad, auch hier steht Ihnen im entsprechenden Feld des Menüs FORMAT, ZEICHEN... eine Liste zum Durchblättern zur Verfügung.

Sie können aber auch Eintragungen direkt in der Zeichenleiste vornehmen, indem Sie sich mit dem Mauszeiger dorthin in das entsprechende Feld „Schrift:" für die Schriftart bzw. „Pt:" für den Schriftgrad begeben und auf den nach unten weisenden Pfeil neben diesen Feldern klicken. Auf diese Weise blättern Sie die möglichen Einstellungen durch.

Hinweis:

Es es auch möglich, mit dem Cursor in die Zeichenleiste zu gelangen. Über bestimmte Tastenkombinationen steuern Sie die einzelnen Felder an, wobei sich die Kombinationen für die Formatierungen für fett, unterstrichen und kursiv mit den Direktformatierungsgriffen decken: Ctrl(Strg)-f für fett, Ctrl(Strg)-i für kursiv und Ctrl(Strg)-u für unterstrichen. In das Feld zur Bestimmung der Schriftart gelangen Sie mit Ctrl(Strg)-S und in das Feld „Pt:" zur Bestimmung des Schriftgrades mit Ctrl(Strg)-p.

Bestehen in den markierten Textabschnitten unterschiedliche Formatierungen der Schrift und des Schriftgrades, werden diese im Menü und in der Zeichenleiste nicht angezeigt; die entsprechenden Felder sind mit Fragezeichen gefüllt. Das muß Sie aber nicht hindern, hier neue Einstellungen hineinzuschreiben.

Möglicherweise gerät jetzt Ihre Bildschirmdarstellung aus den Fugen, das heißt, der Text setzt sich über die Breite des Bildschirms fort und enthält scheinbar riesige Wortzwischenräume. Zur Kontrolle aktivieren Sie die Seitenansicht (Ctrl-F9/Strg-F9), um festzustellen, wie sich Ihre Formatierungen auf dem Papier ungefähr auswirken.

Hinweis für Anwenderinnen beider Word-Versionen:

Achten Sie darauf, daß Sie nicht zu viele unterschiedliche Schrifttypen in einem Dokument verwenden, auch sollten Sie es nicht mit sonstigen Formatierungen überfrachten. Damit erreichen Sie schnell genau den Effekt, den Sie eigentlich mit diesen Formatierungen vermeiden wollten: Der Text wirkt völlig unübersichtlich. Am besten beschränken Sie sich auf eine einzige Schriftart, der Sie dann unterschiedliche Schriftgrade und eventuell ein oder zwei andere Formatierungen wie Fettdruck und Unterstreichungen zuweisen.

Um sich eine richtige Vorstellung von den verschiedenen Schriftarten und -graden zu machen, drucken Sie sich einen Beispieltext mit verschiedenen Formatierungen aus. So können Sie jederzeit einen Blick darauf werfen.

2.3.4 Die Textausrichtung

Üblicherweise ist ein Text beim Schreiben am linken Rand ausgerichtet, das heißt, daß er hier einen glatten Rand hat (linksbündig ist), während er rechts „flattert". Dies ist auch die Standardvorgabe von Word.

Die Vorgabe können Sie aber auch ändern, indem Sie den Text zum Beispiel rechtsbündig ausrichten. Eine weitere Möglichkeit ist das Zentrieren, der Text richtet sich von der Seitenmitte aus. Dies ist bei Überschriften oder bei Hervorhebungen wünschenswert.

Die vierte Ausrichtungsart ist der Blocksatz, der Text ist hier sowohl rechts- als auch linksbündig.

Begeben Sie sich einmal in **Word 5.0** mit dem Cursor in den Befehlszeilen auf FORMAT, dann ABSATZ, verharren Sie hier und rufen Sie Alt-? auf. Im Hilfe-Text blättern Sie mit n bis zur Seite 4, wo die Direktformatierungen aufgeführt sind:

Alt-b für Blocksatz

Alt-z zum zentrieren

Alt-r für rechtsbündig

Alt-l für linksbündig.

Auch hier darf nicht vergessen werden, den auszurichtenden Text zu markieren, wenn er sich über mehrere Absätze erstreckt.

In **Word 5.5** können die Textausrichtungen über das Menü FORMAT, .ABSATZ... vorgenommen werden. Dieses Menü gleicht dem in Word 5.0 bis auf die Anordnung.

Für die Formatierungen gibt es kürzere Tastenkombination, die Sie der Übersicht aus dem Hilfeprogramm entnehmen können (Alt-H für HILFE, TASTATUR..., <Formatierung>). Die wichtigsten Formatierungen sind:

Ctrl-b (Strg-b) für Blocksatz

Ctrl-z (Strg-z) zum zentrieren

Ctrl-l (Strg-l) für linksbündig

Ctrl-r (Strg-r) für rechtsbündig.

Wollen Sie die Formatierung wieder rückgängig machen, steht Ihnen wieder bei umgehender Durchführung der Rückgängig-Befehl (**Word 5.0**: Esc, R / **Word 5.5**: Alt-Löschtaste) zur Verfügung.

Ist es dafür zu spät, drücken Sie bitte nach dem Markieren Alt-l in **Word 5.0** und in **Word 5.5** Ctrl-l (Strg-l), und der Text ist wieder linksbündig.

Hinweis für Word 5.0-Anwenderinnen:

Wenn Sie Alt-n <Formatierung, löschen:Word 5.0>betätigen, ist zwar der Text wieder linksbündig, aber Sie haben auch eventuelle Schriftarten und -grade, die Sie zuvor bestimmt hatten, an die Standardvorgaben verloren, während sonstige Formatierungen erhalten bleiben.

Mit diesen tiefen Einsichten in die Formatierungskunst begeben wir uns jetzt wieder an den Brief, mit dem Ziel, das Betreff zu zentrieren, das Datum rechtsbündig zu schreiben, die Adresse linksbündig und den ganzen Rest im Blocksatz.

Die Adresse können wir lassen wie sie ist. Sie ist bereits gemäß der Standardvorgabe linksbündig.

Die Zeile, in der sich das Datum befindet, bildet einen eigenen Absatz, was an den Absatzzeichen zu erkennen ist, die diese Zeile umschließen. Dies gilt auch für die Betreff-Zeile. Die Ausrichtungsfunktionen befinden sich alle im Menü FORMAT, ABSATZ, was bedeutet, daß diese Befehle immer für den Absatz gelten, in dem sich der Cursor befindet, oder – wenn es sich um mehrere handelt – für die markierten Absätze.

Dies unterscheidet die Ausrichtungen von den Zeichenformatierungen, die sich nur auf einzelne Zeichen oder auf den markierten Text beziehen.

Irgendwo innerhalb der Datumszeile oder auf dem Absatzzeichen am Ende der Zeile tippe ich in **Word 5.0** Alt-r, in **Word 5.5** Ctrl-r (Strg-r), der Text rückt an den rechten Rand.

In der Betreffzeile tippe ich Alt-z bzw. Ctrl-z (Strg-z). Der Text rückt in die Mitte.

Hinweis:

Beim Zentrieren sollten keine überflüssigen Leerzeichen wie vielleicht in der rechtsbündigen Datumszeile vorhanden sein. Diese Leerzeichen interpretiert das Programm wie Buchstaben, so daß der eigentliche Text dann nicht mehr richtig von der Mitte ausgerichtet ist, sondern verschoben erscheint.

Bei den folgenden Absätzen müssen wir markieren, denn es handelt sich ja um mindestens zwei.

Diese Aktion könnte in **Word 5.0** so aussehen: Mit Hilfe der Umschalttaste markiere ich bei gleichzeitigem Drücken der Pg Dn-Taste (Bild nach unten) und der Ctrl(Strg)-Taste (**zur Wiederholung:** Pg Dn-Ctrl(Strg)-Umschalttaste) den Rest. Dies geht auch weniger akrobatisch, aber dafür langsamer, durch Drücken der Umschalttaste und gleichzeitiges Bewegen des Cursors zum Textende (letztes Zeichen).

Nur noch einen Finger zum Markieren benötigen Sie, wenn Sie F6 drücken – unten am Bildschirmrand taucht jetzt ER auf – und **anschließend** den Cursor zum Textende bewegen. Wenn Sie dies jetzt verwirrt, schauen Sie sich noch einmal die Übersicht „Text Markieren" im Hilfeprogramm an.

In **Word 5.5** ziehen Sie mit der Maus von oben nach unten über die betroffenen Absätze.

Auf jeden Fall müssen Sie jetzt den in Blocksatz auszurichtenden Text markieren, um sodann Alt-b (**Word 5.0**) bzw. Ctrl-b (Strg-b) (**Word 5.5**) für Blocksatz zu drücken. Alle Zeilen, an deren Ende sich ein Absatzzeichen befindet, bleiben links ausgerichtet. Es würde ja auch merkwürdig aussehen, wollte man eine halbe Restzeile im Blocksatz auf der ganzen Blattbreite verteilen.

Bei Brief4 sieht das schließlich so aus:

```
[..........1.........2.........3.........4.........5.........6.....]...7....
Supa·IQ¶
-·Redaktion·"Zeitgeistiges"·-¶
Kuhdamm·332¶
¶
1015·Bärlin¶
¶
¶                                              ...............6.·August·1992¶
¶
                         Rundschreiben·August·1992¶
¶
¶
Liebe·Medienpartner,·¶
¶
nein,·die..............·haben·uns·noch·nicht·gereicht.·Jetzt·wollen·
wir·richtige·Machos·haben,··die··sich··schweißglänzend··und·
zähnebleckend·auf·der·Matte··wälzen,.·Deshalb·holen··wir··am·30.·
September·mit·der·CMS·EUROPEAN·TOUR·die·Elite·der........·in··die·
Stadthalle,...damit·der·ohnehin··schon··heiße··Sommer··auch··heiß·
ausklingt.¶
¶
Mit·freundlichen·Grüßen¶
                                                    ═BRIEF4.TXT═
Sel Zel Sp1        ()                              Microsoft Word
```

Abbildung 2.13: Brief4 in Word 5.0

Haben Sie in einem in Blocksatz ausgerichteten Text noch Korrekturen oder Einfügungen nachzutragen, ist dies genauso zu handhaben wie in einem normalen Schriftbild.

2.3.5 Der Zeilenabstand

Wollen Sie den Zeilenabstand über einen Absatz hinaus verändern, so müssen Sie wieder markieren. Anschließend drücken Sie in **Word 5.0** Esc, F für FORMAT, A für ABSATZ und begeben sich mit dem Cursor in das Feld „Zeilenabstand:".

In **Word 5.5** nehmen Sie Ihre Eintragungen im Menü FORMAT, .ABSATZ..., „Zeilen:" vor.

Die in den beiden Word-Menüs vermerkte Einheit zg (Zeilengrade) bzw. ze (Zeilen) ignorieren Sie einfach und geben irgendeine Zahl ein. Standardvorgabe von Word ist 1, öfter bei Briefen findet für den reinen Brieftext 1,5 Verwendung, 2 ist schon recht groß. Sie können auch Dezimalzahlen für Zwischengrößen eingeben, zum Beispiel 0,9 oder 1,2. Eine weitere Möglichkeit ist die Eingabe von „auto". Hier errechnet Word automatisch einen Zeilenabstand, der in Relation zur gewählten Schrift steht. Grundsätzlich ist zu bedenken, daß eine sehr kleine Schrift nicht mit einem großen Zeilenabstand wirkt (Times Roman mit einem Schriftgrad von 8 sieht nicht besonders gut mit einem Zeilenabstand von 1,5 aus). Probieren Sie verschiedene Kombinationen und drucken Sie sich die Ergebnisse aus, um sich selbst ein Bild zu machen.

Hinweis für Anwenderinnen beider Word-Versionen:

Alle Formatierungen, die in dem Menü FORMAT, ABSATZ(...) vorgenommen werden, verschwinden wieder, wenn Sie versehentlich einmal das letzte Absatzzeichen dieses Absatzes löschen. Welche nützlichen Effekte damit aber auch verbunden sein können, lesen Sie bitte in dem Kapitel 3.2 *Souverän für den Papierkorb schreiben* nach.

2.3.6 Das Trennen

Betrachten Sie das Ergebnis in der Layoutkontrolle bzw. der Seitenansicht und machen Sie sich einen Probeausdruck. Höchstwahrscheinlich werden Sie feststellen, daß Sie teilweise ausgesprochen unregelmäßige und zum Teil große Wortzwischenräume im Fließtext haben.

Der Grund hierfür liegt darin, daß Word nicht trennt, ohne die Anweisung zum Trennen erhalten zu haben. Solange zieht das Programm automatisch jedes Wort, das nicht mehr in die Zeile paßt, in die nächste. Daher ist die „Buchstabendichte" in den einzelnen Zeilen teilweise sehr unterschiedlich und der Flatterrand beim linksbündigen Schreiben ausgesprochen zerfleddert.

Trennen sollten Sie immer erst, wenn Sie mit allem anderen fertig sind.

Trennen in Word 5.0

Gehen Sie mit Ctrl-Pg Up (Bild nach oben) an den Textanfang, drücken Sie Esc, B für BIBLIOTHEK, T für TRENNHILFE. Es erscheint folgendes Menü:

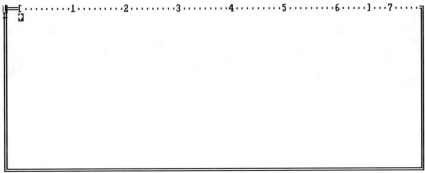

Abbildung 2.14: Trennhilfe in Word 5.0.

Mit der Löschtaste nehmen Sie die Einstellung: „Trennvorschlag bestätigen: (Ja)" vor. Word durchkämmt jetzt den Text nach Trennmöglichkeiten und schlägt Ihnen diese zur Durchführung durch. Sind Sie einverstanden drücken Sie j für „Ja", wollen Sie keine Trennung vornehmen, drücken Sie n für „Nein"; wenn Sie die Trennung an einer anderen Stelle wünschen, gehen Sie mit dem Cursor weiter nach links und geben Sie an der angepeilten Stelle j für „Ja" ein. Nach rechts können Sie naturgemäß nicht gehen, da die vorhergehende Zeile nur eine begrenzte Länge hat.

Word führt das Trennen auch vollautomatisch durch, sofern Sie nicht festlegen, daß Sie es vorziehen, jede einzelne Trennung selbst zu überprüfen. An der Word-Voreinstellung „Trennvorschlag bestätigen: (Nein)" wird in diesem Fall nichts geändert.

Trennen in Word 5.5

Sie rufen im Menü EXTRAS, .TRENNEN... auf. Folgendes Menü erscheint:

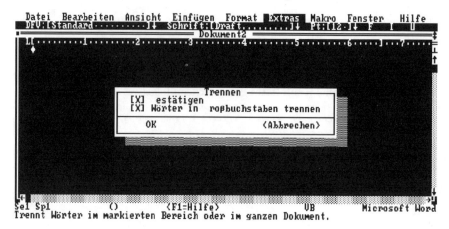

Abbildung2.15: Menü EXTRAS, TRENNEN....

Hier haben Sie zwei Wahlmöglichkeiten: Trennen mit Bestätigung oder ohne Bestätigung. Das heißt, Word fragt Sie bei jeder Trennung, ob Sie sie akzeptieren oder lieber noch ein wenig im Wort vorrücken möchten. Dabei zeigt Ihnen das Programm gegebenenfalls weitere Trennstellen an. Sie können auf die Frage, ob in der vorgeschlagenen Weise getrennt werden sollte, auch mit N für NEIN antworten. In diesem Fall ignoriert Word das Wort und fährt mit seinen Bemühungen fort. Am Textende werden Sie gefragt, ob Sie vom Textanfang wieder mit dem Trennen beginnen möchten, sofern Sie in der Textmitte gestartet haben.

Hinweis für Anwenderinnen beider Word-Versionen:

> Sie sollten immer Wert darauf legen, die Trennvorschläge von Word explizit bestätigen zu wollen. Word ist zwar schon recht ausgefeilt, was die Trennregeln anbelangt, hat allerdings Probleme bei Wortzusammensetzungen oder bei der Umwandlung von ck in kk beim Trennen.

Am Ende des Trennvorganges teilt Word Ihnen ganz unten am Bildschirmrand mit, wieviele Wörter es getrennt hat. Mitunter trennt es auch kein Wort – wundern Sie sich also nicht.

Sollten Trennungen vorgenommen worden sein, macht sich das auf dem Bildschirm nur geringfügig bemerkbar. In einigen Wörtern befinden sich die Trennstriche, ohne daß sie allerdings am rechten Rand stehen. Da schaffen wir in **Word 5.0** mit der Tastenkombination Alt-F4 und in **Word 5.5** mit der Aktivierung von LAYOUT im Menü ANSICHT Abhilfe. Dies ist eine Art Layoutfunktion für bescheidene Ansprüche. Immerhin rücken jetzt die getrennten Wörter an den rechten Rand und sind nun auch als solche identifizierbar. Unten rechts am Bildschirmrand ist LY aufgetaucht. LY besagt lediglich, das die Layoutfunktion eingeschaltet ist. Nochmaliges Betätigen von Alt-F4 in **Word 5.0** bzw. Klicken auf LAYOUT im **Word 5.5**-Menü ANSICHT schaltet die Funktion wieder aus, dazu besteht aber keine Notwendigkeit – sie stört eigentlich nicht weiter, außer vielleicht beim Spaltensatz, aber dazu später.

Falls Sie nach erfolgtem Trennvorgang nochmals Einfügungen oder Löschungen vornehmen wollen, so daß sich der gesamte Text wieder verschiebt, wiederholen Sie einfach diesen Prozeß. Zwar bleiben die alten Trennstriche auf dem Bildschirm erkennbar, aber im Ausdruck sind sie dann völlig verschwunden. Wenn Sie manuell trennen, also selbst Trennstriche einfügen, müssen Sie diese gegebenenfalls bei Änderungen im Text auch alle wieder herauslöschen. Gerade bei langen Dokumenten bewährt sich das automatische Trennprogramm.

 Zusammenfassung:

Beim Gestalten eines Briefes ist vor allem die Reihenfolge der Arbeitsschritte zu beachten, um sich keine zusätzliche Arbeit zu schaffen:

1. Speichern nach der Texterfassung

2. Korrekturen durchführen

3. Seitenränder einstellen

4. Sonstige Formatierungen (fett, unterstrichen etc.)

5. Schriftarten und -grade bestimmen

6. Text ausrichten

7. Zeilenabstand bestimmen

8. Trennen

9. Speichern unter altem Namen

2.3.7 Die Briefvorlage

Das wirkt jetzt alles sehr umfangreich, was es auch ist, aber nur beim ersten Brief. Wenn Sie viele Briefe nach dem gleichen Muster zu schreiben haben, ist es sinnvoll, sich eine Vorlage zu erarbeiten, die immer wieder überschrieben wird. Die neue Version erhält dann einen anderen Namen, so daß die alte als Vorlage erhalten bleibt. Vielleicht machen Sie diese Vorlage im Namen schon kenntlich, zum Beispiel: brivor.txt oder brief.vor.

Umwandlung von Sicherungskopien in Arbeitsdateien in Word 5.0

Sollten Sie dennoch etwas versehentlich Überschriebenes abspeichern, und zwar unter dem alten Namen, so benennen Sie diese Datei jetzt einfach um: Esc, Ü für ÜBERTRAGEN, U für UMBENENNEN. Tragen Sie einen neuen Dokumentnamen ein. Leider ist Ihre alte Vorlage noch immer verschwunden. Ein kleiner Trost: Word fertigt in der Regel automatisch Sicherungskopien an, diese haben jeweils den von Ihnen gewählten Dokumentnamen, aber die Kennung .sik. Da Word diese Sicherung nur in größeren Abständen vornimmt, liegt in dieser Kopie vielleicht noch Ihre alte Datei vor. Schauen Sie einfach einmal nach: Esc, Ü für ÜBERTRAGEN, L für LADEN, *.sik eintippen, dann umgehend F1 drücken, anstelle der Eingabetaste. Begeben Sie sich mit Ihrem Cursor auf die gewünschte Datei und betätigen Sie die Eingabetaste. Wenn diese Sicherungskopie Ihrer alten Datei entspricht, speichern Sie diese Kopie jetzt regulär unter dem für die Vorlage gewohnten Namen ab. Nach wie vor sind Sie so im Besitz der Sicherungskopie, die Sie wiederum kopiert haben, um ein neues Original zu erhalten.

3 Grundsätzliches zur Wordsystematik

Nachdem Sie jetzt ein paar praktische Anwendungsmöglichkeiten von Word kennengelernt haben, ist es sinnvoll, sich die Systematik dieser Textverarbeitung noch einmal bewußt zu machen.

Das meiste haben Sie bereits kennengelernt. Sie wissen, daß die Befehle über Esc bei **Word 5.0** und mit der Alt-Taste bei **Word 5.5** bzw. bei beiden mit der Maus von bestimmten Befehlszeilen abgerufen werden. Die meisten Befehlsmenüs bieten wiederum Untermenüs, in denen Sie Ihre Wünsche differenzieren können. Für einige Befehle stehen zur Verkürzung des Arbeitsaufwandes Funktionstasten zur Verfügung, die wiederum mehrfach über verschiedene Tasten-Kombinationsmöglichkeiten belegt sein können.

Daß Untermenüs vorhanden sind, wird in **Word 5.5** über drei Punkte hinter dem Befehl gekennzeichnet, zum Beispiel ABSATZ.... In **Word 5.5** können einzelne Formatierungen und Funktionen über die verschiedenen Symbole, die sich auf dem Bildschirm befinden, mit Mausklick durchgeführt werden.

Über das Register/den Index des Hilfeprogramms oder über die Soforthilfe (Alt-? bei **Word 5.0** und F1 bei **Word 5.5**), die an allen Menüpunkten angefordert werden kann, sind jederzeit Informationen zum Programm abzurufen.

In **Word 5.0** ist mit der Taste F1 je nach Bedarf eine Liste der Auswahlmöglichkeiten aufzurufen, zum Beispiel eine Dateienliste beim Laden oder eine Liste der möglichen Schriftarten. Diese Funktion ist bei **Word 5.5** bereits in den Menüs integriert. Sofern eine Auswahlmöglichkeit besteht, ist das Feld für die jeweiligen Einstellungen von eckigen Klammern umrahmt bzw. die Liste ist in einem Kasten, in dem das Teilmenü abgerollt werden kann, aufgeführt. Liegt neben einem eingeklammerten Feld ein Pfeil, können Sie alle zur Verfügung stehenden Eintragungen durch Anklicken dieses Pfeils mit der Maus durchsehen.

Äußere Veränderungen am Text werden Formatierungen genannt. Diese sind alle unter dem Menüpunkt FORMAT oder wahlweise über die Funktionstasten oder andere Kombinationen mit der Alt-Taste bei **Word 5.0** und mit der Ctrl-Taste (Strg-Taste) bei **Word 5.5** auswählbar.

3.1 Die drei Format-Kategorien

Word-Dokumente sind in Zeichen, Absätze und Bereiche/Abschnitte differenziert.
Diese Dreiteilung geht auch aus dem FORMAT-Untermenü hervor.

3.1.1 Die Zeichenformate

Zeichenformatierungen beziehen sich nur auf das einzelne Zeichen, auf dem sich
gerade der Cursor befindet, oder auf mehrere markierte Zeichen. Aus diesem Grunde
müssen auch alle Zeichen, bei denen Formatierungen aufgehoben werden sollen,
zuvor markiert werden. Wenn aus der Bildschirmdarstellung nicht eindeutig hervor-
geht, welche Formatierungen (Schrift, fett, unterstrichen etc.) einem Textabschnitt
zugewiesen worden sind, haben Sie die Möglichkeit, dies über das entsprechende
Untermenü FORMAT, ZEICHEN... nachzuprüfen. In **Word 5.0** begeben Sie sich
also auf den zu überprüfenden Textabschnitt, drücken Alt-F8 und schauen nach,
welche Einstellungen dort getroffen worden sind (welche Angaben eingeklammert
sind). In **Word 5.5** rufen Sie das Menü FORMAT, ZEICHEN... auf, sofern die
Angaben in der Zeichenleiste über Schrift, Schriftgrad, Fett- und Kursivforma-
tierungen sowie Unterstreichungen nicht ausreichen.

Haben Sie zuvor einen längeren Textabschnitt markiert, in dem unterschiedliche
Formatierungen vorhanden sind (zum Beispiel fett und nicht fett), zeigt Ihnen Word
keine Einstellungen. Sie wissen dann lediglich, daß der Abschnitt uneinheitlich ist
und können gegebenenfalls neue, für den gesamten Abschnitt verbindliche Einstellungen vornehmen.

3.1.2 Die Absatzformate

Diese Formatierungen beziehen sich auf Absätze, die vom Absatzzeichen begrenzt
werden. Sie sind über das Untermenü FORMAT, ABSATZ(...) aufzurufen, in dem
Sie zum Beispiel den Zeilenabstand und die Textausrichtung bestimmen können.
Nur für den jeweils aktuellen Absatz gelten auch Festlegungen von Tabulatoren und
Rahmen (dazu Kapitel 6.1.1 *Umrandungen/Rahmen in beiden Word-Versionen*). Sind
also von bestimmten Einstellungen mehrere Absätze betroffen, müssen diese zuvor
markiert werden, wenn Sie nicht jeden Absatz für sich neu formatieren wollen.

Das Absatzzeichen wird **harter** Zeilenumbruch genannt. Natürlich gibt es auch einen
weichen, der auf dem Bildschirm von einem nach unten weisenden Pfeil symbolisiert
wird. Diesen Zeilenumbruch stellen Sie durch gleichzeitiges Drücken der Umschalt-
und der Eingabetaste (Shift- und Returntaste) her. Zwischen dem harten und dem
weichen Zeilenumbruch gibt es einen gravierenden Unterschied: Der harte, also

dieses Absatzzeichen , enthält alle Informationen zur Absatzformatierung, zu Tabulatoren und Rahmen. Wenn Sie versehentlich dieses Zeichen löschen, sind plötzlich all diese Formatierungen verschwunden. Beim Einfügen von Leerzeilen mit innerhalb eines formatierten Absatzes, also **vor** einem anderen Absatzzeichen, das bereits einige Sondereinstellungen enthält, wird dieses nachfolgende bereits formatierte Absatzzeichen quasi kopiert. Das bedeutet, daß in den nun vorgelagerten Textabschnitten genau die Formatierungen stecken wie in dem dahinterliegenden.

Probieren Sie dies aus, indem Sie auf dem ersten Zeichen vor der Betreffzeile Ihres Übungsdokuments (hier Brief4) ein paarmal auf die Eingabetaste drücken, so daß diese Zeile nach unten rutscht, und anschließend irgendeinen Text schreiben. Sie werden sehen, daß dieser Text genau die Formatierungen aufweist, die sich bereits in der dahinterliegenden Betreffzeile befinden (fett und zentriert). Am besten löschen Sie diese Einfügungen wieder.

Der weiche Zeilenumbruch enthält keine eigenen Formatierungen. Mit anderen Worten: Der von diesem Zeichen umbrochene Text ist immer so formatiert, wie es in dem nächstfolgenden Absatzzeichen festgelegt ist.

Wenn Sie zum Beispiel in Ihrem Brief eine zweite fette und zentrierte Betreffzeile einfügen möchten, gehen Sie einfach an den Anfang der bereits dort stehenden, schreiben ohne Berücksichtigung der Zeilenlänge die fehlende erste Zeile und drücken danach die Eingabetaste in Kombination mit der Umschalttaste. Vor der alten Betreffzeile steht jetzt noch eine zweite neue, die genauso formatiert ist wie die alte und an ihrem Zeilenende den Pfeil aufweist. Begeben Sie sich nun auf das erste Zeichen hinter dem die ursprüngliche Betreffzeile abschließenden Absatzzeichen. Fügen Sie hier Text ein, und Sie werden feststellen, daß er genauso formatiert ist wie die Anrede.

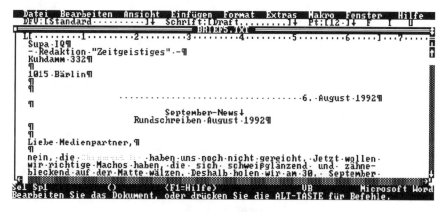

Abbildung 3.1: Brief5 in Word 5.5

3.1.3 Die Bereichs- bzw. Abschnittsformate

Bereiche heißen in **Word 5.5** Abschnitte, diese Bezeichnungen beschreiben aber eine identische Funktionsweise. Bereichsformatierungen wie zum Beispiel der Seitenrand oder die automatische Seitennumerierung (Paginierung) beziehen sich auf einen definierten Bereich. Ist noch kein Bereich bzw. Abschnitt definiert worden, beziehen sich diese Formatierungen automatisch auf das gesamte Dokument. Der Abschnitt oder Bereich wird am Ende des Dokuments von einer Doppellinie begrenzt. Diese Doppellinie fügt Word automatisch vor der Endemarke (Raute am Textende) ein, wenn eine Bereichsformatierung vorgenommen wird. Manuell ist diese Doppellinie in **Word 5.0** über Ctrl-Eingabetaste (Strg-Eingabetaste) einzufügen. In **Word 5.5** müssen Sie entweder mit der Tastatur oder mit der Maus im Menü EINFÜGEN, WECHSEL... .aufrufen und dort „( ) Abschnitt" entweder mit der Returntaste oder mit der Maus bestätigen. Es erscheint an der aktuellen Cursorposition über die gesamte Seitenbreite eine doppelte Linie, die Sie jederzeit wieder löschen können. Sie können auch für ein einziges Dokument mehrere verschiedene Seitenbegrenzungen bestimmen. Dafür müssen Sie jeden Bereich, in dem ein bestimmtes Format gelten soll, mit einer Doppellinie abschließen, also drücken Sie am Ende des gewünschten Textabschnitts in **Word 5.0** Ctrl-Eingabetaste (Strg-Eingabetaste) oder gehen in **Word 5.5** über das Menü EINFÜGEN, WECHSEL..., ( ) Abschnitt.

Testen Sie diese Funktion, indem Sie in Ihren Brief irgendwo eine Bereichs- bzw. Abschnittsgrenze einfügen und im **ersten** Bereich/Abschnitt einen anderen Seitenrand festlegen. Sie werden mit einem Blick auf die Zeile links unterhalb des Schreibfeldes feststellen, daß jetzt auch die Bereiche (Be) bzw. die Abschnitte (A) gezählt werden. Betrachten Sie das Ergebnis in der Layoutkontrolle (Ctrl-F9/Strg-F9). Ärgerlicherweise scheint Word davon auszugehen, daß Sie mit dem Bereichswechsel auch gleichzeitig eine neue Seite beginnen wollen.

Um in **Word 5.0** Ihren Rechner vom Gegenteil zu überzeugen, markieren Sie das gesamte Dokument (Umschalttaste-F10) und drücken Esc, F für FORMAT, B für BEREICH, L für LAYOUT. Dort müssen Sie bei der Option „Bereichswechsel:" die Einstellung „(Fortlaufend)" treffen. Damit teilen Sie Word mit, daß ein Seitenwechsel (Seitenumbruch) erst am tatsächlichen Seitenende stattfindet.

Diesen Seitenwechsel nach einer Abschnittslinie verhindern Sie in **Word 5.5**, indem Sie im Menü EINFÜGEN, WECHSEL... .zusätzlich noch „Fortlaufend" bestimmen. Um die weiteren Optionen kennenzulernen, tippen Sie dort jeweils F1 und Sie erhalten alle Informationen über das Hilfeprogramm.

Alle Informationen, die einen Bereich bzw. Abschnitt betreffen, sind in der doppelten gepunkteten Linie gespeichert. Wenn Sie die Linie löschen, verlieren Sie auch – analog zum Absatzzeichen – alle diese Informationen. Sie müßten jetzt also nur die erste Bereichslinie löschen, indem Sie den Cursor darauf plazieren – die Linie ist damit markiert – und dann Del (Entf) drücken.

3.2 Souverän für den Papierkorb schreiben

Sie bekommen jetzt kein Nachhilfeseminar „Wie lebe ich mit meinen Selbstzweifeln?", sondern erhalten Kenntnis von einer Einrichtung, die ganz entschieden zur Optimierung Ihrer Arbeit mit Word beiträgt: dem Papierkorb.

Gemeint ist damit ein Speicherplätzchen in Ihrem Rechner, der Text so lange festhält, bis er wieder überschrieben wird, dann ist er unwiderruflich verloren.

Um wie in **Word 5.0** auch in **Word 5.5** mit dem Papierkorb arbeiten zu können, muß dort im Menü EXTRAS, EINSTELLUNGEN... folgende Einstellung durchgeführt werden: „[ ] Einfg-Taste zum Überschreiben benutzen" darf <u>nicht</u> bestätigt sein, das Feld in der Klammer muß also leer bleiben.

Der Papierkorb wird mit der Del-Taste (Entf-Taste) gefüllt. Auch die Tastenkombination Alt-F3 eignet sich dafür, allerdings mit einem kleinen Unterschied: Wenn Sie mit Del (Entf) löschen, verschwindet der Text aus dem Dokument, geschieht es mit Alt-F3, wird der Text kopiert, das heißt, er bleibt im Text vorhanden, wird aber gleichzeitig im Papierkorb untergebracht. Der Clou an der ganzen Sache ist, daß Sie mit der Ins-Taste (insert) bzw. auf der deutschen Tastatur mit der Einfg-Taste (einfügen) den Inhalt des Papierkorbs an jeder beliebigen Stelle dieses oder eines anderen Dokuments wieder einfügen können.

Machen Sie sich mit dieser Funktion vertraut, indem Sie die beiden Betreffzeilen in Ihrem Dokument vertauschen (wenn sie nicht vorhanden sein sollten, fügen Sie zwei ein). Markieren Sie jetzt die erste, drücken Sie Del (Entf), gehen Sie mit dem Cursor unter bzw. hinter die zweite Betreffzeile und drücken Sie Ins (Einfg). Aber wie gesagt: Vorsicht! Schnell ist der Inhalt des Papierkorbes durch versehentliches erneutes Betätigen von Del (Entf) vor dem Einfügen des Papierkorbinhaltes überschrieben.

Sollte dies versehentlich passieren, tippen Sie in **Word 5.0** umgehend Esc, R für RÜCKGÄNGIG bzw. in **Word 5.5** Alt-Löschtaste, und der Inhalt ist wieder vorhanden (jetzt wieder im Papierkorb).

Den Inhalt des Papierkorbs können Sie mit einem Blick auf die Klammer unterhalb der Schreibfeldumrandung überprüfen. In dieser Klammer werden immer die ersten paar und die letzten Zeichen des Inhalts angezeigt. Der Papierkorb ist außerordentlich aufnahmefähig, Sie können ganze Seiten dort zwischenlagern.

Wenn Sie den Inhalt irgendwo im Text eingefügt haben, ist der Papierkorb nicht etwa leer. Er enthält noch immer genau das, was Sie zuletzt dort hineingetan haben. Sie können das Gespeicherte also immer wieder verwenden, und zwar so lange, bis Sie etwas anderes in den Papierkorb speichern.

Mit Alt-F3 kopieren Sie den markierten Text in den Papierkorb. Wenn Sie beispielsweise einen langen Namen immer wieder im Text einsetzen müssen, kopieren Sie ihn sich einfach nach dem ersten Schreiben in den Papierkorb und drücken Sie bei jedem Auftauchen dieses Namens Ins (Einfg). Aber es gibt sicherlich auch viele andere Anwendungsmöglichkeiten, die Sie sich im Laufe der Zeit austüfteln können.

In 3.1.2 und 3.1.3 wurde erläutert, daß Absatz- bzw. Bereichsformatierungen im Absatzzeichen bzw. in der Doppellinie gespeichert sind. Diese Symbole können Sie ebenfalls kopieren oder verschieben, indem Sie sie mit der Del-Taste (Entf-Taste) löschen und irgendwo anders wieder einfügen. Für die Doppellinie der Bereichsbegrenzung taucht ein Paragaph-Zeichen im Papierkorb auf. Diese Funktion wird besonders interessant, wenn Sie komplizierte Bereichsfestlegungen in anderen Dokumenten verwenden möchten oder wenn Sie mit Tabellen arbeiten (siehe Kapitel 6.1.1 *Umrandungen/Rahmen in beiden Word-Versionen*). Damit sparen Sie sich neue Festlegungen über das Menü, indem Sie zum Beispiel einfach alte Absatzzeichen kopieren, in denen eine bestimmte Textausrichtung und ein bestimmter Zeilenabstand oder bestimmte Tabulatoren festgelegt worden sind.

Hinweis für Word 5.5-Anwenderinnen:

Wenn Sie die Einstellung im Menü EXTRAS, EINSTELLUNGEN... „[ ] Einfg-Taste zum Überschreiben benutzen" bestätigen, löscht die Del-Taste (Entf-Taste), ohne etwas in den Papierkorb zu legen. Die Ins-Taste (Einfg-Taste) fungiert als Schalter, mit dem Sie den Einfüge- bzw. Überschreibmodus aktivieren können (sonst mit Alt-F5). Um mit dem Papierkorb zu arbeiten, müßten Sie dann immer Umschalttaste-Del(Entf) oder Umschalttaste-Ins(Einfg) drücken. Mit Ctrl-Del (Strg-Entf) kopieren Sie den markierten Textabschnitt in den Papierkorb.

Mit welchen Tastenkombinationen Sie in Word 5.5 die Arbeit vorziehen, müssen Sie selbst herausfinden. Es hat sicherlich Vorteile, mit der Kombination Umschalttaste-Del(Entf) bzw. Umschalttaste-Ins(Einfg) zu arbeiten. Der Papierkorbinhalt wird nicht so schnell versehentlich überschrieben. Wenn Sie allerdings viele kleine Textabschnitte verschieben, ist es sicherlich doch einfacher, ohne diese Tastenkombination arbeiten zu können. Auch für Umsteigerinnen von Word 5.0 erscheint diese Vorgehensweise bequemer.

4 Arbeitshilfen für lange Texte

Eine Textverarbeitung bewährt sich eigentlich erst so richtig bei längeren Texten. Hier bieten sich Ihnen diverse Möglichkeiten, auf die Leistungsfähigkeit von Word zurückzugreifen und Arbeitsabläufe abzukürzen.

Wenn Sie bisher keine Erfahrungen mit einer Textverarbeitung sammeln konnten, werden Sie wahrscheinlich das Gefühl haben, Ihre bisherige Arbeitsweise gründlich umkrempeln zu müssen. Sobald Sie einen Überblick über die verschiedenen Funktionen und ihre Einsetzbarkeit gewonnen haben, ist es an der Zeit, darüber nachzudenken, daß es nicht nur darum geht, Ihre persönliche Arbeitsweise mit den Möglichkeiten von Word ausschließlich in den Dienst irgendwelcher Optimierungsansprüche zu stellen. Sicherlich ist dieser Gedanke der Effizienz ein wichtiger Aspekt, jedoch bietet eine Textverarbeitung auch viele kreative Möglichkeiten. Je besser Sie das Programm kennenlernen werden, umso mehr wird Ihre Experimentier- und Gestaltungsfreude quasi als eine Art „Abfallprodukt" eine Optimierung Ihrer Arbeitsabläufe herbeiführen. Sie werden lernen, Ihre Vorbereitungen so zu treffen und Ihre Dateien so einzurichten, daß die eigentliche Bearbeitung eines Dokuments mit Word fast eine Nebensache wird.

Wie Sie genau vorgehen, ist letztlich eine Frage des Stils. Sie müssen also nicht alle Funktionen des Programms nutzen. Es genügt, sich auf diejenigen zu beschränken, mit denen Sie am besten – und damit am effektivsten – arbeiten können.

Um uns jetzt weiter in Word vertiefen zu können, benötigen wir erst einmal einen längeren, mehrseitigen Text.

Dazu erweitere ich Brief2 ein wenig und verkürze die Seitenlänge.

Zur Wiederholung für Word 5.0:

> Esc, F für FORMAT, B für BEREICH, S für SEITENLÄNGE.

Zur Wiederholung für Word 5.5:

> Mit der Tastatur Alt-T für FORMAT, dort SEITENRÄNDER...

Das neue erweiterte Dokument wird im Beispiel Brief6 genannt.

```
 Datei  Bearbeiten  Ansicht  Einfügen  Format  Extras  Makro  Fenster  Hilfe
 DFU:[Standard ············]↓  Schrift:[Draft ········]↓  Pt:[12 ]↓  F   I    U
║═══════════════════════════════ BRIEF6.TXT ══════════════════════════════════
 L[·········1·········2·········3·········4·········5·········6·····]···7·····
  1015·Bärlin¶
  ¶
  ¶                                                     ·6.··August·1992¶
  ¶                   September-News↓
                      Rundschreiben·August·1992¶
  ¶
  ¶
  Liebe·Medienpartner,¶
  ¶
  nein,·die············ ·haben·uns·noch·nicht·gereicht.··Jetzt·wollen·
  wir·richtige·Machos·haben,·die·sich·schweißglänzend·und·zähne-
  bleckend·auf·der·Matte·wälzen.·Deshalb·holen·wir·an·30.··September·
  mit·der·CMS·EUROPEAN·TOUR·die·Elite·der···········in·die·Stadt-
  halle...·damit·der·ohnehin·schon·heiße·Sommer·auch·heiß·ausklingt.¶
  ¶
  Wir·bestätigen·folgende·Termine:¶
 Se2 Sp1            ()          <F1=Hilfe>            UB       Microsoft Word
 Bearbeiten Sie das Dokument, oder drücken Sie die ALT-TASTE für Befehle.
```

Abbildung 4.1: Brief6 in Word 5.5

Führen Sie alle Formatierungen in ungefähr der Reihenfolge durch, wie sie in Kapitel 2. *Der Brief* in Word unter 2.3.6 in der abschließenden Zusammenfassung bereits beschrieben worden ist:

 Zusammenfassung:

1. Speichern nach der Texterfassung:

   Word 5.O: Esc, Ü für ÜBERTRAGEN, S für SPEICHERN oder Crtl-F10/ Strg-F10;

   Word 5.5: Alt-D für DATEI, dort U für SPEICHERN UNTER... oder Alt-F2.

2. Korrekturen durchführen: Überschreiben in **Word 5.0** mit F-5, in **Word 5.5** mit Alt-F5 oder Löschen und Einfügen.

3. Seitenränder einstellen:

   Word 5.0: Esc, F für FORMAT, B für BEREICH, S für SEITENRÄNDER;

   Word 5.5: Alt-T für FORMAT, SEITENRÄNDER.

4. Sonstige Formatierungen (markieren nicht vergessen):

   Word 5.0: über Alt-F8 oder Esc, F für FORMAT, Z für ZEICHEN oder ;

   Word 5.5: Alt-T für FORMAT, ZEICHEN... oder mit der Maus in der Zeichenleiste direkt oder Direktformatierungen.

5. Schriftarten und -grade bestimmen: wie in 4.

6. Text ausrichten:

   Word 5.0: Esc, F für FORMAT, A für ABSATZ oder Direktformatierungen;

   Word 5.5: Alt-T für FORMAT, ABSATZ... oder Direktformatierungen.

7. Zeilenabstand bestimmen: in beiden Word-Versionen im Menü FORMAT, ABSATZ(...).

Bevor Sie jetzt trennen, was immer ganz zum Schluß geschehen sollte, gibt es noch ein paar Dinge zu erledigen.

4.1 Die Rechtschreibhilfe

Gerade bei längeren Texten übersieht man schnell den einen oder anderen Fehler. In Word ist ein Programm installiert, das in der Lage ist, Ihr Dokument auf orthographische Richtigkeit hin zu überprüfen. Dabei ist allerdings der Wortschatz in Word etwas begrenzt, aber lernfähig. Besonders Wortzusammensetzungen, Fachbegriffe und deklinierte bzw. konjugierte Wörter bereiten Word Schwierigkeiten. Es ist aber möglich, über eine Option das Programm zu veranlassen, seinen Wortschatz zu erweitern.

Die Rechtschreibhilfe in Word 5.0

Abbildung 4.2: Menü aus der Rechtschreibhilfe in Word 5.0

Die Rechtschreibhilfe wird über Esc, B für BIBLIOTHEK, R für RECHTSCHREI-BUNG aufgerufen. Schneller geht es über die Funktionstasten: Alt-F6. Jetzt rappelt es ein wenig in der Kiste und Word lädt sein Wörterbuch. Danach beginnt es mit seiner Suche nach falschen Schreibweisen. Sollten Sie sich gerade mit dem Cursor am Ende Ihres Dokuments befunden haben, werden Sie gefragt, ob Sie am Beginn des Textes fortfahren oder abbrechen möchten.

Sobald das Programm ein falsches Wort gefunden hat, haben Sie die Möglichkeit, diesen Vorgang zu ignorieren (I für IGNORIEREN) oder eine angebotene Alternative auszuwählen. Dazu müssen Sie K wie KORREKTUR drücken, mit dem Cursor das richtige Wort ansteuern und es mit der Eingabetaste bestätigen. Befindet sich bei den angebotenen Alternativen kein passendes Wort, drücken Sie A für AUFNEHMEN. Das kritisierte Wort wird jetzt in das Wörterbuch aufgenommen. Dabei steht Ihnen das Standard-Wörterbuch <Standard-Wörterbuch:Word 5.0>zur Verfügung, das automatisch mit Word geladen wird, oder aber ein jeweiliges Benutzer-Wörterbuch, das Sie selbst bestimmen können. Hierzu können Sie aber immer noch Nachforschungen im Hilfeprogramm anstellen, momentan begnügen wir uns mit dem Standard-Wörterbuch.

Sollte es so sein, daß sich das falsche Wort weder im Wörterbuch befindet noch richtig geschrieben ist, müßten Sie noch einmal K wie KORREKTUR drücken, dann haben Sie Gelegenheit, das Wort richtig in das dafür vorgesehene Feld zu schreiben.

Wenn Sie diesen Prozeß abbrechen wollen, verlassen Sie das Programm wieder mit Q für QUITT.

Die Rechtschreibhilfe in Word 5.5

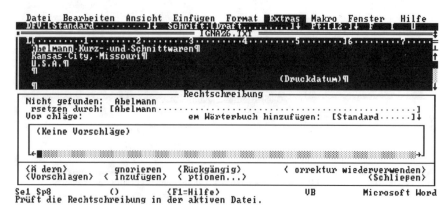

Abbildung 4.3: Menü aus der Rechtschreibhilfe in Word 5.5

Sie gelangen über das Menü EXTRAS, RECHTSCHREIBUNG... oder durch Drücken von F7 in das Rechtschreibprogramm. Sobald Word etwas unbekannt ist, zeigt es das Untermenü des Rechtschreibprogramms, wo die angeblich ungültige Wortzusammensetzung oder Wörter, die es nicht in seinem Wörterbuch gefunden hat, bemängelt. Eine Zeile darunter, in „Ersetzen durch:" macht Word einen Vorschlag zum Austausch gegen eine richtige Wendung. Weitere Vorschläge befinden sich in dem darunterliegenden Kasten, in dem Sie blättern und gegebenenfalls ein richtiges Wort auswählen können. Falls das Wort richtig ist, Word es aber nicht in seinem Wörterbuch hat, sollten Sie es dort aufnehmen lassen. Wenn Sie das Rechtschreibprogramm noch nicht oft in Anspruch genommen haben, ist der Umfang des zur Verfügung stehenden Wörterbuchs noch relativ begrenzt. Sie nehmen aber mit der Zeit weitere Begriffe auf, so daß Word auch auf umfangreicheres Material zurückgreifen kann. In der Option „Dem Wörterbuch hinzufügen:" ist das aktuell aktivierte Wörterbuch aufgeführt

In der Regel handelt es sich dabei um das Standard-Wörterbuch, das bereits in Word installiert ist. Sie können hier aber auch andere auswählen: Das Dokument-Wörterbuch, das nur dem aktuellen Dokument verbunden ist, und ein Benutzer-Wörterbuch, das über die <Optionen...> aktiviert werden kann. Vorläufig genügt es, das unbekannte Wort in das Standard-Wörterbuch aufnehmen zu lassen, das bereits als Word-Vorgabe in dem entsprechenden Feld vermerkt ist. Die Aufnahme realisieren Sie über die Option <Hinzufügen>.

Ist das Wort falsch geschrieben und gleichzeitig dem Wörterbuch unbekannt, müßten Sie es richtig in das Feld „Ersetzen durch:" schreiben.

Zum Verlassen des Programms vor Abschluß aller Korrekturvorgänge drücken Sie Esc.

Dies sind nur die notwendigsten Funktionen der Rechtschreibhilfe in Word 5.0 und Word 5.5. Alle Optionen sind äußerst leicht verständlich und nachvollziehbar. Lesen Sie sie gründlich durch und schauen Sie gegebenenfalls in das Hilfeprogramm, wenn Ihnen etwas undurchsichtig erscheint.

Natürlich ist Word auch hier nicht fähig, alle Fehler zu entdecken. So hat dieses Programm keinen blassen Schimmer von Grammatik, es erkennt nicht, wenn Sie statt „dem" „den" geschrieben haben. Aber es nimmt Ihnen immerhin schon einen Teil der Arbeit ab, zumal es in der Regel schwerer ist, Fehler in eigenen Texten zu finden als in fremden.

Neben Fehlern in der Rechtschreibung, Zeichensetzung und Grammatik gibt es noch ein paar, mitunter lästige stilistische Feinheiten bei der Texterstellung zu beachten. Wiederholungen sind zwar keine Fehler, aber auch nicht unbedingt wünschenswert.

4.2   Der Thesaurus

Wir werden jetzt nicht in die Urgeschichte des Computers einsteigen, sondern uns mit einem weiteren in Word zur Verfügung stehenden Wortschatz befassen: dem Thesaurus. Dies ist ein Lexikon der Synonyme, also der sinnverwandten Wörter. Dieses Lexikon gibt Ihnen Formulierungstips, wenn Sie den Eindruck haben, sich ständig zu wiederholen oder etwas nicht treffend formuliert zu haben.

Bewegen Sie sich hierzu auf das betreffende Wort, markieren Sie es und drücken Sie in **Word 5.0** Esc, B für BIBLIOTHEK und H für THESAURUS oder kürzer Ctrl-F6 (Strg-F6). In **Word 5.5** begeben Sie sich ins Menü EXTRAS und rufen dort THESAURUS auf oder Sie drücken die Kombination Umschalttaste-F7. Führe ich dies zum Beispiel mit dem Wort „Lexikon" durch, nachdem ich dieses Wort markiert habe, bietet mir der Thesaurus folgendes an: Wörterbuch, Kompendium, Vokabular etc. Mit Hilfe des Cursors steuern Sie jetzt einfach das Wort aus dem Angebot an, daß Sie gerne statt des leidigen Wortes eingesetzt hätten, und geben dann in **Word 5.0** E für ERSETZEN ein. In **Word 5.5** wählen Sie mit dem Cursor oder der Maus ein passendes Wort aus der Liste und bestätigen diese Wahl im Feld <Ersetzen>.

Sie haben aber auch in be**iden Word-Versionen** die Möglichkeit, von einem Wort des Angebotes aus weiterzublättern (in **Word 5.5** <Synonyme> anklicken) und eventuell andere Synonyme zu finden.

Es macht richtig Spaß, hier ein wenig zu schmökern, und hilfreich ist es auf jeden Fall!

4.3   Texteinrückungen

Um es gleich vorwegzunehmen: Weder Word 5.0 noch Word 5.5 verfügt über eine Funktion, mit der es ohne Umstände möglich ist, nach einer Ziffer oder ähnlichem den Text linksbündig einzurücken.

Die differenzierten Ausführungen zu geplanten Veranstaltungen im Beispieltext sind in a) und b) untergliedert. Es gibt prinzipiell zwei Möglichkeiten, eine Einrückung vorzunehmen. Die erste besteht darin, daß Sie jede Zeile des Abschnitts mit der Tabulatortaste an der ersten Tabulatorposition einrücken und am Ende jeder Zeile einen sogenannten weichen Zeilenumbruch vornehmen, und zwar mit der Tastenkombination Ctrl(Strg)-Eingabetaste. Ein nach unten gerichteter Pfeil taucht am Zeilenumbruch auf, der aber im Gegensatz zum Absatzzeichen keine Formatierungen enthält, das heißt, alle Absatzformatierungen bleiben wie sie sind. Wenn allerdings der Text noch nicht getrennt worden ist und eventuell zudem in Blocksatz formatiert ist, können erhebliche Wortzwischenräume durch diesen erzwungenen Zeilenumbruch entstehen. Sollten vielleicht auch noch Änderungen anstehen, werden Sie sehr viel Mühe haben, sämtliche Tabulatoren und Zeilenumbrüche wieder umzuwerfen.

Die einfachste und trotzdem optisch ansprechendste Art ist die Einrückung mit Hilfe von Alt-q in **Word 5.0** und Ctr(Strg)-q in **Word 5.5**. Dabei wird der gesamte Absatz zwischen dem ersten und dem letzten Tabstop eingerückt. Die von Word vorgegebenen Tabstops im Abstand von 1,25 cm reichen hierfür völlig aus. Wie Sie andere Tabstopps setzen, erfahren Sie im Kapitel 6.1 *Gestalten von Tabellen*. Alle Absatzformatierungen bleiben dabei erhalten. Damit aber nicht die Ordnungsziffer mit eingerückt wird, schreiben Sie diese eine Zeile oberhalb des zugehörigen Absatzes und schließen sie mit einem Absatzzeichen ab. Im Beispiel sieht das Ergebnis so aus:

```
┌─0···[····1·········2·········3·········4·········5·········6·]···----7·····┐
│mit·der·CMS·EUROPEAN·TOUR·die·Elite·der·         ·in·die·Stadt-
│halle...·damit·der·ohnehin·schon·heiße·Sommer·auch·heiß·ausklingt.¶
│¶
│Wir·bestätigen·folgende·Termine:¶
│¶
│a)·¶
│    Do·17.09.·-·20.00·h:·Chris·de·Würg·-Wie·nicht·anders█zu·
│    erwarten,· ist· das· erste· Konzert· des· stimmgewaltigen·
│    kleinen· Iren· bereits· fast· ausverkauft.·· Damit· auch·
│    wirklich·alle·seine·Fans·in·diesem·Jahr·in·den·Genuß·
│    eines·Live-Konzertes·mit·ihrem·Lieblingssänger·kommen,·
│    hat·Chris· de· Würg· noch· einen· zweiten· Tag· in· Berlin·
│    angehängt.¶
│¶
│b)·¶
│    Mi·10.09.·-·20.00·h:·The·Curl·-·Den·fachgerechten·Umgang·
│    mit·Lippenstift·und·Bürste·wird·ihm·wohl· auch· die· beste·
│    Stylistin·nicht·mehr·beibringen.·Sein· Konzert· in· Berlin·
│    verspricht·allen·Grufties·echte·Geisterstunden.¶
│¶
│¶
│                                                        ═BRIEF6.TXT═
│Se2 Ze8 Sp59      ()                                     Microsoft Word
```

Abbildung 4.4: Brief6 – Einrückungen in Word 5.0

4.4 Die Funktionen Suchen und Wechseln/Ersetzen

Diese beiden Funktionen bewähren sich besonders, wenn Sie in längeren Dokumenten Korrekturen ausführen möchten, die sich auf einem Ausdruck befinden.

Der Suchen-Befehl

SUCHEN liegt in **Word 5.0** auf der ersten Menüebene. Sie drücken also lediglich Esc und S für SUCHEN, und Word fragt Sie nach dem Suchbegriff. In **Word 5.5** bestätigen Sie BEARBEITEN, dann .SUCHEN... Wichtig zu beachten ist noch die

Einstellung, die in der zweiten Zeile bei „Richtung:" vorgenommen wird. Steht der Cursor am Textanfang und die Einstellung lautet in **Word 5.0** „(nach oben)" oder in **Word 5.5** „Aufwärts", erhalten Sie als Resultat Ihrer Bemühungen die Antwort von Word, daß der Suchbegriff nicht gefunden wurde. Überlegen Sie also jedesmal die Richtung Ihrer Suche.

Der Suchbegriff kann mehrere Sätze umfassen. Je klarer Ihre Suchanweisung ist, umso schneller ist Word in der Lage, die von Ihnen gewünschte Stelle aufzuspüren.

Neben der Richtung können Sie noch weitere Differenzierungen vornehmen, zum Beispiel bestimmen Sie in **Word 5.0** bei „Graphie: (Nein)" und in **Word 5.5** „Groß-/Kleinschreibung beachten", ob die Groß- und Kleinschreibung berücksichtigt werden soll. Suchen Sie zum Beispiel das Wort „Ihnen" und stellen „Graphie: (Ja)" ein bzw. bestätigen die entsprechende Option in **Word 5.5** („Groß-/Kleinschreibung beachten"), sucht Word Ihnen nur diese Schreibweise mit dem versalen Anfangsbuchstaben, bei Negation dieser Einstellung sucht Word beides heraus.

Die Option „Nur Wort: Ja(Nein)" in **Word 5.0** und „Als separates Wort" in **Word 5.5** bietet Ihnen die Möglichkeit zu bestimmen, ob Sie die von Ihnen als Suchbegriff angegebene Zeichenkombination als eigenständiges Wort (also von anderen Zeichen durch Leerstellen oder Satzzeichen getrennt) oder lediglich als Zeichenkombination auch innerhalb anderer Wörter angegeben haben wollen. Setzen Sie zum Beispiel „Lage" ein, haben die Einstellung „Graphie: (Nein)" und „Nur Wort: (Nein)" getroffen bzw. in **Word 5.5** bei „Groß-/Kleinschreibung beachten" und „Als separates Wort" nicht bestätigt, zeigt Ihnen das Programm auch die Zeichenkombination „lage" in „gesch**lage**n" an.

Der Suchbegriff ist immer markiert, wenn er gefunden wurde.

Sie können auch Sonderzeichen suchen lassen, die Sie allerdings nicht so wie gewohnt eingeben dürfen. Wenn Sie zum Beispiel im SUCHEN-Menü auf die Eingabetaste drücken, um das Absatzzeichen suchen zu lassen, interpretiert das Programm dies völlig anders. Für das Absatzzeichen geben Sie schließlich ^a ein. Diese Zeichenkombination wird von Word entsprechend übersetzt. Das kleine Häkchen befindet sich auf Ihrer Tastatur rechts.

Eine Übersicht über die Eingaben für Sonderzeichen befindet sich im Hilfeprogramm in **Word 5.0** unter dem Stichwort „Suchen" (**zur Wiederholung:** Esc, H für HILFE, R für REGISTER, „Suchen" auswählen und mit der Eingabetaste bestätigen, W für WIEDERAUFNAHME, um zum Dokument zurückzugelangen). In **Word 5.5** erhalten Sie eine Übersicht, wenn Sie im BEARBEITEN-Menü den Cursor auf

SUCHEN... stellen, dort F1 drücken, also die Hilfe aufrufen, dort <Suchen und Ersetzen von Sonderzeichen> anfordern.

Den Suchvorgang wiederholen Sie in beiden Word-Versionen, indem Sie wieder das zuständige Menü aufrufen (das Menü zeigt immer die zuletzt vorgenommenen Angaben und Einstellungen) oder die Kombination Umschalttaste-F4 betätigen.

Der Befehl Wechseln/Ersetzen

Ähnlich wie SUCHEN funktioniert WECHSELN bzw. ERSETZEN... WECHSELN, wie dieser Vorgang in **Word 5.0** genannt wird, und ERSETZEN in **Word 5.5** sind identisch.

Dieser Befehl liegt in **Word 5.0** ebenfalls auf der ersten Menüebene, Sie drücken also Esc und W für WECHSELN. Die Optionen „Graphie:" und „Nur Wort:" gleichen denen im SUCHEN-Menü, eine Richtung müssen Sie jetzt allerdings nicht bestimmen. Hier wird immer von oben, beginnend an der Cursorposition, nach unten bis zum Textende gesucht. Innerhalb des Menüs bewegen Sie sich wieder mit dem Cursor, innerhalb der Optionen mit der Löschtaste.

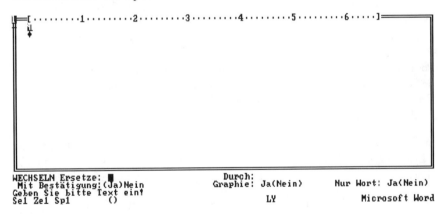

Abbildung 4.5: Menü WECHSELN in Word 5.0

In **Word 5.5** liegt der ERSETZEN...-Befehl wieder im Menü BEARBEITEN. Die Optionen gleichen denen im SUCHEN...-Menü. Eine Suchrichtung ist hier nicht anzugeben, Word sucht immer ausgehend von der Cursorposition nach unten. Sie bewegen sich in SUCHEN... und ERSETZEN... zwischen den einzelnen Optionsfeldern mit Hilfe der Tabulatortaste (oben links, neben der obersten Buchstabenreihe), sofern Sie nicht über eine Maus verfügen. Die Einstellungen werden – wie immer – durch Eintragungen oder mit der Leertaste vorgenommen.

```
  Datei ▐Bearbeiten▌ Ansicht  Einfügen  Format  Extras  Makro  Fenster   Hilfe
  ▐D▌U:[Standard··········]↕  Schrift:[Draft··········]↕  Pt:[12·]↕  F   I   U
                        ══════════Dokument2══════════
   ·L[········1·········2·········3·········4·········5·········6·······]··7····═
                                                                              L
   ◆                                                                          ↑
                     ┌──────────Ersetzen──────────┐
                     │ u suchender Text: [wächseln························]  │
                     │                                                     │
                     │ Ersetzen  urch: [wechseln·························]  │
                     │                                                     │
                     │ [ ]   ls separates Wort                             │
                     │ [X]   inzeln bestätigen                             │
                     │ [ ]   roß-/Kleinschreibung beachten                 │
                     ├─────────────────────────────────────────────────────┤
                     │ <Nur  ormatierung ersetzen...>     OK    <Abbrechen> │
                     └─────────────────────────────────────────────────────┘

 ▐e▌l  Spl        ()        <F1=Hilfe>              UB         Microsoft Word
  Ersetzt Text oder Formatierung.
```

Abbildung 4.6: Menü ERSETZEN... in Word 5.5

Diese Funktion ist ausgesprochen praktisch, vor allem dann, wenn Sie einen Fehler wiederholt ausmerzen müssen. Zum Beispiel müssen Sie jedes „d.h." durch „das heißt," ersetzen. Geben Sie diese beiden Begriffe ein, nehmen Sie in **Word 5.0** die Einstellungen „Graphie: (Nein)" und „Mit Bestätigung: (Ja)" vor. In **Word 5.5** aktivieren Sie nicht „Groß-/Kleinschreibung beachten", dafür aber „Einzeln bestätigen", und Word ersetzt Ihnen jedes „d.h." in „das heißt," nach jeweiliger vorheriger Anfrage. Dabei ist es in der Lage, Groß- und Kleinschreibung entsprechend der Positionierung der Wörter im Satz zu erkennen, Word ersetzt also „D.h." durch „Das heißt,". Sollten Sie jedoch nur vereinzelte Korrekturen durchzuführen haben, lohnt sich der Einsatz dieses Befehls nicht. Sie sind dann mehr mit Schreiben in das Menü beschäftigt als mit der eigentlichen Korrekturarbeit.

Sie können ebenfalls Sonderzeichen auswechseln lassen, und zwar mit Hilfe der Tastatureingaben, die auch bei SUCHEN anzuwenden sind. Als Beispiel möchte ich Ihnen eine Adreßzeile vorführen, die für einen Adreßaufkleber umgestaltet werden soll:

IWT Verlag GmbH, Bahnhofstraße 36, W-8011 Vaterstetten

Die Adreßeingaben sollen jetzt alle untereinander stehen, ich gebe also in **Word 5.0** im Menü WECHSELN (Esc, W) ein:

Ersetze: ,(Leerzeichen)   Durch: ^a

In **Word 5.5** ist der Menütext ein etwas anderer, die Eingaben sind jedoch identisch mit denen von Word 5.0:

Zu suchender Text: [,(Leerzeichen)..]   Ersetzen durch: [^a......]

Die Adreßzeile sieht anschließend so aus:

IWT Verlag GmbH
Bahnhofstraße 36
W-8011 Vaterstetten

Hinweis für die Wechsel- bzw. Ersetzenfunktion:

Sie sollten immer die Funktion „Mit Bestätigung" bzw. „Einzeln bestätigen" aktiviert haben, damit Sie jeden Austauschvorgang selbst kontrollieren können und sich hier keine Fehler einschleichen.

Wechseln und Suchen von Formatierungen in Word 5.0

Sie können über Textabschnitte hinaus Formatierungen austauschen. Dazu begeben Sie sich in das Menü FORMAT, WECHSELN bzw. SUCHEN. Probieren Sie es wahlweise einmal aus. Sie haben jetzt die Möglichkeit, noch zwischen ZEICHEN, ABSATZ, DRUCKFORMAT zu wählen. DRUCKFORMAT lassen Sie uns ignorieren. Wählen Sie sich ZEICHEN oder ABSATZ aus und betrachten Sie, welche Möglichkeiten sich Ihnen hier bieten.

Wählen Sie irgendeine Option, zum Beispiel könnten Sie mit dem Cursor auf „Fett" springen und dort die Einstellung (Ja) vornehmen.

Im SUCHEN-Menü spürt Word jetzt die nächste fette Textstelle in der angegebenen Richtung auf, im WECHSELN-Menü bietet Ihnen Word wieder eine Auswahl an, in der Sie die einzusetzende Formatierung wählen müssen, zum Beispiel „Unterstrichen: (Ja)". Word tauscht nun beginnend bei der Cursorposition alle fetten Textstellen durch Unterstreichungen aus.

Dies können Sie mit allen Optionen, die in diesem Menü entweder unter ABSATZ oder unter ZEICHEN angeboten werden, durchspielen.

Ersetzen und Suchen von Formatierungen in Word 5.5

In Word 5.5 befindet sich diese Sonderoption in den jeweiligen SUCHEN...- bzw. ERSETZEN...-Menüs, und zwar unter „Nur nach Formatierung suchen" bzw. „Nur Formatierung ersetzen". Es erscheint nach Anklicken dieser Option mit der Maus oder Bestätigung mit der Eingabetaste das Auswahlmenü <Zeichen> <Absatz> <Druckformat>. <Druckformat> ignorieren wir in diesem Zusammenhang. Überlegen Sie also, ob es sich bei der zu ändernden Formatierung um ein Zeichen- oder Absatzformat handelt. Das richtet sich danach, wo diese Formatierung vorgenommen wurde, im Menü FORMAT, ZEICHEN... oder im Menü FORMAT,

ABSATZ.... In .SUCHEN... und .ERSETZEN... bewegen Sie sich zwischen den einzelnen Feldern mit der Tabulatortaste. Bestätigen Sie hier zum Beispiel die Zeichenformatierung [X]Fett, sucht Word Ihnen im SUCHEN...-Menü fette Textstellen heraus. Im Menü ERSETZEN... müßten Sie nach der Bestätigung der Zeichenformatierung [X]Fett, auf die Option <Ersetzen durch...> klicken bzw. diese mit der Eingabetaste aufrufen. Wollen Sie zum Beispiel alle fetten Textstellen eliminieren, wird in <Ersetzen durch...> zwischen den eckigen Klammern nichts eingetragen.

Beispiele für beide Word-Versionen

Versuchen Sie in Ihrem Test-Dokument ein paar Veränderungen mit Hilfe dieser Wechsel-Funktion bzw. ERSETZEN...-Funktion

für Formatierungen durchzuführen. Stellen Sie sich vor, Sie möchten alle fetten Textstellen lieber in einem größeren Schriftgrad formatieren, statt sie fett zu setzen.

Springen Sie in **Word 5.0** an den Textanfang. Drücken Sie Esc, F für FORMAT, W für WECHSELN, Z für ZEICHEN. Begeben Sie sich mit dem Cursor auf die Zeile „Fett:", bestimmen Sie dort mit der Löschtaste „(Ja)" und bestätigen Sie dies mit der Eingabetaste. Ihnen wird wieder das vorherige Menü zur Verfügung gestellt, in dem Sie jetzt angeben müssen, wogegen Sie die Fett-Formatierung austauschen wollen. Springen Sie mit dem Cursor auf „Schriftgrad", drücken Sie F1, um sich die Liste der möglichen Schriftgrade anzeigen zu lassen, wählen Sie einen mit dem Cursor aus und bestätigen Sie diese Wahl mit der Eingabetaste.

In **Word 5.5** begeben Sie sich an den Textanfang, rufen das Menü BEARBEITEN, ERSETZEN... auf, dort das Untermenü <Nur Formatierung ersetzen...>, dort <Zeichen>. Im folgenden Menü bestätigen Sie [X]Fett, rufen dann unten rechts <Ersetzen durch...> auf und geben im Feld <Schriftgröße> einen anderen Schriftgrad an. Blättern Sie durch die Liste der möglichen Schriftgrößen mit der Maus, indem Sie auf den Pfeil rechts neben dem Feld klicken, oder mit dem Cursor, indem Sie auf die nach unten bzw. nach oben weisende Pfeiltaste drücken. An der gewünschten Zahl beenden Sie Ihre Aktivität und bestätigen mit Mausklick auf <OK> oder mit der Eingabetaste Ihre Wünsche.

Suchen einer Bildschirmseite

Wenn Sie es besonders eilig haben, zu einer bestimmten Bildschirmseite zu gelangen, gibt es hierfür in **Word 5.0** eine Funktion in der Befehlszeile: GEHEZU, dort tippen Sie auf B für BILDSCHIRMSEITE und geben dann die entsprechende Seitennummer ein. Mit Alt-F5 kommen Sie direkt an die Stelle, wo Sie nur noch diese Seitennummer eingeben müssen.

Der Befehl GEHE ZU... .liegt bei **Word 5.5** im Menü BEARBEITEN. Hier bestimmen Sie das gewünschte Ziel, zum Beispiel eine Seite des Dokuments. Im obersten Feld tragen Sie die betreffende Angabe ein, zum Beispiel die Seitennummer. Mit F5 gelangen Sie ohne den Umweg über die einzelnen Optionen direkt in das Menü GEHE ZU...

4.5 Textbausteine

Textbausteine sind eine Art Versatzstücke, Textabschnitte, die immer wieder benötigt werden. Sie funktionieren ähnlich wie der Papierkorb, in den etwas hineingelöscht (Del/Enf) bzw. -kopiert (Alt-F3) werden kann, um wiederholt im Dokument eingesetzt zu werden (Ins/Einfg).

Den Papierkorbinhalt dürfen Sie allerdings nicht durch erneutes Löschen mit Del (Entf) überschreiben, dann ist der alte Inhalt verschwunden.

Ein Textbaustein ist nicht so leicht zu vernichten. Der Textabschnitt, den Sie wiederholt einsetzen wollen, zum Beispiel eine immer wieder benötigte Adresse, wird als Baustein bezeichnet.

Arbeiten mit Textbausteinen in Word 5.0

Sie markieren den Baustein, bei dem es sich auch um mehrere Seiten handeln kann, und drücken Esc, L für LÖSCHEN; der markierte Text wird aus dem Dokument entfernt. Word will jetzt einen Namen für den Baustein wissen. Dieser Name darf nicht mehr als acht Buchstaben umfassen. Gleichzeitig sollte er so kurz wie möglich sein und einen gewissen Wiedererkennungswert haben. Es ist zum Beispiel sinnvoll, Adressen immer mit den ersten fünf Buchstaben des Adressaten zu benennen.

Neben dem Löschen gibt es die Möglichkeit des Kopierens aus dem Dokument, das heißt, der markierte Text wird nicht gelöscht, aber dennoch in einer anderen Datei gespeichert. Sie tippen Esc, K für KOPIEREN, geben dem Baustein einen Namen und betätigen dann die Eingabetaste.

Sicher sind Sie daran interessiert zu erfahren, wo Ihre Bausteine aufbewahrt werden und wie Sie wieder abrufbar sind.

Die Datei, in der alle Bausteine aufgeführt sind, heißt Standard.tbs. .tbs bedeutet, daß es sich um eine Textbausteindatei handelt, „Standard" ist einfach ihr Name. In dieser Datei befinden sich wiederum alle diese kleinen Bausteindateien.

Zum Abrufen eines Textbausteins sollten Sie sich erst einmal einen anlegen. Gehen Sie in einen Brief, markieren Sie die Adresse und tippen Sie Esc, L für LÖSCHEN, vergeben Sie einen Namen (ohne Kennung) und betätigen Sie die Eingabetaste. Die Adresse ist aus dem Brief verschwunden. Wollen Sie sie nun wieder einsetzen, tippen Sie Esc, E für EINFÜGEN. Word will jetzt den Namen des Bausteins wissen. Haben Sie ihn vergessen, drücken Sie F1. Sie erhalten eine Liste aller vorhandenen Bausteine der Datei Standard.tbs. Es sind ein paar darunter, die Sie selbst nicht angelegt haben. Vorläufig begeben Sie sich lediglich auf den von Ihnen gewünschten und betätigen die Eingabetaste.

Im Text wird jetzt der Textbaustein mit allen abgespeicherten Formatierungen eingefügt.

Arbeiten mit Textbausteinen in Word 5.5

Sie markieren einen Baustein, zum Beispiel eine Adresse, die sie auch in Zukunft parat haben möchten, begeben sich ins Menü BEARBEITEN und wählen dort .TEXT-BAUSTEIN... aus.

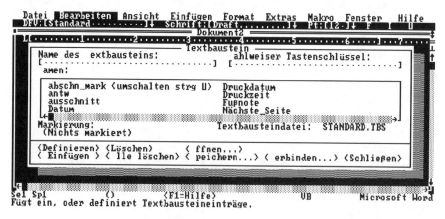

Abbildung 4.7: Menü BEARBEITEN, TEXTBAUSTEIN... in Word 5.5

In diesem Menü bedienen Sie sich wieder der Tabulatortaste zur Fortbewegung zwischen den Optionsfeldern.

Im Feld „Name des Textbausteins" geben Sie einen Namen für das ein, was Sie in diesem Baustein unterbringen möchten. Dieser Name sollte möglichst kurz, aber wiedererkennbar sein. Bei Adressen können Sie zum Beispiel in der Regel die ersten vier oder fünf Buchstaben des Adressaten verwenden.

Im Kasten „Namen:" unter diesem Feld befindet sich eine Auflistung der bereits vorhandenen Textbausteine, darunter auch von Word vorgegebene, doch dazu später. In den beiden untersten Menüzeilen können Sie bestimmen, was Sie nun mit dem benannten Baustein anstellen möchten. Mit <Definieren> wird der Baustein in die Textbausteindatei aufgenommen. Die von Word zur Verfügung gestellte heißt Standard.tbs. .tbs macht deutlich, daß es sich um eine Textbausteindatei handelt, „Standard" ist lediglich der Name. Wenn Sie routinierter im Umgang mit Textbausteinen sind, können Sie auch eigene Dateien anlegen. In einer Textbausteindatei befindet sich eine Ansammlung von Bausteinen, die – je nach dem, ob Sie Absatzmarken, Seiten- und Abschnittsumbrüche mitspeichern – formatiert sind. Mit <Definieren> wird der markierte Textabschnitt unter dem von Ihnen bestimmten Namen in diese Datei aufgenommen. Er steht somit so lange zur Verfügung, bis er explizit gelöscht wird, auch nach dem Verlassen von Word.

Im Feld „Wahlweiser Tastenschlüssel" haben Sie die Möglichkeit, einen Tastenschlüssel in Kombination mit der Crtl-Taste (Strg-Taste) festzulegen, mit dem jederzeit dieser bestimmte Textbaustein aufgerufen werden kann. Sie müssen lediglich die bereits vom Programm selbst belegten Tastenkombinationen berücksichtigen.

Sobald ein Textbaustein gespeichert worden ist, ist er natürlich auch wieder abrufbar, und zwar mit der Funktion <Einfügen> im Textbausteinmenü.

Mit <Löschen> entfernen Sie den Textbaustein, den Sie zuvor in dem Kasten „Namen:" markiert haben müssen, aus der Textbausteindatei.

Dies sind vorerst die wichtigsten Funktionen zum Arbeiten mit Textbausteinen in Word 5.5.

Allgemeines zu Textbausteinen

Textbausteine bleiben so lange erhalten, bis Sie sie explizit löschen. Bis dahin stehen sie in jedem Word-Dokument zur Verfügung.

Hinweis:

Wie Sie bereits wissen, werden Absatzformate (fett, unterstrichen, Zeilenabstand, Textausrichtung) im jeweiligen Absatzzeichen und Abschnitts- bzw. Bereichsformate (Seitenränder, Spalten etc.) in der Doppellinie an der Abschnitts- bzw. Bereichsgrenze gespeichert. Es ist auch möglich, nur diese Formate in einem Textbaustein zu speichern, so daß sie immer wieder abrufbar sind. Wollen Sie zum Beispiel einen bestimmten Seitenrand wiederverwendbar abspeichern, markieren Sie ihn und definieren Sie ihn als Textbaustein, zum Beispiel unter dem Namen formbri (Format Brief).

Sie können auch eine Briefvorlage als Textbaustein speichern. Damit laufen Sie weniger Gefahr, ein immer wieder benötigtes Dokument versehentlich zu löschen bzw. zu überschreiben und dann überschrieben zu speichern.

Wenn Sie längere Textpassagen umstellen, empfiehlt es sich, diese in Textbausteinen zwischenzuspeichern. Der Aufenthalt im Papierkorb ist gerade bei längeren Textteilen ein Risiko.

Sie können alte Bausteine überschreiben, indem Sie der neuen Version (zum Beispiel bei Änderung des Straßennamens in einer Adresse) wieder den alten Namen verpassen. Word fragt Sie nun, ob Sie den Textbaustein ersetzen wollen, was Sie in **Word 5.0** mit J für JA beantworten bzw. auf dem Feld <OK> in **Word 5.5** bestätigen.

Wie Sie schon bemerkt haben werden, befinden sich in der Liste der Textbausteine (in **Word 5.0**: Esc, E für EINFÜGEN, F1, in **Word 5.5** im Menü TEXTBAUSTEINE im Kasten „Namen:") einige, die Sie selbst nicht angelegt haben. Dies sind Vorgaben von Word, die sich als sehr nützlich erweisen können. Werfen Sie noch einmal einen Blick in diese Liste. Dort befinden sich zum Beispiel „Seite", „Druckdatum" und „Nächste_Seite".

Löschen Sie aus Ihrem Testdokument das Datum und wählen Sie statt dessen aus der Textbausteindatei den Eintrag „Druckdatum" aus und fügen Sie ihn in der Datumszeile ein. Im Text erscheint jetzt einfach in Klammern das Wort „Druckdatum". Auf einem Ausdruck oder eventuell schon in der Layoutkontrolle (Ctrl/Strg-F9) erkennen Sie an dieser Stelle das ausgeschriebene Druckdatum (zum Beispiel: 19.November 1911). Mit diesem Textbausteineintrag ist also ein kleines Programm verbunden, das automatisch beim Einfügen des Bausteins in ein Dokument den aktuellen Wert an diese Stelle setzt.

Hinweis:

> Das Datum weicht in der Länge eventuell von der Länge des Wortes „(Druckdatum)" ab, weshalb es unbedingt in der Layoutkontrolle überprüft werden sollte. Eventuell paßt es zusammen mit anderen Angaben nicht mehr in die Datumszeile und rutscht in die folgende.

Die Einbindung des Druckdatums hat den Vorteil, daß Sie bei einem erneuten Ausdruck, Tage oder Wochen später, das Datum nicht aktualisieren müssen. Es richtet sich immer nach dem Datum des Ausdrucks. Aus diesem Grunde ist es sinnvoll, das Druckdatum aus der Textbausteindatei in alle Vorlagen, in denen ein Datum erscheinen soll, einzufügen.

Die Vorgaben „Seite" und „Nächste_Seite" werden im Zusammenhang mit der Paginierung in Kapitel 4.6.3 *Seitenzählung in Kopf-/Fußzeilen* erörtert.

Eine Liste aller Textbausteinnamen und ihrer jeweiligen Inhalte, die Ihnen auf dem Bildschirm leider über keine Funktion angezeigt werden, erhalten Sie bei einem Ausdruck der gesamten Textbausteindatei. Drücken Sie dazu in **Word 5.0** Esc, D für DRUCK, T für TEXTBAUSTEIN , und schon legt Ihr Drucker los. In **Word 5.5** ist es notwendig, im Menü DATEI, DRUCKEN... .aufzurufen und dort im Feld „Drucken:" so lange zu blättern, bis Sie dort „Textbausteindatei" stehen haben. Anschließend bestätigen Sie mit der Maus auf <OK> oder mit der Eingabetaste ihre Festlegungen, und der Drucker druckt Ihnen die gerade aktivierte Textbausteindatei – in der Regel die Standard.tbs – aus.

Sollten Sie nach Überprüfung der Liste feststellen, daß Sie einen Haufen überflüssiger Bausteine angesammelt haben, löschen Sie diese. Dazu müssen Sie sich in **Word 5.0** ins Menü ÜBERTRAGEN begeben, dann T für TEXTBAUSTEINE tippen und L für LÖSCHEN. Geben Sie hier die jeweiligen Namen ein. Haben Sie keine Liste der Textbausteinnamen zur Hand, drücken Sie F1.

In **Word 5.5** erledigen Sie dies im Textbausteinmenü mit der Option <Löschen>, nachdem Sie den richtigen Textbausteinnamen in der Liste markiert haben. Das Löschen kann eine etwas mühsame Angelegenheit werden, deshalb ist es ratsam, in regelmäßigen Abständen die Datei „auszumisten".

Beim Verlassen von Word werden Sie automatisch gefragt, ob Sie Änderungen in der Textbausteindatei speichern möchten, sofern Sie damit gearbeitet haben. Beantworten Sie diese Frage gegebenenfalls mit J für JA.

4.6 Seitenumbruch und -numerierung

4.6.1 Der Seitenumbruch

Hinweis:

Führen Sie den Seitenumbruch erst durch, nachdem Sie alle anderen Formatierungsschritte erledigt, die letzte Korrektur vorgenommen und im Anschluß daran getrennt haben. Durch Trennungen wird eventuell so viel Platz eingespart, daß sich der gerade festgelegte Seitenumbruch verschiebt.

Word führt einen automatischen Seitenumbruch durch, der mit einer einfach gepunkteten Linie symbolisiert wird. Das Programm achtet selbständig darauf, daß nicht etwa einzelne Wörter oder Zeilen am Seitenende stehenbleiben. Der Seitenumbruch wird dann entsprechend verschoben. Dennoch hat Word keine Ahnung von Sinnzusammenhängen, so daß hier immer wieder Pannen unterlaufen.

Es ist empfehlenswert, bei längeren Dokumenten einen sogenannten erzwungenden Seitenumbruch durchzuführen, das heißt, Sie kontrollieren jeden automatisch durchgeführten, bestätigen ihn oder verschieben ihn nach Belieben nach oben.

Dieses explizite Bestätigen bzw. Setzen von Seitenumbrüchen führen Sie in **Word 5.0** über Esc, D für DRUCK und U für UMBRUCH-SEITE aus. Sie wählen die Option „Seitenwechsel bestätigen: (Ja)".

In **Word 5.5** rufen Sie im Menü EXTRAS .SEITENUMBRUCH... auf, dort bestätigen Sie mit der Leertaste oder Maus die Option „Seitenwechsel bestätigen" und drücken anschließend die Eingabetaste bzw. Klicken mit der Maus auf <OK>.

Word startet den Prozeß des Anzeigens der automatisch gesetzten Seitenumbrüche vom Textanfang. Es springt auf jeden automatisch gesetzten Umbruch und erwartet Ihre Bestätigung. Da Sie die einzelne Seite nicht verlängern können, ist es Ihnen nur möglich, den Seitenumbruch nach oben hin zu verschieben – damit verkürzen Sie quasi die Seite, was höchstens ein ästhetisches Problem darstellt. Begeben Sie sich an den Anfang der Zeile, vor der der Seitenumbruch „erzwungen" werden soll, und drükken Sie J für JA. Eine gepunktete Linie taucht auf, und Ihr Programm berechnet den automatischen Umbruch der folgenden Seite, der Ihnen anschließend angezeigt wird.

Eine andere Arbeitsweise bietet sich in **Word 5.0** über die Tastenkombination Ctrl(Strg)-Umschalttaste-Eingabetaste, in **Word 5.5** über die Tastenkombination Ctrl(Strg)-Eingabetaste an. Mit diesem Griff erzeugen Sie ebenfalls einen erzwungenen Seitenumbruch, der die automatischen revidiert, solange die Seiten nicht zu lang werden. Durchwandern Sie mit dem Cursor Ihren Text, halten Sie an den jeweiligen Seitenumbrüchen und drücken Sie gegebenenfalls weiter oberhalb die Tastenkombination. Betrachten Sie das Ergebnis in der Layoutkontrolle (Ctrl/Strg-F9).

Sollten sich nach diesem Arbeitsgang noch Änderungen ergeben, die den Text und damit den Seitenumbruch verschieben, löschen Sie die erzwungenen Seitenumbrüche wieder (den Cursor auf der gepunkteten Linie plazieren, dann Del/Ent). Dies können Sie auch über die Wechselfunktion erreichen (^b durch: (nichts) ersetzen).

Nach Beendigung der Textkorrekturen starten Sie den Prozeß erneut. Wie Sie sehen, ist die Festlegung des Seitenumbruchs nicht kompliziert, aber gegebenenfalls ein wenig zeitaufwendig, weshalb er immer erst ganz zum Schluß durchgeführt werden sollte.

Zum Beispiel gibt es zuvor noch zu bedenken, daß ein längeres Dokument eine Seitennumerierung aufweisen sollte und gegebenenfalls sich wiederholende Zeilen am oberen bzw. am unteren Seitenrand (Kopf- bzw. Fußzeilen) enthält, was sich ebenfalls auf den Seitenumbruch auswirkt.

4.6.2 Die Seitennumerierung

Eine Seitennumerierung ist manuell durchzuführen, indem Sie zum Beispiel an jeden Seitenkopf – Nr. – schreiben und diese Nummer gegebenenfalls zentrieren. Wenn Sie die folgende Seite unten am Seitenende aufführen möchten, können Sie diese manuell einfügen und eventuell rechtsbündig formatieren. Dabei müssen Sie natürlich ständig den Seitenumbruch im Auge behalten, was unter Umständen etwas mühsam ist.

Automatische Seitennumerierung in Word 5.0

Eine weitere simple Methode besteht darin, eine automatische Seitennumerierung zu wählen.

Dies geschieht in **Word 5.0** im Menü FORMAT, BEREICH, PAGINIERUNG.

Abbildung 4.8: Menü FORMAT, BEREICH, PAGINIERUNG

In den Optionen dieses Menüs können Sie bestimmen, in welcher Form die Numerierung durchgeführt werden soll, zum Beispiel römische oder arabische Ziffern, Sie bestimmen mit „Abstand links" den Abstand vom Seitenrand. Zum Zentrieren müßten Sie also die Mitte Ihrer Seite ausrechnen. Mit „Abstand oben" legen Sie den Abstand zum oberen Papierrand fest. Der Beginn der Seitenzählung ist beliebig, wählen Sie die Option (Beginn) und hinter „Bei:" geben Sie die erste Seitennummer an, sofern die Zählung nicht bei eins beginnt. Testen Sie verschiedene Einstellungen, um herauszufinden, worum es sich dabei genau handelt. Störend bei dieser Art der Seitennumerierung ist lediglich, daß die erste Seite nicht explizit ausgenommen werden kann und daß die Ziffern nicht weiter formatiert werden können (zum Beispiel fett oder größer), außerdem können nicht gleichzeitig die Zählung der aktuellen Seite und die der folgenden auf der gleichen Seite unten durchgeführt werden.

Automatische Seitennumerierung in Word 5.5

Im Menü FORMAT, .ABSCHNITT... können Sie unten die Option <Seiten-numern...> aufrufen.

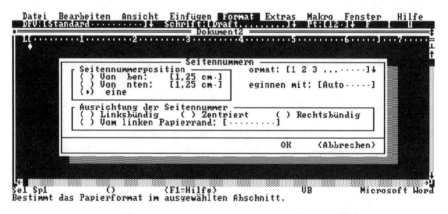

Abbildung 4.9: FORMAT, ABSCHNITT..., <Seitennumern...>

In diesem Menü bestimmen Sie die Position der Seitennummer (oben oder unten, Abstand vom Papierrand) sowie das Format (Auswahl zwischen römischen und arabischen Ziffern und der Form i, ii, iii ...), die Seitennummer, mit der die Zählung beginnen soll („Beginnen mit: (Seitennummer)"), und die Ausrichtung.

Probieren Sie verschiedene Möglichkeiten aus, um sich mit dieser Funktion vertraut zu machen. Mit der Einstellung „Keine" wird die automatische Paginierung aufgehoben.

Die Nachteile dieser Art der Numerierung liegen darin, daß die Schrift der Seiten-nummern nicht formatiert werden kann, daß es nicht möglich ist, die erste Seite explizit von der Seitenzählung auszunehmen, und daß nicht gleichzeitig die aktuelle Seitennummer am oberen Seitenrand erscheint und die Zählung der folgenden Seite am unteren Seitenrand durchgeführt wird.

Die Textbausteine „(Seite)" und („Nächste_Seite")

Selbst wenn Sie sich der Textbausteine „(Seite)" und „(Nächste_Seite)" bedienen, die automatisch die aktuelle bzw. die folgende Seitenzahl angeben, haben Sie noch immer das Problem, daß Sie den Seitenumbruch beachten müssen (siehe dazu auch Kapitel 4.6.1 *Der Seitenumbruch*).

Die beiden Textbausteine lassen sich beliebig formatieren, rechtsbündig ausrichten, fett schreiben oder in Bindestriche setzen: -(Seite)-. Sie können diese automatischen Seitenzählungen also in jeder Zeichenumgebung unterbringen.

4.6.3 Seitenzählung in Kopf-/Fußzeilen

Das Ärgernis mit dem sich verschiebenden Seitenumbruch läßt sich ganz einfach lösen, indem Sie diese Textbausteine in Kopf- bzw. Fußzeilen unterbringen.

Allgemeines zu Kopf- und Fußzeilen

Kopf- oder Fußzeilen sind von Ihnen festgelegte Zeilen, die in der Bildschirmdarstellung nicht mehr auftauchen (außer an der Stelle, wo Sie sie festlegen), sich aber auf jeder Seite (nach Wunsch mit Ausnahme der ersten Seite) befinden. Erkennen können Sie diese Zeilen in der Layoutkontrolle und natürlich später im Ausdruck. Word kalkuliert diese Kopf- und Fußzeilen automatisch bei der Seitenumbruchberechnung ein. Verwenden Sie in den Kopf- und Fußzeilen die Textbausteine „(Seite)" und „(Nächste_Seite)", führt Word automatisch die Seitenzählung durch.

Nachdem Sie die von Ihnen gewünschte Kopfzeile am Anfang der **ersten** Seite markiert haben, rufen Sie in **Word 5.0** Esc, F für FORMAT und K für KOPF-/FUßZEILE auf.

Folgendes Menü erscheint:

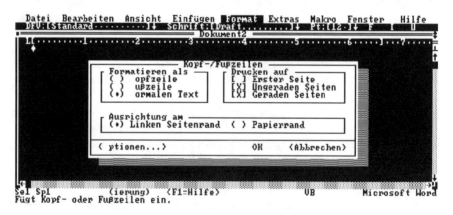

```
||=[ · · · · · · · · ·1· · · · · · · · ·2· · · · · · · · · ·3· · · · · · · · · ·4· · · · · · · · · ·5· · · · · · · · · ·6· · · · ]==
|| ↓|
 ↓



FORMAT KOPF-/FUSSZEILE Position: Oben Unten Keine
Ungerade Seiten:(Ja)Nein        Gerade Seiten:(Ja)Nein     Erste Seite: Ja(Nein)
Ausrichtung;(Linker-Rand)Papierrand
Wählen Sie bitte eine Option!
Sei Zel Sp1          ()                      LY          Microsoft Word
```

Abbildung 4.10 Menü KOPF-/FUßZELEN in Word 5.0

In **Word 5.5** gehen Sie folgendermaßen vor: Schreiben Sie die gewünschten Kopf-
bzw. Fußzeilen an den Anfang der **ersten** Seite und drücken Sie anschließend Alt-T
für FORMAT oder rufen Sie dieses Menü mit der Maus auf. Bestätigen Sie KOPF-/
FUßZEILEN.

```
 Datei  Bearbeiten  Ansicht  Einfügen  Format  Extras  Makro  Fenster   Hilfe
   Dr∪F|Standard· · · · · · · · ·|↓  Schrift:|Draft· · · · · · · · ·|↓  Pt:|12·|↓  F   I   U
 ||[· · · · · · · · ·1· · · · · · · · ·2· · · · · · · · · ·3· · · · · · · · · ·4· · · · · · · · · ·5· · · · · · · · · ·6· · · · ]· · ·7· · · · ·|
   ↓
          ┌─────────── Kopf-/Fußzeilen ────────────┐
          │ ┌─ Formatieren als ──┐ ┌─ Drucken auf ─────┐ │
          │ │ ( ) opfzeile       │ │ [ ] Erster Seite  │ │
          │ │ ( ) ußzeile        │ │ [X] Ungeraden Seiten│ │
          │ │ (•) ormalen Text   │ │ [X] Geraden Seiten │ │
          │ └────────────────────┘ └───────────────────┘ │
          │ ┌─ Ausrichtung am ────────────────────────┐ │
          │ │ (•) Linken Seitenrand   ( ) Papierrand  │ │
          │ └─────────────────────────────────────────┘ │
          │ ( ptionen...)              OK      <Abbrechen> │
          └───────────────────────────────────────────────┘

Sel Sp1          (ierung)   <F1=Hilfe>              UB          Microsoft Word
Fügt Kopf- oder Fußzeilen ein.
```

Abbildung 4.11: Menü FORMAT, KOPF-/FUßZEILEN in Word 5.5

Die Menüs in beiden Word-Versionen sind halbwegs identisch. Wie Sie sehen, haben
Sie hier die Möglichkeit zu bestimmen, ob nur ungerade oder gerade Seiten die von
Ihnen markierte Kopf-/Fußzeile erhalten sollen. Wird beides bestätigt, erhalten alle
Seiten eine Kopf-/Fußzeile.

Automatisch nimmt Word die erste Seite von der Kopf-/Fußzeilenregelung aus.
Bestimmen Sie im Menü „Erste Seite: (Ja)" bzw. „Drucken auf: [X]Erster Seite",

druckt Word die Kopf-/Fußzeile auch auf der ersten Seite aus. Im Hilfetext von **Word 5.0** ist zu lesen, daß Word in diesem Falle die Kopf-/Fußzeile nur auf der ersten Seite ausdruckt. Das ist sachlich falsch. Wie Sie sehen, hat auch Word seine kleinen Macken.

Um die genaue Position der Kopf-/Fußzeilen zu bestimmen, wechseln Sie in **Word 5.0** in das Menü FORMAT, BEREICH, SEITENRAND und geben bei „Abstand Kopfzeile von oben:" den entsprechenden Wert in cm ein.

In **Word 5.5** erledigen Sie die Positionierung der Kopfzeile im Menü FORMAT, KOPF-/FUSSZEILEN, <Optionen>, wo Sie die entsprechenden Abstände von oben bzw. unten eintragen.

 Zusammenfassung:

---

1. Sie können beliebigen Text markieren und im Menü FORMAT, KOPF-/ FUSSZEILEN(...) als bestimmte Zeilen definieren, die auf allen Seiten ausgedruckt werden.

2. Diese Zeilen erscheinen außer auf der Seite, wo Sie diese Kopf-/Fußzeilen festgelegt haben, nicht mehr auf dem Bildschirm.

3. An dem Steuerzeichen ^ am linken Seitenrand können Sie erkennen, welche Zeilen Sie als Kopf-/Fußzeilen markiert haben.

4. Gemäß der Word-Voreinstellungen wird auf der ersten Seite des Dokuments die Kopf-/Fußzeile nicht ausgedruckt.

5. Word bezieht diese Zeilen automatisch in die Seitenumbruchberechnungen mit ein.

Hinweis für Word 5.0 Anwenderinnen:

Über die Tastenkombination Ctrl-F2 (Strg-F2) können Sie zeilenweise die gewünschte Kopfzeile bestimmen, ohne in das Menü schauen zu müssen. Dabei akzeptieren Sie die Word-Voreinstellungen, die Sie ja nur in diesem Menü ändern könnten. Diese Voreinstellungen berücksichtigen aber den häufigsten Modus von Kopf-/Fußzeilen-Anwendungen, so daß das Arbeit mit der Funktionstaste F2 sinnvoll ist. Mit der Tastenkombination Alt-F2 bestimmen Sie die Fußzeilen.

Zurück zur automatischen Seitennumerierung:

Integrieren Sie in eine Kopfzeile den Textbaustein „(Seite)" und in eine Fußzeile den Textbaustein „(Nächste_Seite)", bleibt Ihnen das langwierige manuelle Einfügen der Seitennummer unter Berücksichtigung des Seitenumbruchs erspart.

Brief7 veranschaulicht Ihnen dies. Rufen Sie ebenfalls ein Probedokument auf, am besten einen Brief mit mehreren Seiten, und vollziehen Sie zur Übung die folgenden Arbeitsschritte nach.

Über das Adreßfeld schreibe ich:

```
Brief vom (Druckdatum) an die Firmma Abelmann Kurz- und Schnittwaren
Seite: -(Seite)-
```

„(Druckdatum)" und „(Seite)" holen Sie sich dabei natürlich aus der Textbausteindatei.

Zur Wiederholung der Befehlsfolge in Word 5.0:

> Esc, E für EINFÜGEN, F1, mit dem Cursor „Druckdatum" bzw. „Seite" auswählen, und bestätigen mit der Eingabetaste.

Zur Wiederholung der Befehlsfolge in Word 5.5:

> Menü BEARBEITEN, TEXTBAUSTEIN... aufrufen, aus der Liste „Namen:" „Seite" bzw. in einem zweiten Durchlauf „Druckdatum" auswählen und die Option <Einfügen> mit der Eingabetaste oder durch Klicken mit der Maus bestätigen.

Diese Zeilen zentriere ich, indem ich sie markiere und in Word 5.0 Alt-z bzw. in Word 5.5 Ctrl(Strg)-z drücke. Im nächsten Schritt markiere ich die gewünschten Kopfzeilen einschließlich zweier Leerzeilen, also zweier Absatzzeichen. Danach drücke ich in **Word 5.0** Ctrl-F2 (Strg-F2). In **Word 5.5** begebe ich mich nach dem Markieren in das Menü FORMAT, KOPF-/FUßZEILEN und bestätige „Kopfzeile". Es erscheinen jetzt die Steuerzeichen ^ am linken Seitenrand.

Die erste Seite von Brief7 sieht jetzt auf dem Bildschirm so aus:

```
=[·········1·········2·········3·········4·········5·········6·····]···7·····=
 ^                        -(Seite)-¶
 ^                              ¶
 ^       September-News----(Druckdatum)---Uptown¶
 ^                              ¶
 Supa·IQ¶
 -·Redaktion·"Zeitgeistiges"·-¶
 Kuhdamm·332¶
 ¶
 1015·Bärlin¶
 ıl
                     ·····························6.·August·1992¶
                      September-News↓
                    Rundschreiben·August·1992¶
 ¶
 ¶
 ¶
 Liebe·Medienpartner,¶
 ¶
 nein,·die.          ·   ·haben·uns·noch·nicht·gereicht.·Jetzt·wollen·
 wir·richtige·Machos·haben,·die·sich·schweißglänzend·und·zähne-
 bleckend·auf·der·Matte·walzen.·Deshalb·holen·wir·am·30.·September·
 mit·der·CMS·EUROPEAN·TOUR·die·Elite·der·        ·in·die·Stadt-
 halle...·damit·der·ohnehin·schon·heiße·Sommer·auch·heiß·ausklingt.¶
                                                 =BRIEF7.TXT=
 Se1 Ze6 Sp1        ()                            Microsoft Word
```

Abbildung 4.12: erste Seite Brief7 in Word 5.0

Betrachten Sie sich Ihr Ergebnis in der Layoutkontrolle. Sie werden (hoffentlich) feststellen, daß die erste Seite diese Zeilen nicht enthält, während sie sich jedoch auf allen folgenden Seiten befinden.

Hinweis:

In beiden Word-Versionen ist es möglich, den Namen des Textbausteins einfach in das Dokument zu schreiben, zum Beispiel: Seite, diesen Namen anschließend zu markieren, dann F3 zu drücken und damit Word mitzuteilen, daß es sich bei dem markierten Wort um einen Textbaustein handelt. Sobald Word diesen Namen in der aktuellen Textbausteindatei gefunden hat, wird er in Klammern gesetzt, und beim Ausdruck erscheint dann der eigentliche Bausteintext an dieser Stelle.

Drucken Sie das Dokument aus (in **Word 5.0** mit Ctrl-F8 und in **Word 5.5** Umschalttaste-F9) und überprüfen Sie, ob tatsächlich das Druckdatum und die automatische Seitenzählung eingesetzt wurden.

Jetzt benötigen wir noch eine Seitenzählung für die folgenden Seiten am jeweiligen Seitenende. Dafür könnten Sie analog verfahren, indem Sie eine Fußzeile einrichten, die auch auf der ersten Seite vorhanden sein soll. Das Problem ist nur, daß Sie auch auf der letzten Seite diese Fußzeile nicht loswerden. Wenn Sie die automatische Seitenzählung der folgenden Seiten (Textbaustein: „(Nächste_Seite)")in dieser Zeile unterbringen, wird sie sich auch auf letzten Seite, nach der eben keine weitere Seite folgt, stehen.

Sie haben also die Möglichkeit, den Textbaustein (Nächste_Seite) manuell einzufügen (letzte Zeile unten, einfach: Nächste_Seite schreiben, diese Angabe markieren, F3 drücken, es erscheinen Klammern um (Nächste_Seite). Das heißt, hier wurde jetzt der entsprechende Textbaustein eingefügt, mit Alt-r in **Word 5.0** oder Ctrl(Strg)-r in **Word 5.5** rechtsbündig formatieren, eventuell mit Bindestrichen einrahmen).

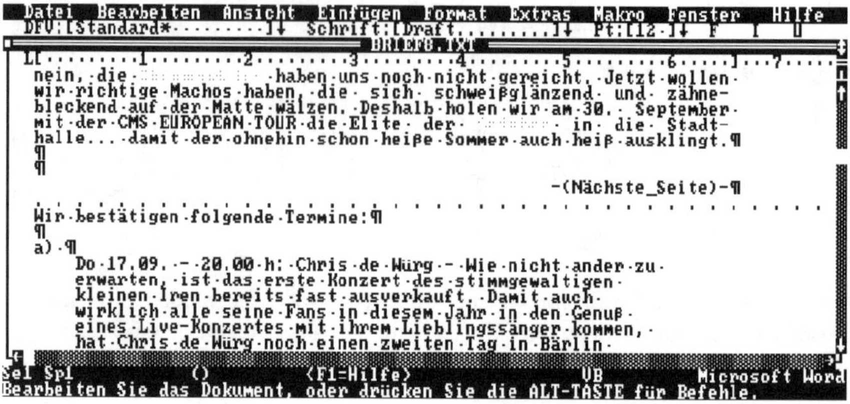

Abbildung 4.13: Seitenende Brief8 in Word 5.5

Wenn Sie gerne ein paar Erfahrungen mit dem Programm Kopf-/Fußzeilen sammeln möchten und es Ihnen Spaß macht, nach Wegen zu suchen, die Unzulänglichkeiten Ihrer Textverarbeitung zu überlisten, spielen Sie folgendes durch:

Schreiben Sie jetzt also wieder oberhalb der Adresse vor den Beginn des eigentlichen Dokuments, aber – Vorsicht – nicht in die Kopfzeilen, folgendes:

-(Nächste_Seite)-

Dafür greifen Sie wieder auf die Textbausteindatei zu. Das ist alles, Sie schließen nur noch die Zeile mit einem Absatzzeichen ab, formatieren Alt-r in **Word 5.0** und Ctrl(Strg)-r in **Word 5.5** für rechtsbündig und setzen gegebenenfalls noch Bindestriche dazu.

In **Word 5.0** markieren Sie diese eine Zeile und drücken Alt-F2, um sie als Fußzeile zu formatieren. Werfen Sie einen Blick in die Layoutkontrolle. Hier werden Sie feststellen, daß Word gemäß seiner Vorgaben gehandelt hat und die erste Seite aussparte. Markieren Sie also gegebenenfalls wieder die Fußzeile, gehen Sie in das Menü FORMAT KOPF-/FUßZEILEN und nehmen Sie dort die Einstellung Erste Seite: (Ja) vor. Überprüfen Sie das Ergebnis in der Layoutkontrolle.

In **Word 5.**5 gehen Sie wieder über das Menü FORMAT KOPF-/FUßZEILEN, bestätigen die Einstellungen „Fußzeile" und „Erster Seite" und betrachten sich nach Bestätigung die Sache in der Layoutkontrolle (Ctrl-F9/Strg-F9).

Jetzt wäre noch zu überlegen, wie wir die Fußzeile auf der letzten Seite wieder loswerden.

Das ist jetzt recht kompliziert, natürlich könnten Sie sie auch einfach mit einem Klecks Tipp-Ex eliminieren und anschließend sauber kopieren. Falls Sie Spaß am Herumprobieren haben, befassen Sie sich mit den folgenden Ausführungen. Es wäre allerdings nicht verwunderlich, wenn Sie sich danach fragen sollten, wozu dieser Aufwand eigentlich gut sei. Das einzig Sinnvolle daran ist der Übungs- und Lerneffekt. Befassen Sie sich also nur damit, wenn Sie gerade Lust und Zeit haben, sich mit einigen Word-Eigenarten auseinanderzusetzen.

Der Gedanke ist zusammengefaßt folgender: Sie trennen die letzte Seite so vom Dokument ab, daß sie zwar die Seitenformatierungen und Seitenzahl behält, aber Kopf- und Fußzeilen verliert (es geht nur beides zusammen). Danach setzen Sie die Kopfzeilen neu ein.

Kopieren Sie mit Alt-F3 – **in Word 5.5 darf dabei die Einstellung im Menü EXTAS, EINSTELLUNGEN... <Einf-Taste zum Überschreiben benutzen> nicht aktiviert sein** – die Bereichsbegrenzung am Ende des Dokuments (doppelte gepunktete Linie). Diese Linie befindet sich jetzt auch im Papierkorb, wo wir Sie am Ende der vorletzten Seite wieder mit der Taste Ins (Einfg) herausholen. Sie haben jetzt anstelle des Seitenumbruchs eine Bereichsbegrenzung zwischen der letzten und der vorletzten Seite. Schauen Sie in der Layoutkontrolle nach der letzten Seite. Sie verfügt jetzt weder über Kopf- noch Fußzeile. Nun hätten wir aber gerne auf der letzten Seite eine Kopfzeile. Also bewegen Sie sich an den Textanfang, markieren dort die Kopfzeilen, drücken Alt-F3, um diese in den Papierkorb zu kopieren, gehen auf die letzte Seite, drücken dort Ins (Einfg). „(Seite)" fungiert für Word nun aber nicht mehr als Textbausteinname, sondern lediglich als Zeichenkombination. Löschen Sie „(Seite)" und fügen Sie erneut aus der Textbausteindatei den entsprechenden Textbaustein ein. Jetzt müßten Sie noch im Menü FORMAT, KOPF-/FUßZEILEN bestimmen, daß die Kopfzeile auch auf der ersten Seite erscheinen soll, und damit sind Sie dann am Ende Ihrer umständlichen Bemühungen.

```
┃──0···[·····1········2········3········4········5·······6·]······7·····┐
┃      Eingehängt.¶
┃      ¶
┃ :::::::::::::::::::::::::::::::::::::::::::::::::::::::::::::::::::::::::::
┃ ^              -(Seite)-¶
┃ ^                  ¶
┃ ^       September-News----(Druckdatum)---Uptown¶
┃ ^                  ¶
┃ b).¶
┃      Mi·10.09.·--·20.00·h:·The·Curl·--·Den·fachgerechten·Umgang·
┃      mit·Lippenstift·und·Bürste·wird·ihm·wohl·auch·die·beste·
┃      Stylistin·nicht·mehr·beibringen,·Sein·Konzert·in·Berlin·
┃      verspricht·allen·Grufties·echte·Geisterstunden.¶
┃      ¶
┃      ¶
┃      ¶
┃      Mit·freundlichen·Grüßen¶
┃      ¶
┃      ¶
┃      UPTOWN¶
┃      Veranstaltungs-GmbH¶
┃ ::::::::::::::::::::::::::::::::::::::::::::::::::::::::::::::::::::::::::::
┃ ♦
┃━━━━━━━━━━━━━━━━━━━━━━━━━━━━━━━━━━━━━━━━━━━━━━━━━━━━━━━━━━━━━━BRIEF9.TXT═
S3 B1 Z2 S5       ()                                       Microsoft Word
```

Abbildung 4.14: Brief9 in Word 5.0: Letzte Seite mit zwei Bereichsbegrenzungen und neuer Kopfzeile

Dieser Aufwand lohnt sich nur, wenn Sie schon sehr routiniert mit Word arbeiten. Auch hier ist nur zu raten: Arbeiten Sie so, wie es Ihnen am sinnvollsten erscheint.

Hinweis für Anwenderinnen beider Word-Versionen:

> Sie können Kopf-/Fußzeilen kopieren bzw. als Textbaustein abspeichern, so daß Sie diese immer wieder zur Verfügung haben. Die Formatierungen als Kopf-/ Fußzeile bleiben mit den entsprechenden Festlegungen erhalten. Dabei ist jedoch zu beachten, daß nach dem Markieren bzw. Kopieren Word nicht mehr in der Lage ist, die Zeichenkombination von Textbausteinen als Textbaustein-namen zu identifizieren. Einen Textbausteinnamen erkennen Sie daran, daß er eingeklammert ist. Diese Kennzeichnung vollzieht Word selbständig, sobald Sie ein Wort, das im Verzeichnis der Textbausteine vorhanden ist, markiert haben und dann F3 drücken. Dies muß nach jedem Markierungs- bzw. Kopiervor-gang geschehen, sonst hält Word die Namen schlicht für eingeklammerte Wörter.
>
> Es ist also sinnvoller, Textabschnitte, die Sie wiederum mit Textbausteinnamen versehen haben, ohne diese Klammern zu speichern, nach dem Abruf zur Wiederverwendung zu markieren, um sie dann jeweils mit F3 als Textbausteine kenntlich zu machen.

Wollen Sie beispielsweise die Kopfzeile:

```
^ Schreiben an die Firma Sowieso vom (Druckdatum)        -(Seite)-
```

als Textbaustein speichern, löschen Sie vor dem Kopieren die Klammern, so daß in dieser Zeile zu lesen ist:

```
^.....Schreiben an die Firma Sowieso vom Druckdatum      -Seite-
```

Diese speichern Sie jetzt in die Textbausteindatei. Nach Aufruf dieser Kopfzeile markieren Sie „Seite" und drücken F3. Jetzt steht Ihnen die Funktion der automatischen Seitenzählung zur Verfügung. Ebenso verfahren Sie mit dem Druckdatum.

4.7 Druckoptionen

Gerade bei längeren Texten werden Sie nicht unbedingt immer alle Seiten auszudrucken haben. Vielleicht ist nur auf einer einzigen Seite eine Korrektur vorgenommen worden, vielleicht muß nur ein einzelner Textabschnitt überprüft bzw. ausgedruckt werden.

Hierfür stehen Ihnen in **Word 5.0** die Optionen im Druckmenü zur Verfügung.

```
╔═┌ · · · · · · · · ·1· · · · · · · · ·2· · · · · · · · ·3· · · · · · · · ·4· · · · · · · · ·5· · · · · · · · ·6· · · · ┐ · · ·7· · · · ╗
║  ◌
║
║
║
║
║
║
║
║
║
DRUCK OPTIONEN Drucker: ▐MT81▌          Druckeranschluß: LPT1:
  Modell: MT81                           Grafikauflösung:    60x72 dpi
  Exemplare: 1                           Konzept:(Ja)Nein
  Verborgener Text: Ja(Nein)             Kurzinformation: Ja(Nein)
  Umfang:(Alles)Markierung Seiten        Seitenzahlen:
  Absatzkontrolle:(Ja)Nein               Warteschlange: Ja(Nein)
  Papiervorschub: Manuell                Beidseitig: Ja(Nein)
Geben Sie bitte einen Druckernamen ein oder wählen Sie einen mit F1!
Sei Zel Spl      ()                                      Microsoft Word
```

Abbildung 4.15: Druckoptionen in Word 5.0

Drücken Sie Esc, D für DRUCK und O für OPTIONEN.

In **Word 5.5** rufen Sie das Druckmenü über DATEI, .DRUCKEN... auf.

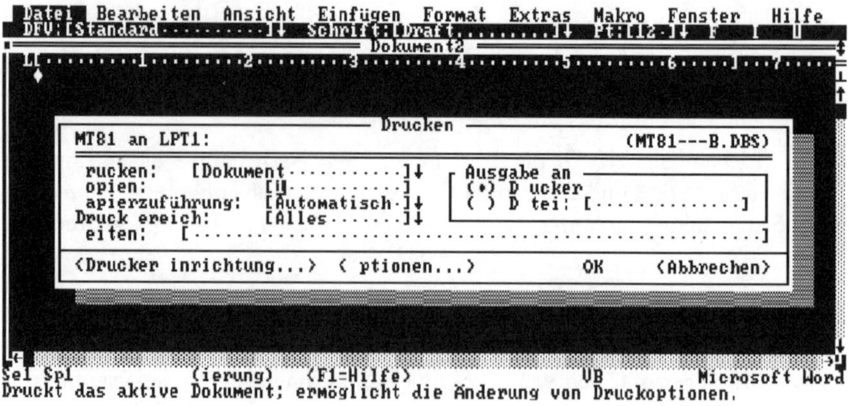

Abbildung 4.16: Druckoptionen in Word 5.5

Die wichtigsten Funktionen in diesen Menüs beider **Word-Versionen** sind „Umfang" (in **Word 5.5** „Druckbereich") und „Seitenzahlen" (in **Word 5.5** nur „Seiten"). Haben Sie nur einige Seiten auszudrucken, wählen Sie die Option Umfang/Druckbereich: (Seiten) und geben dann bei „Seitenzahlen:" bzw. „Seiten:" diese durch Semikola getrennt ein. In **Word 5.5** geht leider aus keinem Hinweis hervor, daß Sie Semikola setzen müssen. Vergessen Sie dies aber, wird entweder nichts ausgedruckt oder Word erklärt Ihnen, daß die angegebene Seitenzahl nicht vorhanden sei. Sie müssen nicht alle einzeln angeben, wenn Sie zum Beispiel die Seiten 1 bis 3 ausgedruckt haben wollen, schreiben Sie 1-3 in das Feld. Sie müssen aber unbedingt darauf achten, daß der Umfang bzw. Druckbereich („Alles", „Seiten" etc.) zuvor definiert ist.

Kürzere Abschnitte markieren Sie und drucken sie dann aus, indem Sie in **Word 5.0** bei „Umfang:" und in **Word 5.5** bei „Druckbereich:" „Markierung" festlegen.

Die Anzahl der Ausdrucke können Sie über „Exemplare:" – in **Word 5.5** „Kopien:" genannt – regeln. Dies empfiehlt sich aber nur, wenn Sie über einen schnellen Drucker verfügen, nicht über ca. 30 Exemplare drucken wollen, ein solches Vorgehen eher eine Ausnahme darstellt und Sie die Arbeit der Kolleginnen nicht behindern, indem Sie den Drucker blockieren. Ausschlaggebend dafür, das Kopieren mit einem Kopierer vorzuziehen, sind jedoch Kostengründe. Es geht in der Regel schneller, und die Wartungskosten für einen Drucker können enorm hoch sein.

In der Zeile „Papiervorschub" – bei **Word 5.5** „Papierzuführung" genannt – stellen Sie die Art des Papiereinzugs Ihres Druckers ein. „Endlospapier" oder „Automatisch " werden gewählt, wenn die Endlosbogen mit ihren Lochrändern im Drucker hängen. Dieses Papier eignet sich besonders für Listen und Probeausdrucke, in denen Sie keinen Seitenumbruch festlegen müssen. Sie können auch einen Papier-Schacht bestimmen, sofern der Drucker mehrere zur Auswahl hat. „Manuell" bedeutet, daß Sie jede Seite nachlegen, bevor der Drucker weiterarbeitet. Er fordert Sie nach jeder gedruckten Seite auf, Papier einzulegen. Darüber hinaus gibt es noch einige weitere Angaben, die Sie je nach Drucker zur Verfügung haben. Gegebenenfalls rufen Sie mit F1 den entsprechenden Hilfetext dazu auf.

Hinweis für Word 5.0-Anwenderinnen:

Sollten Sie einmal versehentlich bei „Drucker:" die dort gemachte Angabe gelöscht haben, kommt es vor, daß bestimmte Formatierungen nicht mehr ausgedruckt werden. In diesem Fall begeben Sie sich an diese Stelle des Menüs, drücken F1 und erhalten eine Liste der möglichen Drucker. Wählen Sie den richtigen aus – schauen Sie dafür gegebenenfalls auf Ihrem Drucker die zutreffende Typenbezeichnung nach – und bestätigen Sie ihn mit der Eingabetaste.

Alle Einstellungen gelten so lange, bis Sie sie wieder rückgängig gemacht haben, das Dokument wechseln oder Word erneut laden.

5   Der Serienbrief

Nachdem Sie sich mit (fast) allen Finessen des Gestaltens kürzerer und längerer Dokumente vertraut gemacht haben, wenden wir uns nun einem weiteren Anwendungsbereich jeder Standard-Textverarbeitung zu: dem Serienbrief.

Ein Serienbrief ist einem Formular vergleichbar, in dem ein Teil des Textes fester Bestandteil ist, andere Textelemente sind variabel. Sobald Sie verschiedene Fassungen eines Briefes, in dem dann immer nur ganz bestimmte Abschnitte geändert werden, ausdrucken wollen, greifen Sie auf die Serienbrief-Funktionen zurück. Ein Serienbrief muß natürlich nicht immer ein Brief sein, es kann sich auch um eine Tabelle handeln oder – wie bereits gesagt – um ein Formular.

Um Ihnen den Vorgang „Serienbrief" zu verdeutlichen, bediene ich mich vorerst des Beispiels Brief (Brief3). Als Testdokument sollten Sie sich ebenfalls einen möglichst kurzen Brief wählen.

Wir benötigen zur Erstellung des Serienbriefes zwei Dateien: In der einen befindet sich der Brief mit den feststehenden Textteilen, in der anderen Datei ist der variable Text untergebracht. Diese zweite Datei wird Steuerdatei genannt. Die andere nenne ich Briefdatei.

Word 5.0 bietet eine äußerst praktische Hilfe für das gleichzeitige Arbeiten mit zwei Dateien: der Bildschirm kann geteilt, und in jeden Ausschnitt kann eine andere Datei geladen werden.

In **Word 5.5** ermöglicht die Fenstertechnik ein unkompliziertes Arbeiten mit bis zu neun Dateien gleichzeitig.

5.1   Bildschirm teilen in Word 5.0 – Das gleichzeitige Arbeiten mit zwei Dateien

Zum Teilen des Bildschirms begeben Sie sich auf den Menüpunkt AUSSCHNITT, im folgenden Untermenü wählen Sie T für TEILEN. Sie werden nun wieder nach verschiedenen Optionen gefragt. Am sinnvollsten ist es hier, „Waagerecht" zu bestätigen, dabei behalten Sie die beste Übersicht im geteilten Bildschirm. Es taucht ein weiteres Untermenü auf, in dem die Bildschirmzeile, an der die Teilung vorgenommen werden soll, abgefragt wird. Eine Zahl zwischen 11 und 15 teilt das Schreibfeld ungefähr bei der Hälfte. Ist einer der beiden Ausschnitte zu klein, geht auch dies wieder zu Lasten der Übersicht.

Schneller bewältigen Sie diesen Vorgang, wenn Ihnen eine Maus zur Verfügung steht: Zum horizontalen Teilen klicken Sie auf den rechten Rahmen mit der **linken** Maustaste (vertikales Teilen ist nicht sinnvoll, da die Bildschirmdarstellung unübersichtlich wird). Soll der neue Ausschnitt leer sein, was anzuraten ist, drücken Sie die **rechte** Maustaste.

Es ist wichtig, in diesem TEILEN-Menü die Voreinstellung „Bildschirm löschen im neuen Ausschnitt: (Nein)" zu ändern und „(Ja)" festzulegen. Andernfalls taucht im neuen, zweiten Abschnitt Ihre bereits geladene oder später zu ladende Datei aus dem ersten Auschnitt ebenfalls auf. Alle Arbeitsschritte werden parallel durchgeführt, was völlig überflüssig ist.

In diesem Fall möchten Sie also eine andere Datei im zweiten Auschnitt laden als im ersten, deshalb bestimmen Sie „Bildschirm löschen im neuen Ausschnitt: (Ja)".

Die Ausschnittgröße läßt sich noch nachträglich im Menü AUSSCHNITT, VER-SCHIEBEN variieren. Zum Verschieben mit Hilfe der Maus, positionieren Sie den Mauszeiger auf die untere rechte Ausschnittecke und ziehen bei gedrückter linker Maustaste an die angepeilte Teilungshöhe.

Das Ergebnis Ihrer Bemühungen müßte ungefähr folgendermaßen aussehen:

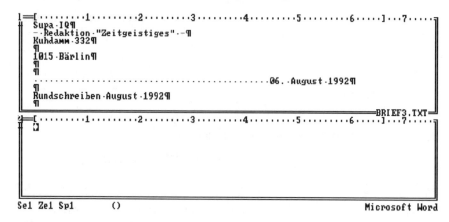

Abbildung 5.1: Brief3 & leerer Ausschnitt

Damit Sie sich mit den Möglichkeiten des gleichzeitigen Arbeitens mit zwei Dateien vertraut machen können, laden Sie am besten in beide Ausschnitte verschiedene Dateien. Mit der Taste F1 springen Sie hin und her. Der Cursor landet immer wieder dort im Dokument, wo Sie es zuletzt mit F1 verlassen haben. Hier werden Sie sich bestimmt öfter einmal vertippen und sich wundern, warum der Cursor mit Ctrl-Pg Up (Strg-Bild nach oben) nicht an den Textanfang springt oder ähnliches und dabei völlig übersehen, daß Sie ja den Ausschnitt wechseln müßten.

Die Ausschnittsnummern sind in der linken oberen Ecke des Schreibfeldes vermerkt.

Wenn Sie längere Texte umstellen oder größere Textteile aus einem anderen Dokument in das aktuelle transportieren möchten, fahren Sie mit dieser Methode des Bildschirmteilens am besten. Sie können zum Beispiel Textteile aus dem Ausschnitt 1 in den Papierkorb löschen oder kopieren, mit F1 in den Text in Ausschnitt 2 springen und hier den Papierkorb entleeren (zu „Papierkorb" siehe Kapitel 3.2 *Souverän für den Papierkorb schreiben*).

Ist Ihnen ein Ausschnitt zu klein, bedienen Sie sich der Zoom-Funktion, das heißt, der Ausschnitt wird vergrößert – wie das normale Schreibfeld – dargestellt. Der andere Ausschnitt ist dann nicht mehr zu sehen, aber noch immer mit F1 erreichbar. Die Zoom-Funktion führen Sie mit Ctrl-F1 (Strg-F1) oder mit der rechten Maustaste auf die Ausschnittsnummer klickend durch. Unten rechts unter dem Schreibfeldrand erscheint ZM. Hieran erkennen Sie, daß Sie mit zwei Dateien arbeiten. Ein wiederholtes Betätigen dieser Tastenkombination hebt den Zoommodus wieder auf.

Beim Verlassen des Programms mit Q für QUITT werden Sie für jeden Ausschnitt gefragt, ob Sie zu speichern wünschen. Achten Sie dabei besonders auf die Ausschnittnummern, ebenso beim Löschen eines Ausschnitts. Löschen bedeutet hier nur, daß die Bildschirmteilung verschwindet und eine Datei übrigbleibt. Sie drücken Esc, A für AUSSCHNITT, L für LÖSCHEN oder Sie klicken mit beiden Maustasten gleichzeitig auf den rechten Ausschnittrahmen. Word gibt nun automatisch die Nummer des Ausschnitts an, in der sich gerade der Cursor befindet. Kontrollieren Sie noch einmal, ob dies auch wirklich die Datei ist, die vom Bildschirm verschwinden soll. Bei diesem Vorgang werden Sie, wie beim Verlassen von Word mit QUITT, gefragt, ob Sie Änderungen im Dokument speichern möchten.

Besonders eignet sich ein zweiter Ausschnitt auch als eine Art Merk- oder Notizzettel. Während Sie ein Dokument abfassen, können Sie sich Merksätze und Notizen dazu in den zweiten Ausschnitt in ein anderes Dokument schreiben. Oder andersherum: Sie haben ein paar Stichworte und müssen dazu einen Text ausformulieren.

Leider ist es nicht möglich, das Hilfeprogramm im unteren Ausschnitt zu laden, während Sie oben versuchen, die einzelnen Schritte praktisch nachzuvollziehen. Das Hilfeprogramm nimmt immer die ganze Bildschirmfläche ein. Es bleiben Ihnen im Notfall also nur Bildschirmabzüge.

5.2 Die Word 5.5-Fenstertechnik

Um sich über die einzelnen Funktionen klar zu werden, rufen Sie sich am besten ein Dokument auf. Ohne dieses weiter zu bearbeiten, zu speichern oder zu löschen, rufen Sie ein weiteres Dokument auf. Hierfür wird jetzt vom Programm ein neues „Fenster" angelegt. Das zuvor geladene Dokument liegt jetzt quasi unter dem neuen Dokument. Wenn Sie das Menü FENSTER aufrufen, sehen Sie unterhalb der verschiedenen Optionen dieses Menüs in einem gesonderten Kasten alle gleichzeitig aufgerufenen Dateien. Ist eine Datei von Ihnen noch nicht benannt worden, betitelt es Word automatisch mit Dokument1.txt und ist als solches in diesem Kasten aufgeführt.

Wie Sie sich zwischen den Fenstern bewegen, entnehmen Sie im Zweifelsfall der Übersicht im Hilfeprogramm (**zur Wiederholung**: Alt-H für HILFE, T für TASTATUR, dann <Funktionstasten> aufrufen). Mit Ctrl-F6 (Strg-F6) gelangen Sie zum nächsten Fenster, mit Umschalttaste-Ctrl(Strg)-F6 zum vorherigen.

Mit Ctrl-F7 (Strg-F7) können Sie das Fenster verschieben. Dazu drücken Sie diese Tastenkombination, bewegen den Cursor horizontal und vertikal in die gewünschte Richtung der Verschiebung, und Sie werden feststellen, daß der Fensterrahmen „hinterherrutscht". Abschließend drücken Sie die Eingabetaste, und das Fenster verbleibt in der neuen Position. Mit der Kombination Ctrl-F10 erhalten Sie wieder ein Vollbild. Rechts unterhalb des Schreibfeldrahmens erscheint VB für Vollbild. Das Verschieben ist noch simpler mit der Maus zu bewerkstelligen. Sie begeben sich an den Fensterrahmen, halten die linke Maustaste gedrückt und ziehen quasi das Fenster zurecht. Beim Verkleinern des aktuellen Fensters wird automatisch das dahinterliegende Fenster in dem freien Ausschnitt sichtbar.

Mit Strg-F4 wird das aktuelle Fenster geschlossen. Sofern in der dort geladenen Datei gearbeitet wurde, werden Sie gefragt, ob Sie eine Speicherung wünschen, was Sie zuvor noch zu beantworten hätten.

Wenn Sie mit der Maus arbeiten, ist es eventuell bequemer, sich nicht mit den Funktionstasten zu befassen, sondern direkt über das zuständige Menü FENSTER zu laufen.

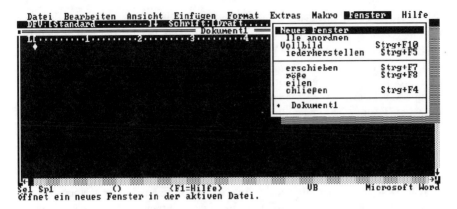

Abbildung 5.2: Menü FENSTER

Hier sehen Sie noch einmal die Zuständigkeiten der einzelnen Funktionstasten. Falls dies nicht der Fall sein sollte, müßten Sie im Menü EXTRAS, EINSTELLUNGEN... die Option „Schnelltasten zeigen" aktivieren. Mit F1 können Sie an jedem Menü-Unterpunkt Hilfe anfordern, wenn Sie nicht weiterwissen.

Bisher noch nicht angesprochen wurde die Option „Alle anordnen". Bei Aktivierung dieser Funktion werden alle geöffneten Fenster gleichmäßig auf dem Bildschirm angeordnet.

Diese Fenstertechnik in Verbindung mit der Papierkorb-Funktion erleichtert Ihre Arbeit beim Verlagern von Textabschnitten von dem einen in ein anderes Dokument ganz enorm. Der in den Papierkorb gelöschte Text bleibt auch erhalten, wenn Sie das aktuelle Dokument verlassen, um in ein anderes Fenster mit einem anderen Dokument zu springen. Hier können Sie dann den Inhalt wieder einfügen.

5.3 Erstellung und Ausdruck des Serienbriefes

Der Brieftext

Sie benötigen zwei Dateien, die Briefdatei und die Steuerdatei mit dem variablen Text. In unserem Beispiel sollen jeweils die Adresse und die Anrede neu eingesetzt werden. Schreiben Sie Ihren Brief wie gewohnt. Dort, wo später der variable Text eingefügt werden soll, lassen Sie vorläufig Leerstellen wie bei einem Formular. Korrigieren und formatieren Sie den Brief wie gewohnt, berücksichtigen Sie dabei jeweils die Länge und Positionierung des später einzusetzenden Textes.

Wenn Sie sich ein Formular vorstellen, das Sie ausfüllen müssen, dann ist bei den einzelnen Feldern mehr oder weniger deutlich vermerkt, welche Angaben dort einzutragen sind, zum Beispiel Name/Vorname, Staatsangehörigkeit und so weiter. Genauso gehen Sie jetzt in Ihrem Brief vor. An den Leerstellen bezeichnen Sie die späteren Angaben, dabei sollten Sie zuvor einen Blick auf die längste Adresse werfen, damit genügend Felder zum Spezifizieren der Angaben zur Verfügung stehen. Vermeiden Sie über diese Feldbezeichnungen hinaus Leerzeichen in den betreffenden Feldern (siehe Beispiel unten).

Hinweis:

Jede Zeile bzw. jeder Absatz, die bzw. der im fertigen Brief mit einem Absatzzeichen abgeschlossen wird, muß eine eigene Eintragsbezeichnung erhalten. Jede Zeile der Adresse benötigt also eine eigene Eintragsbezeichnung, da jede Zeile mit diesem Absatzzeichen abgeschlossen wird, ebenso die Begrüßungszeile.

Das Resultat dieser Aktion sieht dann so aus:

```
Anrede
Name
Straße

Ort


Begrüßung

(Beginn Brieftext)
```

Hinweis:

Diese Bezeichnungen dürfen weder Leerstellen noch andere Sonder- bzw. Satzzeichen enthalten. Groß- und Kleinschreibung machen keinen Unterschied.

Die Steuerdatei

In **Word 5.0** teilen Sie nun den Bildschirm, so daß Sie einen zweiten Ausschnitt zur Verfügung haben, in dem die Steuerdatei mit dem variablen Text untergebracht werden soll. **Zur Wiederholung** die Schrittfolge: Esc, AUSSCHNITT, TEILEN, WAAGERECHT, „Bildschirm löschen im neuen Ausschnitt: (Ja)".

In **Word 5.**5 öffnen Sie zur Erstellung einer zweiten Datei, der Steuerdatei, aus Ihrer aktuellen Datei heraus eine weitere über das Menü DATEI, ÖFFNEN... oder über die Tastenkombination Ctrl-F1 (Strg-F1). Word fragt Sie im folgenden Menü nach dem Dateinamen. Geben Sie einen für die Steuerdatei ein. Wenn Word Sie anschließend fragt, ob diese Datei angelegt werden soll, bestätigen Sie dies mit der Eingabetaste oder mit einem Mausklick auf <OK>. Sie haben jetzt zwei Fenster zur Verfügung, in einem befindet sich der – abgespeicherte – Brieftext, in dem anderen ist die sogenannte Steuerdatei anzulegen. Mit Ctrl-F6 springen Sie zwischen den Fenstern hin und her. Sie haben auch die Möglichkeit, über das Menü FENSTER, ALLE ANORDNEN beide Fenster auf einmal auf den Bildschirm zu „zaubern".

In der weiteren Vorgehensweise entsprechen sich wieder beide **Word-Versionen:** Jetzt benötigen Sie die Briefdatei als Spickzettel: Schreiben Sie aus der Briefdatei sämtliche Feldbezeichnungen ab, und zwar durch Semikola getrennt. Die Zeile schließen Sie mit einem gewöhnlichen Return, also mit einem Absatzzeichen , ab. In diesem Fall sieht die Zeile so aus:

```
Anrede;Name;Straße;Ort;Begrüßung
```

Diese Zeile bildet den sogenannten Steuersatz. Der Steuersatz enthält eine bestimmte Menge Felder, hier fünf, die bei den späteren Eintragungen eingehalten werden muß, sonst findet sich Word nicht mehr zurecht.

Statt der Semikola dürfen Sie auch die Tabulator-Taste verwenden (links oberhalb von Ctrl bzw. Strg). Wichtig ist nur, daß eine der beiden Möglichkeiten in einer Datei einheitlich verwendet wird.

Füllen Sie jetzt die Felder aus und halten Sie sich dabei an die Felderzahl. Sollten Sie zum Beispiel bei den Adressen eine darunter haben, die eine Firma in einer Zeile und dann einen Ansprechpartner enthält, so geben Sie unter „Anrede", wo eigentlich „Herrn" oder „Frau" untergebracht werden sollte, den Firmennamen ein. Dem Programm ist es egal, in welchem Sinnzusammenhang Feldname und Feldinhalt stehen, es zählt nur stur vor sich hin.

Eine weitere Möglichkeit bestände darin, gleich ein zusätzliches Feld, zum Beispiel namens „Firma", einzurichten. Dieses Feld müßte dann bei Privatadressen immer leer bleiben. Dies können Sie erreichen, indem Sie später beim Ausfüllen keine Eintragung vornehmen. Das ist aber etwas lästig, da Sie trotzdem ein Semikolon tippen müssen. Die Anzahl der Semikola in jedem Absatz, den sogenannten Datensätzen, muß identisch sein mit der Anzahl im ersten Absatz, dem Steuersatz. Wird keine Eintragung vorgenommen, muß trotzdem für dieses Feld ein Semikolon eingefügt werden.

Eine fertige Steuerdatei könnte zum Beispiel so aussehen:

```
Anrede;Name;Straße;Ort;Begrüßung¶
Herrn; Erich Mustermann;Musterweg 3;4812 Musterstadt;Sehr
geehrter Herr Mustermann,¶
Frau;Erika Musterfrau;Postfach 50 10 20;9000 Musterhausen 2;Sehr
geehrte Frau Musterfrau,¶
Supa IQ;- Redaktion "Zeitgeistiges" -;Kuhdamm 332;1015 Bärlin;Liebe
Medienpartner,¶
```

Achten Sie darauf, daß alle Satzzeichen, die in einem Feld vorkommen, wie zum Beispiel das Komma oder Ausrufezeichen nach der Begrüßung, mitgeschrieben werden.

Sind die Anreden alle männlich oder alle weiblich, genügt es, im Brief als festen Text die jeweilige Begrüßungsformel bis auf den Namen unterzubringen, so daß nur noch der Name mit der Adresse in die Steuerdatei aufgenommen werden muß.

Auch der letzte Datensatz muß mit einem Absatzzeichen abgeschlossen sein. Der einzelne Datensatz kann ruhig über eine Bildschirmzeile hinausgehen. Wichtig ist nur, daß er kein Absatzzeichen enthält, wohl aber mit diesem abgeschlossen wird.

Im letzten Datensatz des Beispiels wurde keine Rücksicht mehr auf die Feldbezeichnungen gelegt. Im Feld „Anrede" steht der Firmenname, der sich im Feld „Name" fortsetzt, weil er sonst nicht mehr ins Adressenfeld des fertigen Briefes gepaßt hätte und außerdem gehört die Redaktionsangabe in eine eigene Zeile. Straße, Ort und Begrüßung sind dann wieder korrekt. Auch dies würde, richtig im Brief eingeordnet, ausgedruckt werden.

Speichern Sie Ihre Steuerdatei ab, zum Beispiel „adr.txt".

Abschließend befassen wir uns noch einmal mit dem Brieftext. Es geht jetzt darum, Word klarzumachen, wo es nach den Feldeintragungen suchen soll und wo überhaupt die Felder liegen. Bisher besteht der Brief aus reinem Text, dessen Sinn Word völlig unklar und gleichgültig ist. Wir müssen also ganz bestimmte Zeichen unterbringen, so daß das Programm auf unsere Wünsche aufmerksam wird. Diese Zeichen sind folgende Klammern « und ». Alles, was in diese Zeichen gesetzt ist, weiß Word als Information zur Weiterverarbeitung zu deuten.

Zuerst wird jetzt die Datei, in der die Feldeinträge untergebracht sind, angegeben. Sie schreiben in die erste Zeile Ihres Dokuments:

```
«steuerdatei adr.txt»
```

Jetzt weiß Word Bescheid. Die Klammer am Anfang einer Information wird in **Word 5.0** mit Ctrl-a (Strg-a) (A wie Anfang) und in **Word 5.5** mit Ctrl-w (Strg-w) gesetzt, die zweite Klammer in **Word 5.0** mit Ctrl-s (Strg-s) und in **Word 5.5** mit Ctrl-e (Strg-e) (E wie Ende). Diese erste Zeile wird später im Ausdruck nicht mehr vorhanden sein.

Der nächste Schritt besteht darin, jedes Feld als solches mit Hilfe der Klammern zu kennzeichnen, am Anfang jeweils «, am Ende jeweils ». Dies sieht dann beispielsweise so aus:

«Anrede»

«Name»

usw.

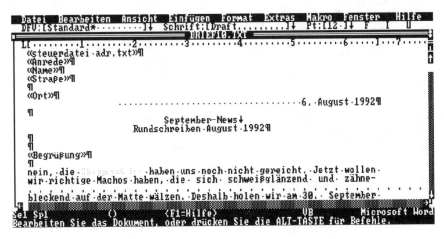

Abbildung 5.3: Brief10 in Word 5.5

Ist dies alles erledigt, speichern Sie Ihren Brief.

Serienbriefe ausdrucken

Zum Ausdrucken eines Serienbriefes gibt es eine eigene Druckoption.

In **Word 5.0** drücken Sie Esc, D für DRUCK, S für SERIENBRIEF, D für DRUK-KER. In **Word 5.5** gehen Sie über das Menü DATEI, .SERIENDRUCK..., <Drukken> und bestätigen alle Zwischenmenüs über die Eingabetaste oder mit Mausklick auf <OK>. Jetzt beginnt der Rechner, die Datensätze zu überprüfen. Bei denen, wo er Fehler entdeckte, gibt er eine ganz kurze Fehlermeldung, während er die einzelnen

Briefe durchzählt, die meistens so schnell vom Auge nicht zu registrieren ist. Gleichen Sie also nach dem Ausdruck Ihr Ergebnis mit der Steuerdatei ab, um fehlende Ausdrucke festzustellen. Stimmt etwas in der ersten Zeile der Steuerdatei, bei den Feldnamen, nicht, wird der Serienbrief nicht ausgedruckt.

Ist dies der Fall, gehen Sie einmal die Checkliste durch, die Sie sich über das Hilfeprogramm aufrufen können (im Word 5.0-Hilferegister: Serienbriefe, Seite 2 von 10: im **Word** 5.5-Hilfeprogramm: Positionierung des Cursors auf DATEI SERIENDRUCK..., dort F1 drücken).

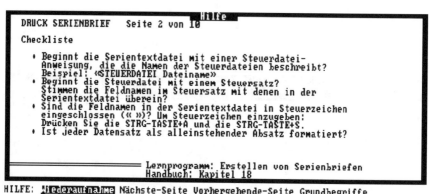

Abbildung 5.4: Checkliste in Word 5.0.

Stimmt etwas in einzelnen Datensätzen nicht, kontrollieren und korrigieren Sie diese und drucken Sie sie nachträglich aus.

Dazu begeben Sie sich in **Word 5.0** ins Menü D für DRUCK, S für SERIEN-BRIEF, O für OPTIONEN. Hier bestimmen Sie „Umfang: (Datensatz)" und geben dann rechts die entsprechenden Datensatznummern durch Semikola (aber ohne Leerzeichen) getrennt ein. Diese korrigierten Datensätze werden jetzt ausgedruckt.

In **Word 5.5** steht Ihnen die entsprechende Option unter DATEI, SERIEN-DRUCK..., „Datensätze" zur Verfügung, wobei Sie hier wieder die Nummern der Datensätze durch Kommata getrennt oder für mehrere hintereinanderliegende, zum Beispiel Datensatz 1 bis 7, einen Bindestrich ohne Leerzeichen zwischen den Ziffern eingeben müßten.

Hinweis zum Unterbrechen von Druckvorgängen:

Den Druck unterbrechen Sie mit Esc. Word fragt Sie dann in der untersten Bildschirmzeile, ob Sie den Druck abbrechen möchten oder fortfahren wollen. Diese Frage beantworten Sie entsprechend.

Sollte während des Ausdrucks das Papier im Druckereinzug ausgehen, ist dies kein Problem, solange Sie deshalb nicht den Drucker ausschalten. In dem Augenblick, wo Sie den Drucker ausschalten, verliert dieser sein „Gedächtnis". Mit anderen Worten: Sie können mit dem Ausdruck noch einmal von vorne beginnen oder müssen einzelne Datensätze noch einmal von vorne starten. In diesem Fall genügt es, das Papier wieder einzulegen und Online einzuschalten. Bei der Betätigung von Online (Ein- und Ausschalten der Druckeraktivität), behält der Drucker alle Informationen über auszudruckende Dateien.

 Zusammenfassung:

1. Sie benötigen zur Erfassung eines Serienbriefes zwei Dateien (eine Briefdatei für den eigentlichen Text und die Steuerdatei für den variablen Text).

2. Sie können am Bildschirm gleichzeitig mit zwei Dateien arbeiten, wenn Sie in **Word 5.0** über den Befehl AUSSCHNITT, TEILEN, WAAGERECHT den Bildschirm teilen oder in **Word 5.5** eine neue Datei öffnen, und damit ein zweites Fenster anlegen.

3. Zuerst wird der Brief verfaßt und an Stelle der Felder, in die variabler Text eingesetzt werden soll, werden Feldnamen eingefügt.

4. Die Feldnamen werden in spezielle Klammern gefügt, am Anfang in **Word 5.0** Ctrl-a (Strg-a) und in **Word 5.5** Ctrl-w (Strg-w) «, am Ende in **Word 5.0** Ctrl-s (Strg-s) und in **Word 5.5** Ctrl-e (Strg-e) ». Dabei werden keine Leerzeichen gelassen.

5. Ein Feldname darf keine Absatzzeichen, keine Satzzeichen, Leerzeichen oder sonstige Sonderzeichen enthalten.

6. Im zweiten Ausschnitt werden diese Feldnamen hintereinander in eine Zeile, die auch länger als eine Bildschirmzeile sein darf, geschrieben, und zwar durch Semikola oder Tabulatorzeichen (in einer Datei konsequent einheitlich) getrennt, ohne Leerzeichen dazwischen. Diese erste Zeile schließt mit einem Absatzzeichen.

7. Die verschiedenen Feldeinträge – der variable Brieftext – werden in gleicher Weise darunter geschrieben, sie dürfen jedoch beliebig lang sein und Leer- und Satzzeichen enthalten.

8. Die Zahl der Feldeinträge muß identisch mit der Zahl der Felder in der ersten Zeile/Absatz sein (entspricht Zahl der Semikola bzw. Zahl der Tabulatoren).

9. Die Steuerdatei wird gespeichert.

10. Im Brief wird jetzt in der ersten Zeile der Name der Steuerdatei eingetragen, und zwar in der Form: «steuerdatei DATEINAME».

11. Über die Option SERIENBRIEF im Menü DRUCK wird der Serienbrief in **Word 5.0** gedruckt. In **Word 5.5** geschieht dies über das Menü DATEI, SERIENDRUCK..., Option „Alle".

Hinweis:

Sollten Sie aus diesen Ausführungen zum Serienbrief nicht hundertprozentig schlau geworden sein, rate ich Ihnen, einmal die entsprechende Lektion im Lernprogramm – aufzurufen im Hilfeprogramm – durchzuspielen. Hier werden alle Schritte äußerst praxisbezogen simuliert.

5.4 Adreßetiketten drucken

Der Ausdruck von Adreßetiketten erleichtert die Bewältigung umfangreicher Korrespondenz ebenso wie die Erstellung von Serienbriefen und ist in seinem Ablauf dieser sehr ähnlich. Etiketten können eigentlich mit jedem Drucker ausgedruckt werden, allerdings sollten Sie sich unbedingt über die geeigneten Etikettenbögen informieren. Zu schnell verheddert sich ein Etikett im Gerät und kann hier großen Schaden anrichten. Es besteht aber auch die Möglichkeit, Adressen auf ein gewöhnliches Papier zu drucken und dieses dann mit Hilfe des Kopierers, der dafür geeignet sein muß, auf den Etikettenbogen zu übertragen.

Es ist ratsam, sich erst mit diesem relativ komplexen Vorgang des Adreßetikettenausdrucks zu befassen, wenn Sie die obigen Ausführungen zum Serienbrief in der Praxis routiniert realisieren können. In diesem Kapitel werden den Serienbrief-Funktionen noch einige hinzugefügt. Leider befindet sich hierzu nichts im Hilfeprogramm, so daß Sie sich gegebenenfalls zur Vertiefung eine andere Quelle erschließen müßten.

Beim erstenmal dauert das Einrichten der Dateien eventuell etwas länger. Später ist dies dann überhaupt kein Thema mehr, da Sie die Dateien ja immer wieder verwenden und kopieren können. Sie sollten für den im folgenden beschriebenen Prozeß ein wenig Zeit mitbringen und nicht unter dem Druck stehen, innerhalb kürzester Zeit ein Ergebnis herbeiführen zu müssen.

Es gibt verschiedene Etikettenbögen: einspaltige, zweispaltige, vierspaltige etc. An manchen befindet sich eine Lochkante und eine Perforation zwischen den einzelnen Bögen, andere sind Einzelbögen, so daß jeder Bogen für sich vom Drucker eingezogen werden muß.

Verfügen Sie über einen Nadeldrucker, greifen Sie am besten auf die einspaltigen Endlos-Etiketten zurück. Das erspart Ihnen die Anordnung der Adressen in Spalten. Die Spaltensatzfunktionen werden im Kapitel 5.4.1 *Die Spaltenfunktionen* behandelt. In diesem Kapitel beschränken wir uns auf das einspaltige Etikett auf Endlosbögen, das auch häufig Verwendung findet (während Laserdrucker ein DIN A4-Format mit mehreren Etikettenspalten vorziehen).

Sie benötigen zum Üben – wie beim Serienbrief – wieder eine Steuerdatei, in der sich alle Adressen befinden, die Sie später ausdrucken wollen. Greifen Sie auf Ihre Steuerdatei aus dem vorigen Kapitel zurück und löschen Sie das Feld „Begrüßung" und sämtliche Grußformeln. Achten Sie wieder darauf, daß die Zahl der Feldeinträge, erkennbar an den Semikola bzw. Tabulatoren, identisch ist mit der Zahl der Feldnamen.

In der Beispieldatei steht nach diesem Vorgang Folgendes:

```
Anrede;Name;Straße;Ort¶
Herrn; Erich Mustermann;Musterweg 3;4812 Musterstadt¶
Frau;Erika Musterfrau;Postfach 50 10 20;9000 Musterhausen 2¶
Supa IQ;- Redaktion "Zeitgeistiges" -;Kuhdamm 332;1015 Bärlin¶
```

Speichern Sie jetzt diese veränderte Datei unter einem anderen Namen, damit Sie die Steuerdatei des Serienbriefes nicht überschreiben. Außerdem greift Word immer nur auf bereits gespeicherte Dateien zurück, in diesem Falle wäre das noch die alte mit den Begrüßungsformeln.

Jetzt kommen wir zum eigentlichen „Brief". Dieses Dokument enthält nur die Feldbezeichnungen und die Formatierungen dafür. Beginnen Sie so wie bei einem Serienbrief mit der Angabe der Steuerdatei, im Beispielfall heißt sie „adrsteu.txt", dann folgen die Feldnamen. Die Angaben werden mit « und » eingerahmt. Bringen Sie den ersten Feldnamen, die „Anrede", gleich in der Zeile mit der Angabe der Steuerdatei unter, damit in dieser Zeile auch der Ausdruck beginnt und nicht erst in der darauffolgenden. Der erste Datensatz sieht folgendermaßen aus:

```
«steuerdatei adrsteu.txt»«Anrede»
«Name»
«Straße»

«Ort»
```

Wir benötigen je nach Anzahl der Etiketten auf dem Bogen eine Anzahl von weiteren Steuersätzen, in diesem Fall zum Beispiel vier. Damit Word nicht in jeden Feldnamensatz denselben Datensatz einfügt, muß hier wieder eine Angabe gemacht werden, daß bei jedem Steuersatz auf den nächsten Datensatz zurückgegriffen werden soll.

Mit anderen Worten: Damit beispielsweise nicht viermal auf dem Bogen die Adresse des werten Herrn Mustermann auftaucht, ist es nötig, eine Anweisung zu formulieren.

Solche Formulierungen sind in Word vorgesehen, zum Beispiel Wenn- und Sonst-Bedingungen. Damit lassen sich sehr komplexe Vorgehensweisen bei der Serienbrieferstellung, aber auch bei der Adressenauswahl konstruieren.

In unserem Fall heißt die Anweisung in den übrigen drei Feldnamensätzen schlicht «Nächster» und bedeutet, daß bei jedem Feldnamensatz auf den folgenden Datensatz der Steuerdatei Bezug genommen wird. So werden wir schließlich vier verschiedene Adressen in einem Bogen vorfinden. Der zweite und alle gemäß der Anzahl auf dem Etikettenbogen folgenden Feldnamensätze haben also diese Form:

```
«Nächster»«Anrede»
«Name»
«Straße»

«Ort»
```

Zum Kopieren dieses Feldnamenssatzes verwenden Sie am besten den Papierkorb.

Zur Wiederholung:

Das Gewünschte einschließlich des Absatzzeichens hinter «Ort» markieren, auf Alt-F3 drücken (in **Word 5.5** darf dazu im Menü EXTRAS, EINSTELLUNGEN... die Option „Einfg-Taste zum Überschreiben benutzen" nicht aktiviert sein). Der markierte Text ist jetzt in den Papierkorb kopiert worden. Anschließend so oft Ins (Einfg) betätigen, wie Sie den Feldnamensatz in Ihrer Datei noch benötigen.

Bevor Sie aber mit dem Kopieren starten, nehmen Sie noch eine Absatzformatierung im letzten Absatzzeichen dieses Datenblocks vor:

Damit später im Ausdruck die Adressen immer den gleichen Abstand voneinander haben, geben Sie bei jedem Satz einen sogenannten Endeabstand ein. Das bedeutet, daß sich der folgende Absatz in einem bestimmten Abstand zum vorherigen befindet. Springen Sie mit dem Cursor also auf das letzte Absatzzeichen des ersten Satzes, das hinter «Ort» im Beispiel.

Dort angekommen drücken Sie in **Word 5.0** Esc, F für FORMAT und A für ABSATZ. In dem Untermenü begeben Sie sich mit dem Cursor auf „Endeabstand:" und tippen dort eine Zeilenzahl ein (um die sechs Zeilen). Anschließend kopieren Sie diesen Feldnamensatz.

In **Word 5.5** gehen Sie über das Menü FORMAT, .ABSATZ... in die Option „Abstand, „Unterhalb:" und geben dort die gewünschte Zeilenzahl ein. Anschließend kopieren Sie diesen Feldnamensatz.

Dieses Vorgehen hat den Vorteil, daß Sie nicht nach jedem Feldnamensatz extra den Endeabstand eingeben müssen. Nachtragen müssen Sie jetzt diese Formatierung nur noch beim ersten Feldnamensatz, in dessen erster Zeile auch die Angabe der Steuerdatei steht. Kontrollieren Sie das Ergebnis in der Layoutkontrolle (Ctrl/Strg-F9).

Natürlich können Sie auch die Manipulationen des Endeabstands unterlassen und einfach Zeilenschaltungen einfügen. Dies ist aber etwas mühsam.

Hinweis:

> Im Menü FORMAT, ABSATZ(...) **beider Word-Versionen** können Sie in der Option „Endeabstand:" statt der Anzahl der Zeilen auch eine Zahl mit der Einheit cm eingeben (zum Beispiel: „Endeabstand: 3 cm). Dies rechnet das Programm dann selbständig in die Einheit pt (points) um, bei 3 cm steht bei einem nochmaligen Aufruf dieses Menüs plötzlich 85,05 pt in dem Eingabefeld. Ebenso verfährt Word auch, wenn Sie in **Word 5.0** zg (Zeilengrade) bzw. in **Word 5.5** ze (Zeilen) mit Dezimalstellen eingeben, die nicht der Fünferteilung (1 - 1,5 - 2 - 2,5 etc.) entsprechen, zum Beispiel geben Sie im Menü FORMAT ABSATZ „Zeilenabstand:" 1,2 an, und es erscheint bei einem wiederholten Aufruf des Menüs 14,4 pt in diesem Eingabefeld. Word rechnet Zentimeter in Zeilengrade und diese in Points um, sofern sie von der Fünferteilung abweichen.

Sobald Sie die Feldnamensätze vollständig auf- und die Abstandformatierungen durchgeführt haben, ist es an der Zeit, den Seitenrand etc. einzustellen. Begeben Sie sich in **Word 5.0** ins Menü FORMAT, BEREICH, SEITENRAND bzw. in **Word 5.5** ins Menü FORMAT, SEITENRÄNDER... und bestimmen Sie dort folgende Werte:

„Oben: 0"

„Unten: 0"

„Links: 1"

„Rechts: 0"

„Seitenlänge: 20,4", bzw. „Länge: 20,4" (als Beispiel; die Länge richtet sich nach der Länge des Etikettenbogens).

„Breite: 11" (Als Beispiel; die Breite richtet sich nach der Breite des Etikettenbogens zuzüglich des linken Randes).

Bei diesen Angaben können Sie die Einheit cm weglassen, Word setzt sie selbständig hinzu.

Achten Sie darauf, daß sich kein Seitenumbruch auf dieser Vorlage für den Bogen befindet. Fertigen Sie sich nun einen Probeausdruck, der mindestens drei Bögen umfaßt, positionieren Sie dabei den Bogen äußerst sorgfältig im Drucker. Drucken Sie jetzt zur Probe einzelne Datensätze über die für den Serienbrief geltenden Druckoptionen aus.

Zur Wiederholung die Tastenfolgen in den beiden Word-Versionen:

In **Word 5.0**: Esc, D für DRUCK, S für SERIENBRIEF, O für OPTIONEN und dort die gewünschten Datensätze eingeben, bestätigen und D für DRUCKER tippen. In **Word 5.5** im Menü DATEI SERIENDRUCK... aktivieren und in diesem Menü die gewünschten Datensätze eintragen.

Selbst wenn das Ergebnis bei den ersten Datensätzen in Ordnung ist, könnte es passieren, daß die letzten Datensätze nicht mehr exakt – wenn überhaupt – auf dem vorgesehenen Etikett positioniert sind. Der Text ist vielleicht nach oben oder unten gerutscht. Dies liegt an dem Seitenumbruch, der mit der Bereichslinie einhergeht. Manche Drucker haben permanent einen ganz bestimmten Papiereinzug vorgesehen, auf dem sie stur beharren. Messen Sie einmal die einzelnen Abstände der Datensätze nach. Eventuell werden Sie feststellen, daß der einzige, der aus der Reihe tanzt, derjenige zwischen dem letzten eines Bogens und dem ersten des folgenden Bogens ist. Wahrscheinlich ist er zu kurz.

Dies können Sie aber ausgleichen, indem Sie beim nächsten Endeabstand, zum Beispiel dem des ersten Satzes, etwas mehr als bei den anderen einsetzen (ein oder zwei Zeilen). Die folgenden Adressen rutschen dann wieder etwas nach unten, und wenn dann beim nächsten Seitenumbruch wieder etwas gekappt wird, ist noch genügend Spielraum vorhanden, so daß sich die Adreßzeilen auch weiterhin auf die für sie vorgesehenen Etikettenschilder beschränken.

Bei diesem Prozeß müssen Sie ein wenig Geduld beim Probieren aufbringen. Word ist hier leider noch nicht so ausgefeilt, daß es zum Beispiel die Abstände der Adressen selbst bestimmen könnte, nachdem wir lediglich die Etikettenformate angegeben hätten.

Der Aufwand lohnt sich jedoch, zumal er sich auch nur selten ergeben dürfte. Sind die beiden Dateien, die Serienbrief- und die Steuerdatei erst einmal fertig, stehen Sie zur erneuten Verwendung jederzeit zur Verfügung. Also: einmal kräftig auf den Hosenboden gesetzt und ab geht die Post!

Zusammenfassung:

1. Verändern Sie die Steuerdatei Ihres Serienbriefes so, daß nur noch die Adressenfelder übrigbleiben, oder legen Sie eine Steuerdatei mit Adressen an.

2. Das Dokument, aus dem heraus der Druckvorgang zum Drucken der Adressen gestartet wird (Serienbriefdatei), enthält lediglich die Angabe der Steuerdatei («steuerdatei DATEINAME») und die richtig angeordneten Adressenfelder bzw. Feldnamen «Anrede» etc.)

3. Die Serienbriefdatei muß soviele Feldnamensätze (Steuersätze) enthalten, wie sich Etiketten auf einem Bogen befinden.

4. Damit Word weiß, daß in jeden Steuersatz neuer Datensatz eingefügt werden sollen, muß am Anfang jedes – mit Ausnahme des ersten – Steuersatzes «Nächster» eingefügt werden.

5. Die Angaben der Feldnamen müssen genau mit denen in der Steuerdatei übereinstimmen, ebenso die Anzahl der Felder in den einzelnen Datensätzen der Steuerdatei mit der Anzahl der Feldnamen in der ersten Zeile.

6. Beide Dateien müssen gespeichert werden, besonders wichtig ist dabei das Speichern der Steuerdatei, sonst übernimmt Word beim Ausdruck eventuell veraltete Versionen dieser Datei.

7. Legen Sie den Etikettenbogen in den Drucker ein, beachten Sie dabei die genaue Positionierung, da der mechanische Papiereinzug des Druckers in der Regel breiter sein dürfte als ein einspaltiger Etikettenbogen. Merken Sie sich also einen bestimmten rechten oder linken Abstand vom Einzugsrand. Jede Abweichung in der Zukunft führt zu einer veränderten Positionierung der Adressen auf den Etiketten.

8. Legen Sie in **Word 5.0** im Menü FORMAT, BEREICH, SEITENRAND und in **Word 5.5** über FORMAT, SEITENRÄNDER... Folgendes fest:

   Oben: 0 cm   Unten: 0 cm
   Links: 2 cm   Rechts: 0 cm
   Seitenlänge: bzw. Länge: (tragen Sie die Länge des einzelnen Etiketten- bogens ein)
   Breite: (tragen Sie die Breite des einzelnen Etiketts zuzüglich des linken Randes ein)

Die Angabe des linken Randes hängt davon ab, welchen Schreibrand sich der Drucker wählt, die Angaben im Rechner können hier von dem schließlich realisierten Ausdruck abweichen – also: ausprobieren!

9. Geben Sie in der Serienbriefdatei am letzten Absatzzeichen jeweils einen Endeabstand ein, dazu drücken Sie in **Word 5.**0 jeweils: Esc, F für FORMAT, A für ABSATZ, springen auf „Endeabstand:". In **Word 5.**5 begeben Sie sich über FORMAT, ABSATZ... zur Option ABSTAND nach „Unterhalb:" und tippen dort nur eine Zeilenzahl ein, die Sie dann mit der Eingabetaste bestätigen.

10. Fertigen Sie einen Probeausdruck, indem Sie einzelne Datensätze ausdrucken, über mindestens drei Bögen an, kontrollieren Sie das Ergebnis und besonders Veränderungen in der Adreßpositionierung an den Seitenumbrüchen bzw. an den Perforationskanten.

11. Kommt es an den Perforationen zu Verschiebungen, gleichen Sie die an einem anderen Feldnamensatz mit Hilfe des Endeabstandes wieder aus (ist irgendwo ein Abstand im Vergleich zu den anderen zu klein, vergrößern Sie einen anderen dafür).

12. Haben Sie viel Geduld beim Probieren!

Hinweis:

Es ist vorteilhafter, nie mehr als ca. fünfzig Adressen in einer Adressendatei zu speichern. Erstens läßt sich der Druck nicht so leicht unterbrechen, wenn die Datei groß ist und erst nach den noch ungedruckten Datensätzen gesucht werden muß. Zweitens kann es trotz allen Herumprobierens zu Verschiebungen kommen, die sich im Druckverlauf nur noch verstärken. Sie haben einfach eine bessere Kontrolle, wenn die Adreßdateien etwas kleiner sind.

5.4.1 Die Spaltenfunktionen

Sobald Sie einen Fließtext zwei- oder mehrspaltig zu formatieren haben, ist es sinnvoll, dies mit der dafür vorgesehenen Funktion zu erledigen und sich nicht mit Leerzeichen oder Tabulatoren abzuquälen.

Das zuständige Menü erhalten Sie in **Word 5.**0 über FORMAT, BEREICH, LAYOUT.

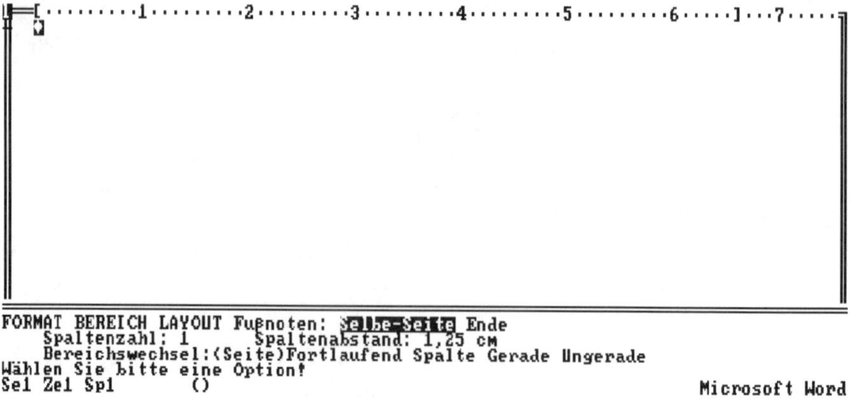

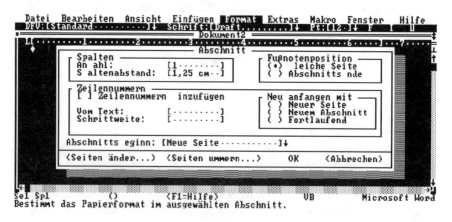

Abbildung 5.5: Menü FORMAT, BEREICH, LAYOUT in Word 5.0

In **Word 5.5** gehen Sie über FORMAT, .ABSCHNITT...

Abbildung 5.6: Menü FORMAT, ABSCHNITT... in Word 5.5

Wichtig sind hier die Optionen „Spaltenzahl:", „Spaltenabstand:" und „Bereichs-wechsel:" in **Word 5.0** oder analog in **Word 5.5** „Anzahl:", „Spaltenabstand:" und das Optionsfeld „Abschnittsbeginn".

Erläuterungsbedürftig erscheint mir hier lediglich die letztgenannte Option. Bei „Bereichswechsel:" bzw. „Abschnittsbeginn" (Abschnitt und Bereich sind identisch) bestimmen Sie mit „Seite" (**Word 5.0**) bzw. „Neue Seite" (**Word 5.5**), ob nach einer Bereichslinie (Abschnittslinie) eine neue Seite beginnt, oder mit „Fortlaufend", ob keine neue Seite beginnt. Ferner regeln Sie, ob nach der Abschnitts- bzw. Bereichsbegrenzung eine neue „Spalte" beginnt, und ob das neue Bereichsformat bzw. Abschnittsformat nur auf geraden oder ungeraden Seiten beginnt.

Wenn Sie über einen zweispaltigen Text eine Überschrift über eine ganze Seitenbreite installieren möchten, müssen Sie unter die Überschrift eine Bereichslinie legen.

Zur Wiederholung:

In **Word 5.0** erledigen Sie das mit der Kombination Ctrl-Eingabetaste (Strg-Eingabetaste), in **Word 5.5** über EINFÜGEN, .WECHSEL..., „Abschnitt" bestätigen, dann Eingabetaste oder Mausklick auf <OK>.

In diesem ersten Bereich nehmen Sie alle Formatierungen vor, die für den Text gelten, der sich über dem zweispaltigen befindet (Seitenränder). Nach der Bereichslinie, in Bereich 2, wird der zweispaltige Text über FORMAT, BEREICH, LAYOUT in **Word 5.0** und in **Word 5.5** über FORMAT, ABSCHNITT... formatiert. Automatisch erscheint eine weitere Bereichslinie, hinter der dann die Formatierungen aus Bereich/Abschnitt 2 nicht mehr gelten. In Bereich 3 können Sie zum Beispiel mit Hilfe des Papierkorbs die Bereichs-/Abschnittslinie von Bereich/Abschnitt 1 kopieren. So stehen Ihnen in Bereich/Abschnitt 3 wieder alle Bereichs-/Abschnittsformatierungen aus Bereich/Abschnitt 1 zur Verfügung.

Word geht gemäß seiner Vorgabe davon aus, daß mit dem Bereichs-/Abschnittswechsel auch ein Seitenumbruch vorgenommen wird. Da aber alle Bereiche auf derselben Seite gelten sollen, müssen Sie diese Vorgabe ändern. Dazu bestimmen Sie im **Word 5.0**-Menü FORMAT, BEREICH, LAYOUT bei „Bereichswechsel:" „(Fortlaufend)" und im **Word 5.5** Menü EINFÜGEN, WECHSEL... nehmen Sie bei „Art des Abschnittwechsels:" die Einstellung „Fortlaufend" vor. Kontrollieren Sie das Ergebnis in der Layoutkontrolle (Ctrl/Strg-F9).

Sie können auch alle Bereiche gleichzeitig formatieren, indem Sie sie markieren und dann die entsprechenden Einstellungen vornehmen. Wenn in einigen Feldern nichts eingetragen ist, gelten für diese Optionen die zuvor getroffenen Einstellungen.

Nehmen Sie zum Test des zweispaltigen Satzes irgendeinen Text und formatieren Sie im **Word 5.0**-Menü FORMAT, BEREICH, LAYOUT „Spaltenzahl: 2", „Spaltenabstand: 3 cm. In **Word 5.5** geben Sie diese Werte im Menü FORMAT, .ABSCHNITT... unter „Spalten" bei „Anzahl: 2" und bei „Spaltenabstand: 3 cm" ein. Schauen Sie jetzt in die Layoutkontrolle, und Sie werden feststellen, daß Ihr Text zweispaltig erscheint, wobei Seitenumbrüche wie üblich berücksichtigt werden. Unter Umständen ist auf der letzten Seite ein Teil der rechten Spalte freigeblieben. Wenn Sie nur ganz bestimmte Textteile auf der rechten Seite haben wollen, definieren Sie diesen sogenannten Spaltenumbruch in **Word 5.0** mit der Tastenkombination Ctrl-Alt-Eingabetaste (Strg-Alt-Eingabetaste), in **Word 5.5** mit der Tastenkombination Ctrl(Strg)-Umschalttaste-Eingabetaste. Eine gepunktete Linie erscheint, eventuell wird der Textausschnitt auf dem Bildschirm schmaler.

In der Bildschirmdarstellung erkennen Sie nicht soviel von dieser zweispaltigen Formatierung. Im normalen Modus, wenn die Layoutfunktion (Alt-F4 in **Word 5.0**, in **Word 5.5** über das Menü ANSICHT, LAYOUT) nicht aktiviert ist, stehen die Spaltentexte lediglich durch die gepunktete Linie getrennt untereinander. Im Layout-modus (LY erscheint unten rechts unter dem Schreibfeldrahmen) erkennen Sie eventuell je nach Bildschirm zwei nebeneinanderliegende Spalten. Nur in diesem Modus, wenn Alt-F4 aktiviert ist, können Sie mit Ctrl-5 (Strg-5) in **Word 5.0** und mit Alt-5 in **Word 5.5** von einer Spalte zur anderen springen. Sonst ist das Bewegen im mehrspaltigen Text im Layoutmodus etwas verwirrend.

Innerhalb einer Spalte können Sie Text genauso ausrichten (zentrieren, rechtsbündig etc.) und weiterverarbeiten wie in einem ganzseitig gesetzten Text. Leider erkennen Sie nicht viel davon auf dem Bildschirm. Fertigen Sie also immer wieder Probeausdrucke.

Die Zweispaltigkeit heben Sie wieder auf, indem Sie entweder die Bereichslinie, in der ja alle Bereichsinformationen stecken, löschen oder indem Sie im entsprechenden Menü bei „Spaltenzahl:" bzw. „Spalten", „Anzahl:" 1 angeben.

Diese Funktion eignet sich nicht für Tabellen, dazu ist die Bildschirmdarstellung zu unübersichtlich. Sie sehen so gut wie gar nicht, ob ein Textelement der rechten Seite auf gleicher Höhe mit einem bestimmten Textelement der linken Seite ist. Tabellen wenden wir uns in Kapitel 6. *Tabellen erstellen und berechnen mit Word* zu.

Zusammenfassung:

1. Ein Text kann mehrspaltig gesetzt werden, dazu begeben Sie sich in **Word 5.0** ins Menü FORMAT, BEREICH, LAYOUT, in **Word 5.5** über das Menü FORMAT, ABSCHNITT..., in das Feld „Spalten" und tragen dort die gewünschte Spaltenzahl und den Spaltenabstand ein.

2. Sie haben an jeder beliebigen Textstelle die Möglichkeit, einen Spaltenumbruch einzufügen, und zwar mit Ctrl(Strg)-Alt-Eingabetaste in **Word 5.0** und mit Ctrl(Strg)-Umschalttaste-Eingabetaste in **Word 5.5**. Ab dieser Stelle erscheint der folgende Text in der nächsten Spalte.

3. Mehrspaltiger Text ist genauso zu bearbeiten wie ganzseitiger, er verfügt jedoch lediglich über die Spaltenbreite, was Sie zum Beispiel bei der Wahl der Schriftgröße berücksichtigen müssen.

4. Die Bildschirmdarstellung bei mehrspaltigem Satz ist miserabel. Weder sind alle oder wenigstens zwei Spalten auf einmal erkennbar, noch ist immer unbedingt ersichtlich, wieviel Text genau in eine Zeile paßt. Greifen Sie aus diesem Grund öfter auf die Layoutkontrolle (Ctrl/Strg-F9) zurück und arbeiten Sie mit Probeausdrucken.

5. Mit der Layoutfunktion (in **Word 5.0** mit Alt-F4, in **Word 5.5** über ANSICHT, LAYOUT zu aktivieren) erhalten Sie eine Darstellungsweise des mehrspaltigen Textes, die sich der im Ausdruck annähert. Sonst liegen die Spalten untereinander.

6. Sie können mehrere unterschiedlich formatierte Bereiche bzw. Abschnitte auf einer Seite unterbringen. In **Word 5.0** bestimmen Sie dazu im Menü FORMAT, BEREICH, LAYOUT „Bereichswechsel: (Fortlaufend)" und richten neue, anders formatierte Bereiche mit Ctrl-Eingabetaste (Strg-Eingabetaste) ein. Es erscheint die Doppellinie, die den Bereich abgrenzt.

   In **Word 5.5** bestimmen Sie im Menü EINFÜGEN, WECHSEL... unter „Art des Abschnittwechsels:" „Fortlaufend" und richten anschließend einen neuen, anders formatierten Abschnitt ein.

7. Bereichs- bzw. Abschnittsformatierungen sind zu löschen, indem einfach die Doppellinie gelöscht wird oder in den einzelnen Menüs die betreffenden Einstellungen rückgängig gemacht werden.

5.4.2 Zwei- und mehrspaltiger Adressendruck

Ihnen steht jetzt ein Etikettenbogen im DIN A4-Format zur Verfügung, auf dem sich zwei Reihen Etiketten befinden.

Sie benötigen wieder eine Steuerdatei mit ca. zehn bis fünfzehn Adressen und eine Datei, in der alle Angaben zum Format und zu den betreffenden Feldnamen enthalten sind. Sie können zum Üben die Steuerdatei aus dem vorigen Kapitel verwenden, oder Sie legen sich gegebenenfalls eine an, in der zum Beispiel die folgende erste Zeile steht:

```
Anrede;Name;Straße;Ort
```

Danach folgen wieder die Mustermänner:

```
Anrede;Name;Straße;Ort¶
Herrn; Erich Mustermann;Musterweg 3;4812 Musterstadt¶
Frau;Erika Musterfrau;Postfach 50 10 20;9000 Musterhausen 2¶
Supa IQ;- Redaktion "Zeitgeistiges" -;Kuhdamm 332;1015 Bärlin¶
```

Speichern Sie diese Datei ab, damit Word beim Ausdruck darauf zugreifen kann. Im Beispielfall wird die Steuerdatei adrsteu.txt genannt.

Im Adressendokument müssen soviele Feldnamensätze vorhanden sein, wie sich Etikettenschildchen auf dem Bogen befinden. Der erste Satz und die folgenden sehen bezüglich der Beispiel-Steuerdatei so aus:

```
«steuerdatei adrsteu.txt»«Anrede»
«Name»
«Straße»

«Ort»


«Nächster»«Anrede»
«Name»
«Straße»

«Ort»
```

usw.

```
. . . . . . . . . . . . . . . . . . . . . . . . . . . . . . . .
```

```
«Nächster»«Anrede»
«Name»
```

«Straße»

«Ort»

usw.

Wie Sie sehen, ist die einzelne Adresse so angeordnet, wie sie auch im Ausdruck aussehen soll, ein Spaltenumbruch (Alt-Ctrl-Eingabetaste in **Word** 5.0 und in **Word** 5.5 Ctrl(Strg)-Umschalttaste-Eingabetaste) ist eingefügt.

Die Datei wird in **Word** 5.0 über Esc, F für FORMAT, B für BEREICH, L für LAYOUT, „Spaltenzahl:2" zweispaltig formatiert. In **Word** 5.5 geschieht dies über FORMAT, ABSCHNITT, im Feld „Spalten" wird bei „Anzahl:" 2 eingetragen. „Spaltenabstand:" ist null.

Sind zum Beispiel in jeder Spalte sieben Etikettenschildchen vorhanden, werden pro Spalte sieben Feldnamensätze in die Datei geschrieben. Diese sind durch einfaches Kopieren mit Hilfe des Papierkorbes zu vervielfältigen. Nur in der ersten Zeile steht die Angabe zur Steuerdatei. In den folgenden Datensätzen nehmen Sie die Anweisung «Nächster» auf, eine Anweisung an Word, bei jedem Feldnamensatz auf den nächsten Datensatz der Steuerdatei zurückzugreifen, und nicht einen Bogen auszudrucken, auf dem eine einzige Adresse zum Beispiel vierzehnmal wiederholt wird, wobei dies auch sinnvoll sein kann. Wollen Sie also eine einzige Adresse mehrmals ausgedruckt haben, lassen Sie die «Nächster»-Anweisung weg.

Die Abstände zwischen den einzelnen Feldern werden über die Option „Endeabstand" im Menü FORMAT, ABSATZ(...) oder durch Zeilenschaltungen vorgenommen. Es ist jedoch rationeller, vor dem Kopieren eines Feldnamensatzes die entsprechende Formatierung des Endeabstands vorzunehmen, um diese dann gleich mitzukopieren. Begeben Sie sich auf das letzte Absatzzeichen eines Feldnamensatzes, von dort ins Untermenü FORMAT, ABSATZ(...) und tippen Sie eine Zeilenzahl ein, die dann den Abstand zwischen diesem Absatzzeichen und dem folgenden Absatz bestimmt. Statt der Eingabe der Zeilenzahl können Sie auch eine Angabe mit der Einheit Zentimeter vornehmen.

Fehlen noch die Seitenrand-Formatierungen. Geben Sie im **Word** 5.0-Menü FORMAT, BEREICH, SEITENRAND bzw. im **Word** 5.5-Menü FORMAT, SEITENRÄNDER... alle notwendigen Werte ein. Die Breite ist die Breite des Etikettenbogens, den linken und rechten Rand müssen Sie gemäß der Druckervoreinstellungen und der Textbreiten im Verhältnis zu der Etikettenbreite abwägen.

Wenn Sie dieses langwierige Formatierungsprogramm bewältigt haben, führen Sie einen Probeausdruck durch und sehen Sie sich das Ergebnis an. Stimmt der Rand, sind die einzelnen Adressen richtig positioniert, wo könnte nachgebessert werden? Nehmen Sie Korrekturen vor und begutachten Sie das Ergebnis nochmals.

Mehrspaltige Etikettenbögen sind meistens Einzelbögen, die vom Drucker auch einzeln eingezogen werden. Damit dürften sich die Formatierungen auf jeder Seite gleich auswirken.

Bei Endlospapier kommt es vor, daß am fiktiven Seitenumbruch, der Perforation, der Drucker eigene Vorstellungen darüber hat, wie er an diesen Stellen Abstände zwischen Datensätzen berücksichtigt. Sie haben hier wenig Chancen, sich irgendwie einmischen zu können. Versuchen Sie lediglich, die fehlenden Zentimeter oder Millimeter an anderer Stelle in einem Endeabstand wieder hinzuzufügen. Je öfter sich eine Verschiebung wiederholt, umso größer wird sie, bis schließlich die Adressen nicht mehr korrekt ausgedruckt werden.

 Zusammenfassung:

1. Sie benötigen wieder eine Steuerdatei und eine Serienbriefdatei, in der die Formatierungen und Positionierungen der Feldnamensätze vorgenommen werden.

2. Das Dokument, aus dem heraus der Druckvorgang zum Drucken der Adressen gestartet wird (Serienbriefdatei), enthält lediglich die Angabe der Steuerdatei («steuerdatei DATEINAME») und die richtig angeordneten Adressenfelder bzw. Feldnamen, «Anrede» etc.)

3. Die Serienbriefdatei muß so viele Feldnamensätze enthalten, wie sich Etiketten auf einem Bogen befinden.

4. Damit Word weiß, daß in jeden Feldnamensatz ein neuer Datensatz eingefügt werden soll, muß am Anfang jedes – mit Ausnahme des ersten – Datensatzes «Nächster» eingefügt werden.

5. Geben Sie in der Serienbriefdatei am letzten Absatzzeichen jeweils einen Endeabstand ein, dazu drücken Sie in **Word 5.0** jeweils: Esc, F für FOR-MAT, A für ABSATZ, springen auf „Endeabstand:" und tippen dort nur eine Zeilenzahl ein, die Sie dann mit der Eingabetaste bestätigen. In **Word 5.5** erledigen Sie dies im Menü FORMAT, ABSATZ..., unter „Abstand", „Unterhalb:".

6. Die Angaben der Feldnamen müssen genau mit denen in der Steuerdatei übereinstimmen, ebenso die Anzahl der Felder in den einzelnen Datensätzen der Steuerdatei mit der Anzahl der Feldnamen in der ersten Zeile.

7. Beide Dateien müssen gespeichert werden. Besonders wichtig ist dabei das Speichern der Steuerdatei, sonst übernimmt Word beim Ausdruck eventuell veraltete Versionen dieser Datei beim Ausdrucken.

8. Legen Sie die Zwei- oder Mehrspaltigkeit im **Word 5.0**-Menü FORMAT, BEREICH, LAYOUT, im **Word 5.5**-Menü FORMAT, ABSCHNITT... unter „Spalten" fest. Fügen Sie einen Spaltenumbruch ein (in Word 5.0 mit der Tastenkombination Ctrl(Strg)-Alt-Eingabetaste, in Word 5.5 über die Tastenkombination Ctrl(Strg)-Umschalttaste-Eingabetaste.

9. Nehmen Sie im **Word 5.0**-Menü FORMAT, BEREICH, SEITENRAND und im **Word 5.5**-Menü FORMAT, SEITENRÄNDER... alle notwendigen Formatierungen vor.

10. Fertigen Sie einen Probeausdruck eines Bogens. Beim Einzelblatteinzug sieht ein Bogen wie der andere aus, bei Endlospapier drucken Sie über mindestens drei Bögen aus. Kontrollieren Sie das Ergebnis und besonders Veränderungen in der Adreßpositionierung an den Seitenumbrüchen bzw. an den Perforationskanten.

11. Kommt es an den Perforationen zu Verschiebungen, gleichen Sie die an einem anderen Datensatz mit Hilfe des Endeabstandes wieder aus (ist irgendwo ein Abstand im Vergleich zu den anderen zu klein, vergrößern Sie einen anderen dafür).

12. Haben Sie viel Geduld beim Probieren!

5.5 Sortierfunktionen

Word stellt Ihnen eine Funktion zur Verfügung, mit der Sie Listen, Datensätze und Tabellen sortieren können. Sie benötigen hierfür die Funktion Spaltenmarkierung.

Rufen Sie zum Üben eine Steuerdatei mit Adressen oder irgendeine andere Liste auf. Drücken Sie nun in **Word 5.0** Umschalttaste-F6, in **Word 5.5** drücken Sie Crtl(Strg)-Umschalttaste-F8. Rechts unterhalb des Schreibfeldrahmens erscheint SM für Spaltenmarkierung. Testen Sie die Arbeitsweise dieser Funktion. Begeben Sie sich hierfür vor dem Einschalten der Spaltenmarkierung auf das linke obere Zeichen, der Spalte, die Sie markieren möchten, von dort führen Sie den Cursor über die Spaltenbreite.

Der Cursor zieht einen Markierungsbalken hinter sich her, ebenso wenn Sie jetzt die Spalte nach unten hin markieren. Wiederholtes Drücken der Tastenkombination Umschalttaste-F6 bzw. Ctrl(Strg)-Umschalttaste-F8 schaltet die Funktion Spaltenmarkierung wieder aus. Statt mit dem Cursor können Sie die Spalte auch durch Ziehen mit der Maus, aber ebenfalls bei eingeschalteter Spaltenmarkierungsfunktion, markieren.

Möglicherweise bildet Ihre Steuerdatei oder Liste gar keine ordentlichen Spalten, und selbst wenn pro Datensatz immer eine Bildschirmzeile ausgereicht hätte – was nicht der Fall sein muß – stehen vielleicht die zur Sortierung relevanten Daten (Ort, Postleitzahl oder Nachname) nicht richtig ausgerichtet untereinander. Dies könnte zum Beispiel so aussehen:

```
Anrede;Name;Straße;Ort¶
Herrn;Erich Mustermann;Musterweg 3;4812 Musterstadt¶
Frau;Erika Musterfrau;Postfach 50 10 20;9000 Musterhausen 2¶
Supa IQ;- Redaktion "Zeitgeistiges" -;Kuhdamm 332;1015 Bärlin¶
Herrn;Dieter Gustav;Gartenstraße 8;8090 Sowieso¶
IWT Verlag GmbH;Bahnhofstr. 36;8011 Vaterstetten¶
Frau;Myrna Minkoff;Hauptpostlagernd;New York - U. S. A.¶
```

Hinweis:

Zum Sortieren muß jeder Datensatz einer Liste mit einem Absatzzeichen abschließen.

Am besten wäre es für den Fall, daß Sie Ihre Adressendatei gerne alphabetisch nach den Nachnamen bzw. Firmennamen sortiert haben möchten, wenn die Daten anders angeordnet wären. Dazu müßte der Nachname ganz vorne am linken Rand stehen. Dann folgt der Vorname, dann die Anrede, der Rest bleibt, wie er ist. Eine solche Anordnung ist für Word kein Problem, auch wenn im Brief selbst erst die Anrede, dann der Vorname, dann der Nachname steht, also genau umgekehrt. Es wird alles richtig eingefügt. In den obigen Datensatz müßte ich jetzt noch den Feldnamen „Vorname" einfügen, die Feldeinträge ebenfalls durch Semikola vom Nachnamen abtrennen und dann das ganze entsprechend umstellen. Nicht zu vergessen wäre, daß «Vorname» jetzt auch an der richtigen Stelle im Adreßfeld des Briefes untergebracht werden muß. Die Beispiel-Steuerdatei sieht nach diesem Prozeß folgendermaßen aus:

```
Name;Vorname;Anrede;Straße;Ort¶
Mustermann;Erich;Herrn;Musterweg 3;4812 Musterstadt¶
Musterfrau;Erika;Frau;Postfach 50 10 20;9000 Musterhausen 2¶
Supa IQ;- Redaktion "Zeitgeistiges" -;Kuhdamm 332;1015 Bärlin¶
Gustav;Dieter;Herrn;Gartenstraße 8;8090 Sowieso¶
IWT Verlag GmbH;Bahnhofstr. 36;8011 Vaterstetten¶
Minkoff;Myrna;Frau;Hauptpostlagernd;New York - U. S. A.¶
```

Jetzt ist das Sortieren ganz einfach:

Stellen Sie den Cursor auf das erste Zeichen der zweiten Zeile – die erste Zeile soll ja nicht mitsortiert werden –, schalten Sie die Spaltenmarkierung mit der in **Word 5.0** Umschalttaste-F6, in **Word 5.5** mit Ctrl(Strg)-Umschalttaste-F8 ein, laufen Sie mit dem Cursor ca. fünfzehn Zeichen nach rechts und dann bis ans Ende der Datei. Sie können auch die gesamte Datei, bis auf die erste Zeile, markieren.

Anschließend rufen Sie in **Word 5.0** das Menü BIBLIOTHEK, SORTIEREN auf, akzeptieren die Voreinstellungen „Nur Spalte: (Nein)", das heißt, es wird nicht nur die markierte Spalte sortiert, sondern der gesamte Datensatz bis zum nächsten Absatzzeichen nachgezogen, „Graphie: (Nein)", das heißt, es wird Groß- oder Kleinschreibung nicht berücksichtigt bei der Sortierung, und „Folge: (Steigend)", das heißt von A-Z (alphanumerisch) oder von 0-.... (numerisch).

In der ersten Zeile des Menüs müßte „Alphanumerisch" bestätigt sein.

In **Word 5.5** rufen Sie das entsprechende Menü über EXTRAS, .SORTIEREN... auf. Hier bestimmen Sie zuerst die Sortierreihenfolge, aufsteigend (von 1 bis ... oder von A-Z) oder absteigend. Unter „Sortierart" können Sie auswählen, ob nach numerischen Daten sortiert werden soll (zum Beispiel Postleitzahlen) oder nach alphabetischen (Namen). „Nur Spalte markieren" fragt danach, ob nur die markierte Spalte sortiert und anders angeordnet werden soll, ohne den weiteren Text in seiner Position zu verändern, oder nicht. „Groß-/Kleinschreibung beachten" sorgt bei Aktivierung dafür, daß Großbuchstaben Vorrang vor gleichlautenden Kleinbuchstaben haben.

Das Ergebnis der Sortieroperation ist folgendes:

```
Name;Vorname;Anrede;Straße;Ort¶
Abelman Kurz- und;Schnittwaren;Kansas City, Missouri;U.S.A.¶
Gustav;Dieter;Herrn;Gartenstraße 8;8090 Sowieso¶
IWT Verlag GmbH;Bahnhofstr. 36;8011 Vaterstetten¶
Minkoff;Myrna;Frau;Hauptpostlagernd;New York - U. S. A.¶
Musterfrau;Erika;Frau;Postfach 50 10 20;9000 Musterhausen 2¶
Mustermann;Erich;Herrn;Musterweg 3;4812 Musterstadt¶
Supa IQ;- Redaktion "Zeitgeistiges" -;Kuhdamm 332;1015 Bärlin¶
```

Hinweis:

> Wenn Sie eine Steuerdatei einrichten, sollten Sie sich vorher klarmachen, ob Sie diese Liste zukünftig noch nach bestimmten Kriterien sortieren möchten. Die zur Sortierung wichtigen Daten sollten so angeordnet werden, daß eine ungefähre Spaltenmarkierung möglich wird. Word ist es gleichgültig, ob die Reihenfolge der Feldeinträge bzw. Feldnamen in der Steuerdatei mit der Reihenfolge des Auftauchens im Serienbrief übereinstimmt, alles wird korrekt zugeordnet, sofern die Feldnamen übereinstimmen. Eine ungefähre Markierung der zu sortierenden Daten reicht meist schon aus, um eine Liste richtig zu sortieren, trotzdem sollte bei längeren Listen mit unterschiedlich langen Einträgen die Sortierung dahingehend noch einmal überprüft werden, ob sie nicht rechts oder links in ein fremdes Feld hineinragt.

Es gibt viele Möglichkeiten, mit dieser Sortierfunktion zu einem passablen Ergebnis zu kommen. Lassen Sie ein wenig Ihre Phantasie spielen.

6 Tabellen erstellen und berechnen mit Word

6.1 Gestalten von Tabellen

Zum Erstellen von Tabellen benötigen Sie Tabulatoren, deren Handhabung in Word anfangs ein wenig umständlich erscheint, ihre Anwendung ist aber nur eine Frage der Routine.

Ein Tabulator oder Tabstop markiert feste Abstände zwischen Texteingabepositionen. Sie müssen also zum Beispiel zwischen Tabelleneinträgen keine Leerzeichen setzen, was äußerst mühsam und unübersichtlich wäre. Sie setzen einfach einen Tabstop an dem Punkt, an dem eine bestimmte Texteingabe erfolgen soll und springen diesen dann beim Eingeben mit der Tabulatortaste (über Ctrl bzw. Strg) an. Hierbei können Sie auch den Eingabemodus bestimmen. Das heißt, Sie regeln, ob der Text an der Eingabeposition vom Tabstop aus links oder rechts, zentriert oder dezimal ausgerichtet werden soll, oder ob am Tabstop eine vertikale (senkrechte) Linie gezogen werden soll.

Sie benötigen beim Arbeiten mit Tabulatoren unbedingt das eingeblendete Zeilenlineal, das den oberen Schreibfeldrahmen begrenzt und auf dem Sie die Positionen der einzelnen Tabulatoren erkennen können.

Zur Wiederholung:

In **Word 5.0** begeben Sie sich ins Menü ZUSÄTZE und nehmen die Einstellung „Zeilenlineal: (Ja)" vor oder Sie klicken mit der linken Maustaste auf die rechte obere Ecke des Schreibfeldrahmens. In **Word 5.5** bestätigen Sie im Menü ANSICHT die Option „Lineal" oder drücken Ctrl(Strg)-Umschalttaste-F10. Wenn Sie mit der Maus arbeiten, klicken Sie in **Word 5.5** mit der linken Maustaste auf dieses Symbol oberhalb der Bildlaufleiste: ⊥.

Sie haben die Auswahl zwischen:

– linksbündigem Tabulator: setzt an der Einfügestelle den Text mit Ausrichtung links am Tabstop ein;

– rechtsbündigem , rechtsbündigTabulator: setzt an der Einfügestelle den Text mit Ausrichtung rechts am Tabstop ein;

– vertikalem Tabulator: zeichnet am Tabstop eine vertikale Linie, die sich bei Einfügungen nicht verschiebt;

– zentriertem Tabulator: alle Einfügungen richten sich ausgehend vom Tabstopp in zwei Richtungen gleichmäßig aus;

– dezimalem Tabulator: Dezimalzahlen werden am Tabstop am Komma ausgerichtet.

Diese verschiedenen Tabulatorarten erleichtern die Positionierung des Textes in einem Tabellenfeld enorm. Sie werden auf dem Zeilenlineal durch ihre Anfangsbuchstaben symbolisiert.

Damit Sie diese Ausführungen auch praktisch nachvollziehen können, erstellen Sie sich am besten eine Tabelle. Das Beispiel enthält eine Arbeitszeiterfassung, in der aber alle Eintragungen in dezimaler Form vorgenommen werden (dazu müssen lediglich die Minuten durch sechzig geteilt werden). Word ist zwar in der Lage Tabellen auszurechnen, vermag aber nicht, ein Zahlensystem, das auf Stunden und Minuten basiert, auf das dezimale System umzurechnen. Das erledigen wir also vorweg. Zur Vereinfachung nehmen wir eine Übersicht über die dezimalen Werte von Minuten in das Formular mit auf.

Schreiben Sie die vertikalen und horizontalen Tabellenfeldbezeichnungen einfach hintereinander weg, ohne auf Abstände zu achten. Fügen Sie jedoch in der horizontalen Leiste keine Leerzeichen ein, sondern betätigen Sie lediglich die Tabulatortaste. Bedenken Sie dabei, daß auch schon die erste Spaltenüberschrift eingerückt sein muß, wenn die Zeilen – wie in der folgenden Abbildung – bezeichnet werden. Lassen Sie sich nicht irritieren, wenn die horizontale Leiste mit den Spaltenüberschriften in die zweite Zeile rutschen sollte.

Abbildung 6.1: Tabelle 1 in Word 5.5.

Jetzt wird noch die Übersicht über die Dezimalwerte für Minuten im Fünf-Minuten-Abstand daruntergeschrieben.

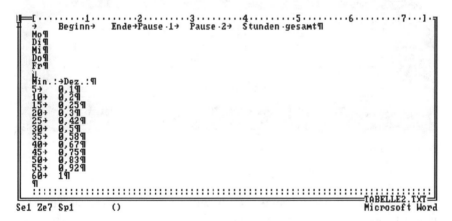

Abbildung 6.2: Tabelle 2 in Word 5.0.

Das sieht insgesamt relativ unordentlich aus. Begeben wir uns also daran, diese Tabellen zu gestalten.

Das Setzen bzw. Löschen von Tabstop-Positionen kann in beiden Word-Versionen auf zweierlei Arten geschehen: entweder in **Word 5.0** über das Menü FORMAT, TABU-LATOR bzw. im **Word 5.5**-Menü FORMAT, .TABSTOPS... oder direkt im Zeilen-lineal.

Abbildung 6.3: Word 5.0-Menü FORMAT, TABULATOR

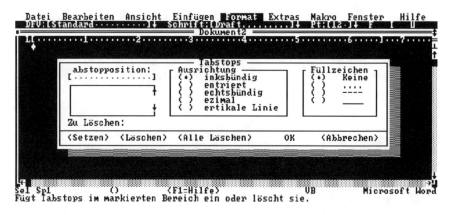

Abbildung 6.4: Word 5.5-Menü FORMAT, TABSTOPS.....

Im Eingabefeld der Menüs (in **Word 5.0** taucht es auf, nachdem Sie SETZEN bestätigt haben) sind die Tabstop-Positionen in cm einzugeben, was ausgesprochen unpraktisch sein kann. Wenn Sie am Bildschirm arbeiten, denken Sie eher in „Zeichen": zum Beispiel für eine Stundenangabe fünf Zeichen (zwei vor dem Komma, das Komma selbst und zwei Zeichen nach dem Komma). Aus diesem Grunde ist das Arbeiten im Lineal wesentlich praktischer.

In unserer Tabelle benötigen wir in der ersten Reihe mit den Spaltenbezeichnungen vertikale und linksbündige, in allen folgenden Zeilen dezimale und ebenfalls an gleicher Stelle wie in der ersten Zeile vertikale Tabulatoren (die ja die senkrechten Linien fabrizieren).

Markieren Sie also zuerst die gesamte Zeiterfassungstabelle.

Tabulatoren in Word 5.0

In **Word 5.0** begeben Sie sich in das Menü FORMAT, TABULATOR, SETZEN und durch Drücken von F1 in das Zeilenlineal. Dort bestimmen Sie die Tabulatorposition. Überlegen Sie sich, wieviele Zeichen Sie in den einzelnen Feldern benötigen, rechnen Sie ca. drei Zeichen als Spielraum für alle Fälle dazu, bestätigen Sie die Position mit F1 und wählen Sie dann, wenn sich der Cursor wieder unten im Menü befindet, mit der Tabulatortaste bzw. mit der Löschtaste die Tabulatorart (vertikal) aus. Mit der Kombination Alt-F1 gelangen Sie direkt in das entsprechende Menü.

Arbeiten Sie in **Word 5.0** mit der Maus, verfahren Sie grundlegend anders beim Setzen von Tabstops. Zuerst legen Sie die Tabulatorart fest. Ganz links neben dem Zeilenlineal finden Sie einen Buchstaben, Vorgabe ist L. L bedeutet linksbündig und bezeichnet die Tabulatorart, die aktuell gesetzt wird (Tabulatorausrichtungsmarke). Begeben Sie sich mit dem Mauszeiger auf diese Marke und klicken Sie so oft mit der linken Maustaste, bis die von Ihnen gewünschte Tabulatorart (V für vertikal, D für dezimal, R für rechtsbündig, Z für zentriert und L für linksbündig) dort vermerkt ist. Anschließend legen Sie den Mauszeiger an die Stelle im Zeilenlineal selbst, wo die eben bestimmte Tabulatorart gesetzt werden soll, und klicken ebenfalls mit der linken Maustaste auf diese Position. Der gewünschte Tabulator taucht in der Zeichenleiste auf. Die Auswirkungen im markierten Bereich der Tabelle erkennen Sie sofort.

Sind diese nicht wie gewünscht, ziehen Sie mit gedrückter Maustaste den Cursor an eine andere Stelle oder klicken mit beiden Maustasten gleichzeitig, um diesen Tabulator zu löschen.

In **Word 5.0** müssen Sie beim Arbeiten mit der Tastatur über das Menü FORMAT, TABULATOR, LÖSCHEN, F1 den Tabulator erst löschen und dann neu setzen (Alt-F1).

Hinweis für Word 5.0 Anwenderinnen:

Ausnahmsweise ist im Zusammenhang mit Tabulatoren das Arbeiten mit der Maus dem mit der Tastatur vorzuziehen. Mit der Tastatur ist sonst immer der lange Marsch über die Menüs zu absolvieren, während mit der Maus direkt hinteinander verschiedene Änderungen, die sofort sichtbar werden, vorgenommen werden können.

Tabulatoren in Word 5.5

In **Word 5.5** springen Sie mit der Maus oder mit dem Cursor über Ctrl(Strg)-Umschalttaste-F10 in das Lineal. Überlegen Sie sich, wieviele Zeichen Sie in den einzelnen Feldern benötigen, rechnen Sie ca. drei Zeichen als Spielraum für alle Fälle dazu und setzen Sie dann die vertikalen Tabulatoren. Wenn Sie mit dem Cursor arbeiten, tippen Sie an den betreffenden Stellen immer den Anfangsbuchstaben der gewünschten Tabulatorart (l für linksbündig, r für rechtsbündig, d für dezimal, z für zentriert und v für vertikal). Beobachten Sie die Verschiebungen in der ersten markierten Zeile der Tabelle.

Das vergessen Sie aber am besten ganz schnell wieder, wenn Sie in Word 5.5 mit der Maus agieren. Ganz links am Lineal befindet sich ein Buchstabe, der ein Tabulatorkürzel ist. Begeben Sie sich mit dem Mauszeiger auf diesen Buchstaben und klicken Sie so lange, bis Sie das richtige Kürzel für den Tabulator haben, den Sie als nächsten setzen möchten. Dann positionieren Sie auf dem Zeilenlineal den Cursor auf der Stelle, wo dieser Tabulator gesetzt werden soll und klicken einmal. Sie sehen sofort die Auswirkungen unten in der Tabelle.

Sind diese nicht wie gewünscht, ziehen Sie mit gedrückter Maustaste den Cursor an eine andere Stelle oder klicken mit beiden Maustasten gleichzeitig, um diesen Tabulator zu löschen.

Mit der Tastatur löschen Sie einen Tabulator in **Word 5.5** im Zeilenlineal mit Del(Entf) und setzen ihn gegebenenfalls an anderer Stelle neu.

Hinweis für Anwenderinnen beider Word-Versionen:

> Wollen Sie die Tabulatorart ändern, überschreiben Sie den entsprechenden Tabstop einfach mit dem neuen.
>
> Zum Löschen aller Tabulatoren in einem Rutsch steht Ihnen im Tabulator-Menü eine entsprechende Option zur Verfügung. In **Word 5.0** heißt Sie „Gesamtlöschen" und in **Word 5.5** <Alle löschen>.

Nach Abschluß dieser Aktivitäten verlassen Sie das Zeilenlineal wieder. Wenn Sie mit dem Cursor im Lineal gearbeitet haben, drücken Sie auf die Eingabetaste, damit diese Anweisungen an Word auch vom Programm als abgeschlossen realisiert werden. Markieren Sie nun die erste Zeile – es können je nach Umfang der Spaltenbezeichnungen auch zwei Zeilen sein – und begeben Sie sich mit dem Mauszeiger oder in **Word 5.5** mit Ctrl(Strg)-Umschalttaste-F10 bzw. in **Word 5.0** über das Menü

FORMAT, TABULATOR, SETZEN, F1 in das Lineal. Setzen Sie je eine Position hinter den vertikalen Tabstops die linksbündigen . Die Verfahrensweise ist analog der eben beschriebenen zum Setzen von vertikalen Tabstops. Jetzt müßten Sie nur die Ausrichtung L wie linksbündig wählen.

Wenden Sie sich jetzt den übrigen Zeilen der Tabelle – mit Ausnahme der ersten Zeile mit den Überschriften – zu: Markieren Sie sie, und begeben Sie sich wieder ins Lineal. Sie werden feststellen, daß hier nur die vertikalen Tabulatoren vorhanden sind, nicht aber die eben gesetzten linksbündigen. Dies ist darauf zurückzuführen, daß das Setzen und Löschen von Tabulatoren eine Absatzfunktion ist, das heißt, entsprechende Anweisungen gelten immer für den Absatz, in dem sich gerade der Cursor befindet, oder für die markierten Absätze (deshalb ist bei diesem Prozeß das Markieren so wichtig). Die Tabulatoranweisungen sind im Absatzzeichen gespeichert. Setzen Sie nun die dezimalen Tabulatoren, wobei Sie daran denken müßten, daß an der Tabulatorstelle in diesem Fall immer das Komma der dort einzutragenden Zahl steht. Ist sie zum Beispiel vor dem Komma länger, ist dies bei der Positionierung des dezimalen Tabulators zu berücksichtigen.

In der folgenden Abbildung sieht die Tabelle nun so aus, wobei hier der Cursor in der Zeile „Mo ..." steht, weshalb oben im Lineal die dort befindlichen Tabulatoren angezeigt werden:

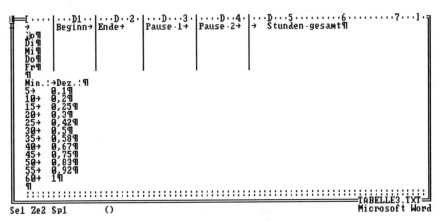

Abbildung 6.5: Tabelle 3 in Word 5.0

Springen Sie ein wenig mit dem Cursor oder mit der Maus durch das Dokument und beobachten Sie die Anzeige im Zeilenlineal.

Hinweis:

Sollte der Tabellentext zu umfangreich für eine Seitenbreite sein, verkleinern Sie die Schrift.

Nehmen Sie nun die Eintragungen vor, wobei Sie die letzte Spalte – im Beispiel „Stunden gesamt" – frei lassen. Bewegen Sie sich nur mit der Tabulatortaste vorwärts. Für den ersten Eintrag begeben Sie sich auf die Absatzmarke hinter „Mo", betätigen die Tabulatortaste und werden feststellen, daß Sie sich umgehend an der richtigen Eingabeposition befinden.

Zum Schluß können Sie sich noch über die zweite Tabelle mit den Umrechnungen der Minuten in das dezimale Zahlensystem hermachen.

6.1.1 Umrandungen/Rahmen in beiden Word-Versionen

Nachdem wir immerhin schon ein paar vertikale Linien in unserer Tabelle haben, wäre es außerdem optisch ansprechender, auch horizontale Linien und eine Außenumrahmung einzufügen. Dies ist relativ einfach, in **Word 5.0** steht hierfür im Menü FORMAT, RAHMEN und in **Word 5.5** im Menü FORMAT, .UMRANDUNG... eine entsprechende Funktion zur Verfügung. Es handelt sich hierbei wieder um eine Funktion, die immer für einen aktuellen Absatz oder für mehrere markierte gilt. Außerdem müssen Sie wissen, daß der Rahmen über die ganze Seitenbreite gezogen wird. Definieren wir also für jede Tabellenzeile eine Umrandung, kreieren wir damit gleichzeitig den Außenrahmen und die horizontalen Linien.

Probieren wir diese Funktion einmal aus: In **Word 5.0** begeben Sie sich nach dem Markieren der gesamten Tabelle über FORMAT, RAHMEN in das entsprechende Untermenü, wo Sie lediglich (Rahmen) bestätigen.

In **Word 5.5** rufen Sie über FORMAT UMRANDUNG... auf, nachdem Sie zuvor die gesamte Tabelle markiert haben. Dort bestätigen Sie „Um jeden Absatz".

Betrachten Sie das Ergebnis – eventuell in der Layoutkontrolle. Ist eine der Umrahmungslinien nicht zu erkennen, liegt das daran, daß der Seitenrand nicht breit genug ist, fügen Sie also auf der jeweiligen Seite etwas hinzu (in **Word 5.0** über FORMAT, BEREICH, SEITENRAND, in **Word 5.5** über FORMAT, SEITENRÄNDER...).

In Tabelle4 sieht das Ergebnis folgendermaßen aus:

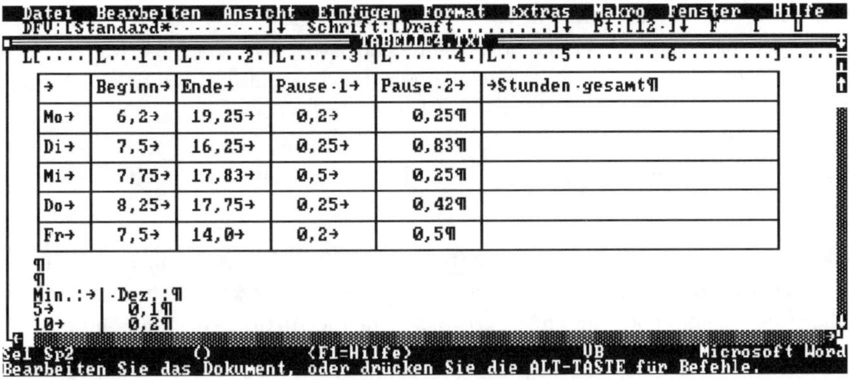

Abbildung 6.6: Tabelle4 in Word 5.5.

Die Tabelle wirkt noch ein wenig unproportioniert. Um die „Überhänge" in der Umrandung zu entfernen, ändern Sie zum Beispiel in **Word 5.0** den Seitenrand rechts.

In **Word 5.5** steht Ihnen zur genauen Positionierung des Rahmens ein recht ausgefeiltes Menü zur Verfügung, und zwar unter FORMAT, .POSITION... Die momentan wichtigste Option ist „Absatzbreite:" (im Hilfeprogramm „Rahmenbreite" genannt...). Sie können hier eine neue Breite eingeben, die der der Tabelle entspricht. Schreiben Sie einfach die Zahl in cm in das entsprechende Feld. In den übrigen Feldern können Sie weitere Positionierungen festlegen. Am besten rufen Sie bei Bedarf in diesem Menü mit F1 einmal das Hilfeprogramm auf und informieren sich über die verschiedenen Möglichkeiten.

Verrutschen Ihnen die Tabellenzeilen in jeweils eine zweite Zeile, erschrecken Sie nicht, sondern verbreitern Sie umgehend die Tabelle wieder. Achten Sie aber bei solchen Änderungen immer darauf, daß Sie noch eine Ersatzversion besitzen, die Ihnen im Notfall für eine erneute Überarbeitung zur Verfügung steht.

Die eben beschriebenen Vorgehensweisen sind nur zwei Möglichkeiten, die die beiden Word-Versionen bieten. Sollte sich jedoch unterhalb oder oberhalb der Tabelle Text, der über die ganze Seitenbreite verläuft, anschließen, ist es auch in **Word 5.0** sinnvoller, die Absatzbreite für die jeweiligen Absätze der Tabelle zu ändern. Die nun folgenden Funktionen stehen Ihnen auch in **Word 5.5** zur Verfügung. Sie haben also freie Wahl in Ihrer Arbeitsweise.

Markieren Sie die gesamte Tabelle, begeben Sie sich in das Menü FORMAT, ABSATZ(..) (in **Word 5.5** unter „Einzüge:") und verändern Sie dort den linken oder rechten Einzug ganz nach Belieben. Da dies wieder eine Absatzfunktion ist, ist es unbedingt notwendig, alle von einem Absatzzeichen abgeschlossenen Tabellenteile zuvor zu markieren. Der linke oder rechte Einzug bezeichnet schlichtweg die Einrückung des Absatzes von links bzw. von rechts. Diese Einrückung wirkt sich dann auch auf den Rahmen aus, der entsprechend schmaler bzw. eingerückt wird. Der Wert, den Sie hier eingeben, hat die Einheit Zentimeter. Eventuell müßten Sie also ein wenig herumprobieren, bis Sie die optimale Rahmenbreite bzw. Positionierung gefunden haben.

Beachten Sie die weiteren Optionen im Umrandungs- bzw. Rahmen-Menü. Sie können zum Beispiel Linien zeichnen, die – wie bereits erwähnt – aber immer über die ganze Seitenbreite führen, sofern Sie nicht die Absatzbreite manipulieren. Es stehen Ihnen noch weitere Gestaltungsmöglichkeiten zum Testen zur Verfügung. Die optische Wirkung, zum Beispiel einer Hintergrundschattierung, hängt aber ganz von der Leistungsfähigkeit Ihres Druckers ab.

Hinweis:

Wie eben erläutert, malt Word in der Funktion RAHMEN oder UMRANDUNG um jedes Absatzzeichen einen Rahmen. Wollen Sie aber um zwei Zeilen, zwischen denen sich ein erzwungener Zeilenumbruch befinden muß – etwa weil sie kürzer als die Seitenbreite sind – einen einzigen Rahmen zeichnen, so fügen Sie diesen Zeilenumbruch über Ctrl(Strg)-Eingabetaste statt mit einem Absatzzeichen ein. Der nun auftauchende nach unten weisende Pfeil am Zeilenumbruch ist ein sogenannter „weicher" Zeilenumbruch, der keine Absatzformatierungen enthält und somit auch keine Anweisungen für Umrandungen.

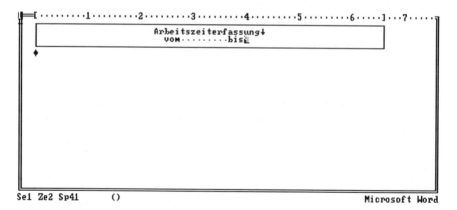

Abbildung 6.7: Rahmen um zwei Zeilen mit weichen Zeilenumbruch mit breiterer Überschrift

Hinweis:

> Denken Sie auch beim Arbeiten mit Tabellen daran, daß Sie auf einer Seite verschiedene Seitenbreiten formatieren können, das heißt, Ihre Tabelle kann durchaus schmaler als der folgende Fließtext oder als ihre Überschrift sein. Dazu müßten Sie zwei verschiedene Bereiche/Abschnitte installieren, deren Formatierungen des Seitenrandes unterschiedlich sind. Vergessen Sie dabei nicht, die Einstellung „Fortlaufend" bei „Bereichswechsel" in **Word 5.0** bzw. in **Word 5.5** bei „Abschnittsbeginn:" vorzunehmen (siehe dazu auch obige Abbildung und Kapitel 3.1.3 *Die Bereichs- bzw. Abschnittsformate*). Dies ist aber eine relativ umständliche Vorgehensweise. Einfacher ist das Arbeiten mit verschiedenen Absatzbreiten (s.o.).

Wäre in der Tabelle noch die letzte Spalte auszufüllen: dies überlassen wir zum größten Teil Word.

6.2 Rechnen mit Word

Word führt die Operationen Addition, Subtraktion, Division und Multiplikation sowie Prozentrechnung aus. Die Zahlen werden zusammen mit den Operationszeichen +, - oder Klammer (), * , / sowie ./. markiert; sobald Sie F2 drücken, wird die Rechenoperation ausgeführt und das Ergebnis im Papierkorb abgelegt, so daß Sie es nur noch im Dokument an der gewünschten Stelle einfügen müssen. Word beherrscht den Grundsatz Punktrechnung vor Strichrechnung und das Rechnen mit Klammern, zum Beispiel (3 + 5) * 2. Die Rechenoperatoren müssen zwar ins Dokument eingefügt werden, können aber verborgen formatiert werden (Menü: FORMAT, ZEICHEN(...) in beiden Word-Versionen), so daß sie im Dokument nicht zu sehen sein werden.

Wir berechnen in der Beispieltabelle als ersten Schritt die rechte Spalte, nämlich die reine Arbeitszeit. Dazu müssen einige Werte negativ werden, da Differenzen gebildet werden müssen, und zwar zwischen „Anfang" und „Ende" sowie bei den „Pausen" und „Ende". In Tabelle5, wo die Ergebnisse bereits eingetragen sind, sieht dies folgendermaßen aus:

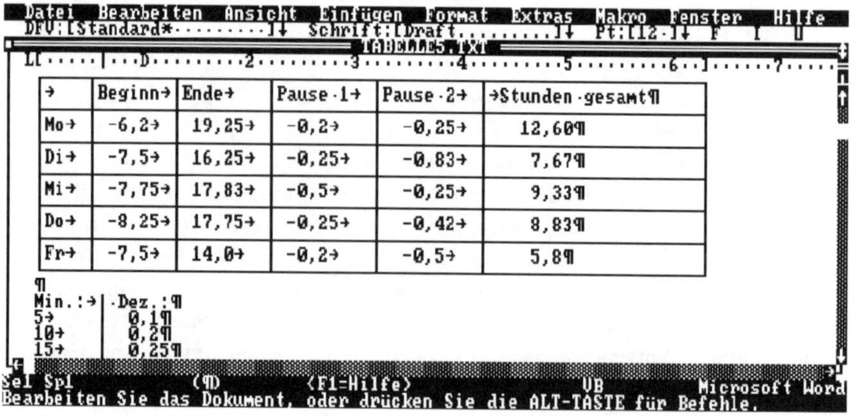

Abbildung 6. 8: Tabelle 5 mit Ergebnissen in Word 5.5.

Um die Berechnungen durchzuführen, markieren Sie jede Zeile. Achten Sie dabei darauf, daß auch alle Vorzeichen markiert sind. Anschließend drücken Sie jeweils F2, das Ergebnis steht jetzt im Papierkorb. Begeben Sie sich nun an die jeweilige Absatzmarke einer Zeile, drücken Sie die Tabulatortaste, um in die Spalte „Stunden gesamt" zu gelangen, und fügen Sie hier den Papierkorbinhalt über Ins(Einfg) wieder ein.

Vielleicht möchten Sie jetzt noch Ihre Wochenarbeitszeit errechnen, dazu benötigen Sie eine neue Spalte. Sie klicken einfach auf das letzte Absatzzeichen der Tabelle und erhalten so eine leere Zeile, in der sich alle Formatierungen befinden, die sich auch in dem angeklickten bzw. mit der Eingabetaste bestätigten Absatzzeichen verbergen, zum Beispiel: Zeilenabstand, Tabulatoren und Umrandung. Nun benötigen wir aber nur die letzten beiden Tabulatoren, den vertikalen und dezimalen, alle anderen stören in dieser Zeile.

Zur Wiederholung:

Löschen von Tabulatoren in **Word 5.0**: Begeben Sie sich ins Menü FORMAT, TABULATOR, wählen Sie dort (Löschen) und drücken Sie dann F1. Sie befinden sich jetzt im Zeilenlineal. Springen Sie auf den ersten zu löschenden Tabulator und bestätigen Sie Ihre Wahl mit der Eingabetaste. Diesen Vorgang wiederholen Sie bis Sie alle überflüssigen Tabulatoren gelöscht haben. Alternativ drücken Sie zum Löschen an der Tabulatorposition im Zeilenlineal beide Maustasten gleichzeitig.

Löschen von Tabulatoren in **Word 5.5**: Markieren Sie die Zeile, begeben Sie sich ins Lineal mit dem Cursor über Ctrl(Strg)-Umschalttaste-F10) und löschen Sie die überflüssigen Tabulatoren mit Del(Entf).

In beiden Word-Versionen löschen Sie Tabulatoren mit der Maus durch gleichzeitiges Drücken beider Maustaste auf die entsprechenden Positionen im Zeichenlineal.

Schreiben Sie in diese freie Zeile „Wochenarbeitszeit". Jetzt müßte die rechte Spalte mit den Tagesarbeitszeiten, die in ihrer Summe die Wochenarbeitszeit bilden, ausgerechnet werden. Dazu begeben Sie sich auf die erste Zahl der Spalte, schalten die Spaltenmarkierung ein (in **Word 5.0** Umschalttaste-F6, in **Word 5.5** Ctrl(Strg)-Umschalttaste-F8) und ziehen den Cursor nach rechts und dann nach unten, oder Sie ziehen die Maus über die zu berechnende Spalte. Drücken Sie nun F2, und das Ergebnis der Addition steht im Papierkorb. Mit Hilfe der Tabulatortaste schreiben Sie es nun über Ins(Einfg) in das vorgesehene Feld.

Eventuell wird noch ein Übertrag aus der davorliegenden Woche dazugerechnet. Wiederholen Sie diesen Vorgang, indem Sie eine Übertragszeile durch Verdopplung des letzten Absatzzeichens einfügen, „letzter Übertrag" hineinschreiben, einen Wert in das Feld rechts einsetzen und diesen Wert zur Wochenarbeitszeit addieren. Gleichzeitig fügen Sie noch eine Zeile „Regelwochenarbeitszeit" und eine Zeile „neuer Übertrag" ein. Um diese Werte richtig gegeneinander aufzurechnen, wird die Regelwochenarbeitszeit als negativer Wert definiert. Das Resultat entnehmen Sie folgender Abbildung:

	Beginn	Ende	Pause ·1	Pause ·2		Stunden ·gesamt
Mo	-6,2	19,25	-0,2	-0,25		12,60
Di	-7,5	16,25	-0,25	-0,83		7,67
Mi	-7,75	17,83	-0,5	-0,25		9,33
Do	-8,25	17,75	-0,25	-0,42		8,83
Fr	-7,5	14,0	-0,2	-0,5		5,8
Wochenarbeitszeit:						44,23
letzter ·übertrag:						3,5
Regelwochenarbeitszeit:						-38,5
neuer ·übertrag:						

```
Sel Ze12 Sp51    ()                          TABELLE7.TXT
                                             Microsoft Word
```

Abbildung 6.9: Tabelle 7 in Word 5.0

Die Rechenschritte sind folgende: Von der realen Wochenarbeitszeit plus letzter Übertrag (der auch negativ sein kann) der davorliegenden Woche wird die Regelwochenarbeitszeit abgezogen und so der aktuelle Übertrag berechnet. Dazu markieren Sie wieder die Spalte mit den drei relevanten Zeilen, beachten Sie dabei auch den negativen Rechenoperator, drücken F2 und schreiben das Ergebnis in das letzte Feld unten rechts. Abb. 6.10 zeigt das Ergebnis:

Mo→	−6,2→	19,25→	−0,2→	−0,25→	12,60¶
Di→	−7,5→	16,25→	−0,25→	−0,83→	7,67¶
Mi→	−7,75→	17,83→	−0,5→	−0,25→	9,33¶
Do→	−8,25→	17,75→	−0,25→	−0,42→	8,83¶
Fr→	−7,5→	14,0→	−0,2→	−0,5→	5,8¶
Wochenarbeitszeit:→					44,23¶
letzter·Übertrag:→					3,5¶
Regelwochenarbeitszeit:→					−38,5¶
neuer·Übertrag:→					9,23¶

Abbildung 6.10: Tabelle 8 in Word 5.5.

Die Erstellung und Berechnung dieser Beispieltabelle ist damit abgeschlossen. Der Prozß wirkt momentan auf Sie – ähnlich wie die Erstellung von Serienbriefen – sehr komplex, aber bedenken Sie, daß sich der Aufwand lohnt, wenn zum Beispiel eine Tabelle regelmäßig benötigt wird. Sie schaffen sich einmal eine Vorlage, die dann immer wieder überschrieben wird. Die Rechenoperatoren lassen Sie in der Tabelle stehen, die Werte wären in der Vorlage eventuell zu löschen, da hier beim Überschreiben schnell Fehler entstehen können.

6.3 Der Einsatz eines Makros zum Berechnen einer Tabelle

Den Rechenvorgang können Sie noch stärker vereinfachen, wenn Sie dazu sämtliche Rechenschritte aufzeichnen und bei Bedarf zur automatischen Ausführung abrufen. Das wird dann ein Makro genannt.

Löschen Sie in der Beispieltabelle sämtliche berechneten Werte, nicht die Felder selbst, lassen Sie auch die Rechenoperatoren in den Feldern stehen, sofern sich in ihnen welche befinden.

```
[· · · · · · · · · ·1· · · · · · · · ·2· · · · · · · · ·3· · · · · · · · ·4· · · · · · · · ·5· · · · · · · · ·6· ·]· · · · · ·7· · · · · ]
il
```

→	Beginn→	Ende→	Pause·1→	Pause·2→	→	Stunden·gesamt¶
Mo→	-6,2→	19,25→	-0,2→	-0,25→		¶
Di→	-7,5→	16,25→	-0,25→	-0,83→		¶
Mi→	-7,75→	17,83→	-0,5→	-0,25→		¶
Do→	-8,25→	17,75→	-0,25→	-0,42→		¶
Fr→	-7,5→	14,0→	-0,2→	-0,5→		¶
Wochenarbeitszeit:→						¶
letzter·übertrag:→						3,5¶
Regelwochenarbeitszeit:→						-38,5¶
neuer·Übertrag:→						¶

```
                                                            ═TABELLE9.TXT═
Sel Ze3 Spl        ()                                        Microsoft Word
```

Abbildung 6.11: Tabelle 9

In **Word 5.5** gelangen Sie über das Menü MAKRO, .AUFZEICHNEN... in ein Untermenü, in dem Sie – wie für einen Textbaustein – einen Namen angeben müssen und einen Tastaturschlüssel wahlweise eintragen können, der aus zwei Zeichen in Verbindung mit der Ctrl-Taste (Strg-Taste) bestehen kann. Am schnellsten gelangen Sie in **Word 5.5** über Ctrl(Strg)-F3 in dieses Menü. Im Beispielfall heißt das Makro „Stunden" und der Kurzgriff Ctrl-s-t (Strg-s-t). Mit diesem Kurzgriff bzw. Tastenschlüssel können Sie später das Makro starten, ohne das Menü ansteuern zu müssen. Achten Sie aber bei der Vergabe der Tastenschlüssel darauf, daß es hier nicht zu Kollisionen mit Direktformatierungsschlüsseln kommt (zum Beispiel in **Word 5.5**: Ctrl-b). Während der Aufzeichnung erscheint unten in der Statuszeile MA für MAKRO AUFZEICHNEN.

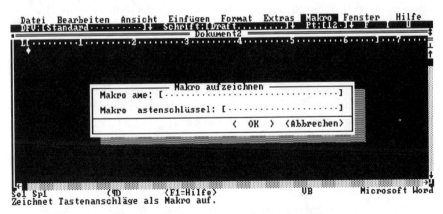

Abbildung 6.12: Menü MAKRO, AUFZEICHNEN...

In **Word 5.0** steht Ihnen kein Menü zur Verfügung. Sie starten die Makroaufzeichnung mit der Tastenkombination Umschalttaste-F3. Rechts unterhalb des Schreibfeldrahmens erscheint jetzt MA für Makroaufzeichnung. Erst wenn Sie mit der Aufzeichnung fertig sind und wieder Umschalttaste-F3 gedrückt haben, werden Sie nach dem Namen des Makros gefragt.

Tips zum Aufzeichnen

Bei der Aufzeichnung führen Sie die gesamte Rechenoperation möglichst fehlerfrei einmal durch. Dabei ist es wichtig, daß die Cursorpositionierungen immer eindeutig sind, sonst kann es bei späteren Makroausführungen zu fehlerhaften Ergebnissen kommen. Vermeiden Sie also Mißverständnisse:

Beginnen Sie mit der Aufzeichnung am ersten Zeichen der zweiten Zeile, also im Beispiel bei „Montag", drücken Sie in **Word 5.0** F9 und in **Word 5.5** Alt-F10, um die ganze Zeile zu markieren. Dies empfiehlt sich, da die Einträge ja unterschiedlich lang sein können und auf diese Weise garantiert ist, daß wirklich alle relevanten Zeichen mit in die Markierung aufgenommen wurden. Drücken Sie nun F2 zum Berechnen der Zeile, springen Sie dann mit dem Cursor über die Taste End(Ende) auf das Absatzzeichen der Zeile und drücken Sie Ins(Einfg). Das Absatzzeichen muß sich bereits in der ganz rechten Spalte, an der Einfügungsstelle, befinden. Das wiederholen Sie bei jeder Zeile. Anschließend begeben Sie sich auf den Spaltenbezeichnungstext der rechten äußeren Spalte: „Stunden gesamt". Hier ist es wichtig, möglichst über die gesamte Spaltenbreite mit der Spaltenmarkierungsfunktion (in **Word 5.0** Umschalttaste-F6, in **Word 5.5** Ctrl(Strg)-Umschalttaste-F8) zu markieren, damit in späteren Tabellenversionen auch breitere Zahlenreihen noch in die Markierung aufgenommen werden. Enthalten die zu berechnenden Felder Tabellen**text**, fällt dies nicht weiter ins Gewicht. Markieren Sie jetzt die ersten fünf Zeilen einschließlich der Spaltenüberschrift, drücken Sie auf F2, gehen Sie mit dem Cursor anschließend in die Zeile „Wochenarbeitszeit" und springen Sie dann wieder mit End(Ende) auf die Absatzmarke. Dieser letzte Schritt ist wichtig, springen Sie Absatzmarken möglichst immer mit dieser eindeutigen Anweisung an. Fügen Sie den berechneten Wert mit Ins (Einfg) an der Absatzmarke ein. Markieren Sie erneut die drei noch zu berechnenden Werte und verfahren Sie, wie eben erläutert (F2, Absatzmarke anspringen mit End (Ende), Ins (Einfg)).

Sie schließen in **Word 5.5** die Aufzeichnung ab, indem Sie mit Alt-M bzw. mit der Maus das Menü MAKRO aufrufen und dort „Aufzeichnung beenden" bestätigen. In der Kurzversion drücken Sie einfach Ctrl(Strg)-F3.

In **Word 5.0** werden Sie nach Abschluß des Aufzeichnungsvorgangs, den Sie mit Umschalttaste-F3 signalisieren, nach dem Namen des Makros gefragt. Spätestens jetzt erkennen Sie die Ähnlichkeit mit Textbausteinen. Makros werden auch in der Standard.tbs bzw. in der gerade aktuellen Textbausteindatei gespeichert. Sie können auch hier einen Tastenschlüssel (Steuercode) festlegen, mit dem Sie die Ausführung direkt beginnen können. Dazu müssen Sie nach dem Makronamen, im Beispiel „Stunden" folgendes Zeichen eingeben: ^, anschließend geben Sie einen oder maximal zwei Buchstaben in Kombination mit der Ctrl(Strg)-Taste ein (im Beispiel Stunden^Ctrl/Strg-st).

Sollte es nötig sein, die Makroaufzeichnung zu wiederholen, geben Sie einfach in **Word 5.5** vor erneuter Aufzeichnung und in **Word 5.0** nach erneuter Aufzeichnung den alten Namen ein. Word fragt Sie dann, ob Sie das Makro ersetzen möchten. Haben Sie jedoch nur geringfügige Fehler eingebaut und diese auch während der Aufzeichnung korrigiert, ist es aber nicht unbedingt notwendig, die Aufzeichnung zu wiederholen.

Sie rufen das Makro in **beiden Word-Versionen** wieder auf, indem Sie den Cursor an den Ausgangspunkt der Ausführung positionieren und den Tastenschlüssel eintippen (im Beispiel Ctrl(Strg)-s-t). Haben Sie keinen Tastenschlüssel festgelegt, rufen Sie das entsprechende Menü auf, in dem dann der Makroname eingetragen werden muß. Über das **Word 5.5**-Menü MAKRO, .AUSFÜHREN... rufen Sie das Makro aus dem Verzeichnis der Makros auf, in **Word 5.0** wählen Sie das Makro über .EINFÜGEN, F1 aus der Liste der Textbausteine.

„Einzelschritt" gewährt ein schrittweises Testen des Makros. Nach jedem Ausführungsschritt hält das Makro inne und wartet darauf, daß Sie irgendeine Taste (außer Esc) betätigen. Das ist dann das Signal, den folgenden Schritt auszuführen. In **Word 5.5** finden Sie diese Option unter MAKRO, AUSFÜHREN..., in **Word 5.0** drücken Sie Ctrl-F3 (Strg-F3) und rechts unterhalb des Schreibfeldrandes erscheint ES für Einzelschritt.

Zum Test dieses Makros ist es sinnvoll, es bei einer Tabelle gleichen Aufbaus, aber mit anderen Werten zu überprüfen. Wenn Ihnen hier Formate oder Zeilen durcheinandergeworfen werden, liegt es an Ihrer Markierungspraxis, die in diesem Fall nicht eindeutig genug ist. Je mehr Sie das Aufzeichnen von Makros üben, umso routinierter werden Sie. Sie haben mit der Makrooption ein Hilfsmittel zur Hand, das Ihnen viele Alltagsarbeiten abnehmen kann.

Die Möglichkeiten, die Makros bieten, sind außerordentlich vielfältig. Die beschriebene Arbeitsweise ist nur eine Einführung in ihr Leistungsvermögen. Es ist aber sinnvoll, erst einmal diese einfachen Funktionen zu beherrschen, bevor Sie sich in die spitzfindigeren knien.

Sie können zum Beispiel Makros schreiben, eine Möglichkeit, die ich hier nur andeuten möchte. Als Beispiel für die Verwendung bestimmter Sprachelemente sehen Sie in der folgenden Auflistung eine Art „Übersetzung" des Makros „Stunden" (teilweise). Um mir die Aufzeichnung des Makros „Stunden" auf dem Bildschirm anzuschauen, begeben Sie sich in **Word 5.0** ins Menü EINFÜGEN, lassen sich über F1 die Liste der Textbausteine anzeigen, wählen den Makronamen aus und fügen hinter dem Namen noch ^ ein. Abschließend betätigen Sie die Eingabetaste.

In **Word 5.5** wählen Sie im Menü MAKRO, BEARBEITEN... ein Makro aus, um es anschließend mit <Bearbeiten> auf den Bildschirm zu zaubern.

```
<alt f10><f2><ende><einf><rechts><altf 10><f2><ende><einf><rechts>
<alt f10><f2><ende><einf><rechts><altf 10><f2><ende><einf><rechts>
<alt f10><f2><ende><einf><oben 6><rechts><ende><umschalten strg f8>
<links 14> usw.
```

Wie Sie sehen, hat diese Auflistung eine bestimmte Syntax, die nicht sonderlich kompliziert ist. Wenn Sie sich näher dafür interessieren, sollten Sie sich mit der Syntax vertraut machen und weiterführende Literatur zu Rate ziehen, sofern Ihnen das Handbuch nicht weiterhilft.

7 DOS-Befehle für Word

DOS bedeutet Disk Operating System und bezeichnet das Betriebssystem. Das Betriebssystem steuert und überwacht die Funktionen des Rechners, es startet ihn und sorgt dafür, daß zum Beispiel die Verständigung zwischen Tastatur und Rechner oder die zwischen Rechner und Drucker klappt.

Das Betriebssystem hat eine eigene Befehlssprache, auf die hin und wieder auch in einer Anwendung, wie zum Beispiel in einem Textverarbeitungsprogramm, zurückgegriffen werden muß. Dies zeichnet nicht gerade das betreffende Programm aus, hält sich aber bei Word in engen Grenzen.

Es werden in diesem Zusammenhang nur die wenigen DOS-Befehle und -Symbole erläutert, ohne die Sie beim Arbeiten mit Word nicht auskommen.

7.1 Dateien suchen

Bereits eingesetzt haben Sie das Sternchen *, ein sogenanntes Wild Card. Dies steht allgemein als Platzhalter für alle möglichen Zeichen, wenn Sie etwa einen Dateinamen vergessen haben. Suchen Sie zum Beispiel beim Laden oder Öffnen eine Datei und haben den Dateinamen vergessen, wissen aber, daß die Kennung .vor ist, tippen Sie *.vor. Haben Sie auch die Kennung vergessen, schreiben Sie *.*. Sie können auch Wortteile durch das Sternchen ersetzen, zum Beispiel br*.*. Es werden Ihnen alle Dateien angezeigt, deren erste beiden Buchstaben br sind. Wichtig ist nur, daß Sie die Struktur des Dateinamens, bestehend aus Dateiname, Punkt, Kennung, beibehalten.

In **Word 5.0** müßten Sie nach einer Eingabe mit Sternchen F1 drücken, da Ihnen das Programm sonst mitteilt, daß ihm der Dateiname unbekannt sei. In der Auflistung zeigt es Ihnen dann aber alle vorhandenen Dateien an.

In **Word 5.5** wurde in der Prozedur des Datei-Öffnens unter „Dateien anzeigen" die Option „Alle" untergebracht, mit der Sie eine Auflistung aller Dateien im aktuellen Verzeichnis erhalten.

Arbeiten mit Disketten

Laufwerke bezeichnen verschiedene Speicherungsorte, zum Beispiel die Festplatte C: oder eine Diskette, die sich in Laufwerk A: oder B: befinden kann (gegebenenfalls ausprobieren). Ist nur ein Einschub für Disketten vorhanden, handelt es sich um Laufwerk A:. Sie erkennen bereits die Schreibweise dieser Laufwerke. Groß- und Kleinschreibung sind egal, wichtig ist aber der Doppelpunkt. Wollen Sie also eine Datei von einer Diskette laden bzw. öffnen, müssen Sie in **Word 5.0** im Menü ÜBERTRAGEN, LADEN zum Beispiel eingeben: „a:DATEINAME.KENNUNG". Oder Sie arbeiten mit Sternchen: „a:*.*", F1 und eine Liste aller Dateien, die sich auf der Diskette in Laufwerk A: befinden, wird angezeigt.

In **Word 5.5** springen Sie im Menü DATEI, ÖFFNEN... in den Kasten „Verzeichnisse" und bestätigen das richtige Laufwerk, das hier in eckigen Klammern steht, oder Sie gehen folgendermaßen vor: Schreiben Sie in das Feld „Dateiname:" zum Beispiel „a:DATEINAME.KENNUNG" oder unter Verwendung der Sternchen: „a:*.*". Eine Liste aller auf der Diskette im Laufwerk A: befindlichen Dateien wird angezeigt. Bei dieser Eingabe ist die Groß- und Kleinschreibung egal, Leerzeichen sollten Sie allerdings nicht darin unterbringen.

7.2 Arbeiten mit Verzeichnissen

Ein Verzeichnis ist eine Gruppe von Dateien oder Unterverzeichnissen. Es ist eine Ordnungskategorie, die dafür sorgt, daß nicht alle Dateien in einer Liste stehen. Zum Beispiel steht das Programm Word, das aus verschiedenen speziellen Programm-Dateien besteht, nicht zusammen mit DOS-Dateien in einem Verzeichnis. Ebenso können Sie in dem Verzeichnis „Word" Unterverzeichnisse einrichten, in denen Sie Ihre Dateien thematisch sortiert unterbringen.

In **Word 5.0** erkennen Sie Unterverzeichnisse in der Liste der Dateien an den eckigen Klammern. Ebenso markiert sind die möglichen Laufwerke. Bestätigen Sie diesen eingeklammerten Verzeichnisnamen, wird Ihnen anschließend die Liste der in diesem Verzeichnis abgelegten Dateien angezeigt usw.

In **Word 5.5** sind die Verzeichnisse optisch stärker durch ein eigenes Feld „Verzeichnisse:" in den Menüs DATEI, SPEICHERN UNTER... und DATEI, ÖFFNEN... abgehoben. Darin befinden sich auch die möglichen Laufwerke. Durch Anklicken mit der Maus oder Bestätigen mit der Eingabetaste, nachdem sich der Cursor auf dem entsprechenden Verzeichnis bzw. Laufwerk plaziert hat, aktualisieren Sie das jeweilige Verzeichnis und erhalten links im Feld „Dateien:" eine Liste über den Inhalt.

Wollen Sie etwas in einem Unterverzeichnis abspeichern, geben Sie in **Word 5.0** den kompletten Pfad zu diesem Unterverzeichnis an. In **Word 5.5** können Sie dies auch tun, es ist aber nicht notwendig.

Sie müssen dem Rechner mit diesem Pfad mitteilen, wo sich der gewünschte Speicherort befindet. Dafür benötigen Sie den sogenannten Backslash \. Diesen Strich erzeugen Sie, indem Sie entweder auf die Taste Alt Gr und gleichzeitig auf „ß" drücken. Die Taste „ß" ist auf manchen Tastaturen dreifach belegt. Die dritte Belegung ist dann der Backslash, an den Sie aber nur in Kombination mit der Alt Gr-Taste herankommen, die sich meistens unten rechts, neben der Leertaste befindet. Steht Ihnen diese Backslash-Taste nicht zur Verfügung, tippen Sie Alt-92 (numerischer Tastaturblock, nicht oberste Zahlenreihe).

Dieser Backslash signalisiert Word jeweils einen Verzeichniswechsel. Wollen Sie zum Beispiel eine Datei auf einer Diskette im Laufwerk A: im Verzeichnis „Rechnung" unterbringen, tippen Sie: a:\Rechnung\Dateiname.txt. Word weiß jetzt, daß es sich an das Laufwerk a:, Unterverzeichnis „Rechnung" zu wenden hat, um dort diese Datei namens (Dateiname) unterzubringen.

In **Word 5.5** wechseln Sie im Menü DATEI, SPEICHERN UNTER... zuerst das Verzeichnis im Verzeichnisfeld, nachdem Sie den Dateinamen im Feld „Dateiname:" eingegeben haben. Bestätigen Sie die Menüeingaben erst, wenn alle Angaben korrekt sind.

Bevor Sie etwas in einem Verzeichnis speichern, müssen Sie dies natürlich zuvor angelegt haben.

7.3   Verzeichnisse anlegen

Um Verzeichnisse anzulegen, müssen Sie sich in das Betriebssystem begeben, das heißt, Sie können dies nicht in Word erledigen. Die Betriebssystemebene erkennen Sie an folgendem Zeichen: c:>. Sie können direkt von Word über die Option BETRIEBSSYSTEM dorthin gelangen. In **Word 5.0** befindet sie sich im Menü BIBLIOTHEK, in **Word 5.5** im Menü DATEI.

Nach Bestätigung der Option BETRIEBSSYSTEM geben Sie den DOS-Befehl zum Anlegen von Verzeichnissen ein: md (Verzeichnisname) und bestätigen dies mit der Eingabetaste. md bedeutet make directory (engl. für Verzeichnis anlegen). Zwischen dem Befehl md und dem Verzeichnisnamen muß eine Leerstelle sein.

Wundern Sie sich nicht, wenn jetzt nichts weiter passiert. Drücken Sie einfach irgendeine Taste, um zu Word zurückzugelangen. Dort werden Sie in Ihrer Verzeichnisliste feststellen, daß Ihr Verzeichnis angelegt wurde.

Sollte der direkte Sprung von Word zum Betriebssystem nicht klappen, was durchaus möglich und nicht ungewöhnlich wäre, verlassen Sie Word ganz regulär, bis Sie wieder C:> vor sich haben. Hier gehen Sie jetzt ähnlich wie eben vor, nur müssen Sie hier das Verzeichnis, in dem sich Word befindet – in der Regel heißt es „Word" – ebenfalls angeben. Andernfalls befindet sich Ihr soeben angelegtes Unterverzeichnis irgendwo auf der Festplatte, ist nur nicht in Word verfügbar. Auf Ihrem Bildschirm müßte also stehen: C:>md c:\word\(Verzeichnisname). Das bestätigen Sie mit der Eingabetaste und rufen anschließend wieder Word auf, indem Sie schlicht „Word" schreiben und dies wiederum bestätigen. Kontrollieren Sie, ob Ihr Unterverzeichnis vorhanden ist.

Natürlich können Sie auch Unter-Unter-Unter...-Verzeichnisse anlegen. Aber treiben Sie es hier nicht zu bunt. Wenn Sie eine Weile mit Word gearbeitet haben, sollten Sie einmal ganz genau Ihre Datei- bzw. Verzeichnisstruktur überdenken und gegebenenfalls umorganisieren. Denken Sie auch daran, in regelmäßigen Abständen das eine oder andere wieder zu löschen (siehe dazu Kapitel 8 *Der Schnellste Zugriff: der Dateimanager*).

Damit haben Sie die wichtigsten DOS-Befehle für Word in aller Kürze. Sollten Sie häufiger mit dem Computer arbeiten, ist es sinnvoll, daß Sie sich tiefergehende DOS-Kenntnisse aneignen.

8   Der schnellste Zugriff: der Dateimanager

Der Dateimanager ist in **Word 5.0** eine Funktion im Menü BIBLIOTHEK, in **Word** 5.5 finden Sie dieses Unterprogramm im Menü DATEI.

Der Dateimanager ist vielseitig einsetzbar (besonders in **Word 5.5**), leicht zu handhaben und eine große Hilfe beim Arbeiten mit Word-Dateien.

Das Prinzip des Dateimanagers ist folgendes. Sie können sich eine von Ihnen konkretisierte Liste von Dateien (zum Beispiel alle Dateien der Diskette in Laufwerk A:) suchen und anzeigen lassen. Sie haben die Möglichkeit, eine, mehrere oder alle Dateien gleichzeitig zu markieren und Sie in einem Durchgang zu drucken, kopieren, löschen usw. Die Kurzinfos, zu denen Sie beim ersten Speichern der Datei aufgefordert werden, können Sie sich anzeigen lassen und ausdrucken, in beiden **Word-Versionen** bilden diese Kurzinfos auch eine Suchgrundlage - sofern sie ausgefüllt wurden -, wenn Sie zum Beispiel Dateien zu bestimmten Themen benötigen.

```
Suchweg: A:BRIEF*.TXT
A:\BRIEF1.TXT              A:\BRIEF5.TXT
A:\BRIEF10.TXT             A:\BRIEF6.TXT
A:\BRIEF2.TXT              A:\BRIEF7.TXT
A:\BRIEF3.TXT              A:\BRIEF8.TXT
A:\BRIEF4.TXT              A:\BRIEF9.TXT
```

```
DATEI-MANAGER: Suche Text Laden Druck Änderung Anzeige Kopieren löschen
LEERTASTE um die Datei zu markieren, STRG+LEERTASTE alles, oder ESC-TASTE
                                                        Microsoft Word
```

Abbildung 8.1: Menü DATEIMANAGER in Word 5.0, Suchpfad: a:brief*.txt

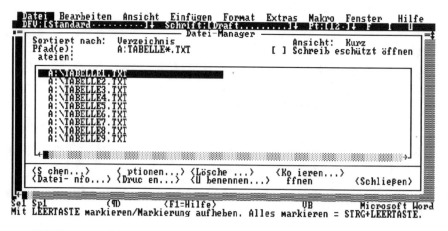

Abbildung 8.2: Menü DATEIMANAGER in Word 5.5, Suchpfad: a:tabelle*.txt

Nach Aufruf dieses Menüs zeigt Ihnen Word die Dateien an, nach denen zuletzt im Dateimanager gesucht wurde. Entspricht dies nicht Ihren Wünschen, aktivieren Sie die Option „Suche" bzw. <Suchen...> und geben einen neuen Suchpfad an. In **Word 5.0** beschränkt sich das auf die Angabe des Laufwerks (A:, B: oder C:), eventuell durch Backslash abgetrennte Angabe der Unterverzeichnisses oder Angabe aller Dateien (zum Beispiel: a:*.* / alle Dateien von der Diskette in Laufwerk A:). Darüber hinaus können Sie im Such-Menü die Felder, die sich auf die Kurzinfos (Dateiinfos) beziehen, ausfüllen und so bestimmte Suchkriterien festlegen. Tragen Sie zum Beispiel bei „Schlüsselworte:" „eilt" ein, dann sucht der Dateimanager Ihnen alle Dateien des definierten Pfades heraus, in deren Kurzinfos Sie beim Speichern unter „Schlüsselworte" die Bemerkung „eilt" eingetragen haben.

Hinweis:

Wenn Sie Dateien auf einer Diskette in Laufwerk A: gesucht und nicht das richtige gefunden haben, deshalb beabsichtigen, anschließend eine andere Diskette in Laufwerk A: prüfen zu lassen, gebärdet sich der Rechner etwas träge. Mit anderen Worten: er zeigt Ihnen nach wie vor den Inhalt der vorherigen Diskette, sofern Sie die Pfadangabe nicht modifizieren. Um an den Inhalt der jetzt aktuellen zu gelangen, müssen Sie zwischendurch einen neuen Suchpfad eingeben, zum Beispiel C:*.*, und nach Beendigung dieses Suchvorgangs wieder den Pfad für die Diskette, A:*.*. Erst nach diesem Intermezzo bequemt sich Word, den tatsächlichen Disketteninhalt anzuzeigen.

Haben Sie eine Liste der gewünschten Dateien, können Sie einzelne mit der Leertaste markieren oder alle mit Ctrl(Strg)-Leertaste kennzeichnen. Mit der Maus markieren Sie die Dateien mit der rechten Maustaste. Den markierten Dateien wird ein Sternchen vorangestellt. Eine Besonderheit im Word 5.5-Dateimanager: Die Datei, auf der der Cursorbalken liegt, gilt nicht als markiert, auch wenn es optisch so wirkt. Nun stehen Ihnen alle weiteren Optionen offen:

Ausdrucken aller markierter Dateien, wobei Sie hier bestimmen müssen, ob Sie nur das Kurzinfo oder das gesamte Dokument ausgedruckt haben möchten. Sie können die markierten Dateien hintereinanderweg auf ein anderes Laufwerk oder Verzeichnis .kopieren, ohne für jede Datei eine Einzelanweisung geben zu müssen. Das Laufwerk bzw. das Verzeichnis müßten Sie nach Anfrage von Word korrekt angeben, zum Beispiel a:, wenn die Dateien auf eine Diskette in Laufwerk A: kopiert werden sollen.

Sie können in **Word 5.0** über „Anzeige" und in **Word 5.5** über <Optionen> die Dateien in der Liste umsortieren, Sie haben die Möglichkeit, mehrere Dateien auf einmal zu löschen, Dateien zu laden bzw. in **Word 5.5** zu öffnen. In **Word 5.5** können Sie zudem Dateien auch umbenennen, was den Vorteil hat, daß Sie sie nicht neu abspeichern müssen.

Testen Sie alle Funktionen. Je besser Sie sich im Dateimanager zurechtfinden, umso mehr können Sie über dieses hervorragende Rationalisierungsinstrument verfügen.

In **Word 5.0** verlassen Sie den Dateimanager über „Text" (bestätigen mit der Eingabetaste), in **Word 5.5** drücken Sie einfach Esc.

Anhang

Fachwörterlexikon

Anwendungsprogramm

Ein Programm bzw. eine Software, die eine bestimmte Funktion erfüllt, z.B. ein Textverarbeitungsprogramm oder ein Datenbankprogramm.

Arbeitsspeicher

auch RAM(Random Access Memory = Speicher für wahlfreien Zugriff). Der eigentliche Arbeitsplatz des Computers. Hier werden auch vorübergehend Daten gespeichert, die jedoch verlorengehen, wenn Sie den Computer abschalten oder der Strom ausfällt.

ASCII

(sprich: „äski") Abkürzung für „American Standard Code for Information Interchange", also etwa „Amerikanischer Standardcode zum Informationsaustausch". Standardisierung zur Darstellung von Zahlen, Buchstaben und bestimmten Symbolen (siehe dazu die ASCII-Tabelle auf Seite 168ff.).

Backup

(sprich: „Bäck ap") Eine Sicherungskopie eines Datenträgers oder eines Verzeichnisses.

Batchdatei

(sprich: „Bätsch") Eine ASCII-Datei, in der eine Reihe von DOS-Befehlen gespeichert ist; man erkennt sie an der Dateiendung *.BAT; wird auch Stapeldatei genannt.

Betriebssystem

→ DOS

Bildschirm

(englisch: display) Datensichtgerät, Monitor, Datenausgabegerät.

Binärcode

Im Inneren des Rechners wird die Maschinensprache gesprochen, die nur aus 0 und 1 besteht - eine Sprache mit nur zwei „Wörtern", also eine binäre Sprache (siehe auch Bit).

Bit

Bit ist die kleinste Speichereinheit im Computer, vergleichbar mit einem Schalter. Ein Bit kann den Wert 0 oder 1 haben, bei 0 ist der Schalter auf „Aus", bei 1 auf „An". Acht Bit ergeben ein Byte (= ein Zeichen).

Board

→ Platine

Booten

(sprich: „buuten") Neuer Start des Rechners mit dem Laden des Betriebssystems.

Byte

(sprich: „Bait") Ein Zeichen, bestehend aus 8 Bit (siehe auch Bit).

Chip

Grundbaustein für alle Rechnertechnologien; elektronisches Bauelement mit sehr vielen Schaltungen zur Erkennung, Umsetzung und Weiterleitung elektrischer Signale.

CPU

(englisch) Abkürzung für Central Processing Unit.

→ Zentraleinheit

Cursor

(sprich: „Köhrser") Eine blinkende Lichtmarke am Bildschirm, der anzeigt, an welcher Stelle die nächste Tastatureingabe erscheint.

Datei

(englisch: file, sprich „fail") Eine Sammlung zusammengehöriger Befehle oder Daten, die auf einem Datenträger gespeichert ist.

Dateiname

Jede Datei erhält zur Kennzeichnung einen Namen, der bis zu 8 Zeichen lang sein darf („Vorname"), danach folgt die Dateiendung („Nachname", auch Dateierweiterung oder Extension genannt, 3 Zeichen lang); beide Teile sind durch einen Punkt voneinander getrennt, z.B. Buch.txt.

Daten

Alle Arten von Informationen, Zeichen, die vom Computer gespeichert, erzeugt, verarbeitet werden können.

Desktop

(englisch, etwa: auf dem Tisch) Bezeichnet einen Rechner, der auf dem Schreibtisch Platz findet. Im Gegensatz dazu Laptop (aus dem Englischen, etwa: auf dem Schoß); damit ist ein sehr handlicher Rechner gemeint, der überallhin mitgenommen werden kann, den man dann quasi auf dem Schoß benutzt.

Diskette

Magnetischer Datenträger, gewöhnlich im Format $5^1/_4$-Zoll oder $3^1/_2$-Zoll.

DOS

(englisch, **D**isk **O**perating **S**ystem) Betriebssystem; eine Sammlung von Programmen, die das Zusammenspiel der einzelnen Komponenten eines Computers und den Betrieb von Anwendungsprogrammen erst möglich macht. Ohne Betriebssystem ist ein Computer bestenfalls als Staubfänger geeignet.

DTP

(Abkürzung für: **D**esktop **P**ublishing, heißt etwa: Veröffentlichung vom Schreibtisch aus) Bezeichnet die Möglichkeit, mit Hilfe eines Computers und eines entsprechenden Programms Texte und Bilder professionell zu einzelnen gestalteten Seiten z.B. einer Zeitschrift oder eines Buches zusammenzustellen und so auszudrucken.

EDV

Abkürzung für Elektronische Daten-Verarbeitung.

Enter-Taste

auch Return-Taste oder Eingabetaste; mit ihr werden DOS-Befehle oder Befehle in Anwendungsprogrammen zur Ausführung gebracht.

Festplatte

Magnetisches Speichermedium (im Englischen Hard Disk genannt) mit sehr hoher Speicherkapazität, das gewöhnlich fest in den Rechner eingebaut oder an ihn angeschlossen ist.

Formatierung

Bevor ein Datenträger zur Speicherung von Daten genutzt werden kann, muß er vom Betriebssystem formatiert sein, also für die Aufnahme von Daten vorbereitet werden. Bei DOS wird der Befehl FORMAT verwendet.

Gerätetreiber

sind Programme, die den Betrieb von Hardware-Komponenten ermöglichen.

Handbuch

Die „Gebrauchsanweisung" für Ihren Computer oder für ein Anwendungsprogramm, die jeweils beim Kauf des Rechners, Druckers oder des Programms mitgeliefert wird; wird bei Anwendungsprogrammen auch häufig Dokumentation genannt.

Hardware

Alle Einzelteile Ihres Computers und alle Geräte, die in der Peripherie (siehe dort) dazugehören; alle Teile, die man anfassen kann.

Joker-Zeichen

Platzhalterzeichen, z.B. * oder ?, die z.B. in Dateinamen eingesetzt werden können.

KByte

Kilobyte, auch KB oder nur K geschrieben. Genaugenommen nicht tausend, sondern 1024 Bytes. 1024 KByte ergeben 1 MByte (Megabyte).

Kommunikationsprogramm

oder Datenübertragungsprogramm. Computer können Daten auch über ihre per Kabel verbundenen seriellen Schnittstellen austauschen. Damit das funktioniert, werden ein Datenübertragungsprogramm und eine besondere Kabelsorte benötigt. (siehe auch Netz)

kompatibel

„Zusammenpassend". Wenn Sie Rechner, Monitor, Drucker und Disketten von verschiedenen Herstellern kaufen, so müssen sie doch zusammen arbeiten können, also kompatibel sein. Dafür existieren wenige verschiedene Standards, nach denen sich die Hersteller richten. Der am weitesten verbreitete ist der IBM-Standard - man spricht dann von IBM-kompatibel.

Laptop

→ Desktop

Laufwerk

eine Vorrichtung, die das Lesen und Schreiben auf einem magnetischen Datenträger (Disketten, Festplatte) gestattet.

Maschinensprache

(englisch: machine language)

→ Binärcode

Maus

Ein kleines rechteckiges Gerät mit einer oder mehreren Tasten, das per Kabel mit Ihrem Rechner verbunden ist. Es wird als Eingabegerät zusätzlich zur Tastatur verwendet.

MByte

(oder Megabyte) Eine Speichereinheit, die 1024 Kilobyte umfaßt. Wird auch als MB geschrieben.

Menü

In Anwendungsprogrammen werden die Listen von Funktionen oder Befehlen, aus denen Sie den momentan benötigten Befehl auswählen können, Menü genannt (wie eine Speisenliste im Restaurant, aus der Sie wählen).

Mikroprozessor

→ Zentraleinheit

Modem

Kunstwort für **Mo**dulator/**Dem**odulator. Ein Gerät für die Datenübertragung über die Telefonleitung.

Monitor

Andere Bezeichnung für Bildschirm.

Motherboard

Anderes Wort für Hauptplatine.

→ Platine

Netz

Ein Zusammenschluß von mehreren Rechnern über Kabel, so daß diese Rechner alle auf die gleichen Daten (z.B. eine Adressenkartei) zugreifen und untereinander kommunizieren (Texte von einem Bildschirm auf den nächsten schicken) können. Außerdem können sie alle die gleichen Geräte, z.B. einen gemeinsamen Drucker, benutzen.

Online

(sprich: „onlain", bedeutet „am Draht" = betriebsbereit) ist ein Computer oder ein Peripheriegerät (z.B. ein Drucker), wenn er eingeschaltet und bereit ist, Informationen zu verarbeiten; Gegenteil: offline.

PC

Abkürzung für Personal Computer, ein unabhängiger Rechner, der alle wichtigen Funktionen eines Computers (Bildschirm, Tastatur, Zentraleinheit, Speicher) besitzt und auf einem Schreibtisch Platz hat.

Peripherie

Begriff für jede Art von Hardware, die an den Computer angeschlossen werden kann: z.B. Bildschirm, Drucker, Maus etc.

Pfad

Eine Art Wegbeschreibung für das Betriebssystem bei der Suche (zum Laden, Löschen etc.) nach Dateien. Es werden hierbei das Programm und die Verzeichnisse und Unterverzeichnisse angegeben, in denen die Datei zu finden ist. Beispiel:

```
c:\word\texte\brief
```

Platine

(englisch: circuit board) Leiterplatte mit gedruckten Schaltungen und elektronischen Bauteilen. Auf der einen Seite der Platine befinden sich die Bauelemente, auf der anderen Seite die Verbindungsdrähte.

Programm

Zusammengehörende Folge von Befehlen und Anweisungen, die in einer Programmiersprache in den Computer eingegeben wurden und eine bestimmte Aufgabe, z.B. die alphabetische Sortierung von Wörtern, erfüllen sollen.

Prompt

quasi die Bereitschaftsmeldung des Betriebssystems, die den Beginn der Kommandozeile markiert, z.B.C:\>

RAM

→ Arbeitsspeicher

Return-Taste

→ Enter-Taste

ROM

(Read-Only Memory = Nur-Lese-Speicher). Ein eingebautes Speichermedium, dessen Inhalt fest einprogrammiert wurde und nicht veränderbar ist.

Schnittstelle

(englisch: interface, sprich „Interfäß") Übergangsstelle („Steckdose") vom Computer zu Peripheriegeräten oder anderen Computern; meist an der Gehäuserückwand über Buchsen oder Stecker.

Die beiden gebräuchlichsten Arten sind die parallele (z.b. für Drucker) und die serielle (z.B. für die Maus) Schnittstelle. Sie unterscheiden sich durch die Art der Datenübertragung: bei der parallelen werden die Bits byteweise (also 8 Bits auf einmal) auf nebeneinander liegenden Datenleitungen weitergegeben, bei der seriellen werden sie bitweise, also Bit für Bit nacheinander (und entsprechend langsam) weitergegeben.

Software

Die Computerprogramme: Betriebssystem, Anwendungsprogramme und vieles mehr. Im Gegensatz zur Hardware (siehe dort) die Teile im Computer, die man nicht anfassen kann.

Textverarbeitung

heißt, daß Texte nicht mehr mit einer gewöhnlichen Schreibmaschine, sondern mit einem Computer geschrieben werden und dadurch schnell und leicht änderbar sind. Dies ermöglicht eine spezielle Software, ein sogenanntes Textverarbeitungsprogramm.

Unterverzeichnis/Verzeichnis

(englisch: subdirectory oder directory) Abteilung auf dem Datenträger, in der zusammengehörende Programme bzw. Dateien abgelegt werden. Sie sorgen auf dem Datenträger für Ordnung und Übersicht. Unterverzeichnisse sind die Verzeichnisse in den Verzeichnissen; die Rangfolge lautet also Hauptverzeichnis - Verzeichnis - Unterverzeichnis.

Utility

(sprich: „Jutility": „Nützliches") Zusatz-Dienstprogramme, z.B. Befehle zum Kopieren, Löschen, Umbenennen von Dateien; **bekannte Produkte sind z.B. PC Tools oder Norton Utilities.**

Virus

Ein kleines Programmstück, das den Rechner „krank" macht. Es nistet sich in andere Programme ein, die dann nicht mehr korrekt arbeiten und im schlimmsten Fall zerstört werden können. Falls Sie das Programm kopieren und auf anderen Rechnern verwenden, wird das Virus auf diese übertragen.

Zentraleinheit

Wichtigster Teil eines Computers, mit dem die Vorgänge in seinem Innern veranlaßt und kontrolliert werden. Die Zentraleinheit ist zu diesem Zweck unterteilt in einen Mikroprozessor, ein Ein-/Ausgabewerk und einen Arbeitsspeicher. Der Mikroprozessor wiederum besteht aus einem Steuer- und einem Rechenwerk. Das Steuerwerk kontrolliert alles, was im Computer passiert; das Rechenwerk „rechnet", zählt also die Nullen und Einsen zusammen (Siehe Binärcode).

ASCII-Tabelle

Dez.	Hex.	Char	Dez.	Hex.	Char	Dez.	Hex.	Char
0	0		27	1B	←	54	36	6
1	1	☺	28	1C	⌟	55	37	7
2	2	☻	29	1D	↔	56	38	8
3	3	♥	30	1E	▲	57	39	9
4	4	♦	31	1F	▼	58	3A	:
5	5	♣	32	20		59	3B	;
6	6	♠	33	21	!	60	3C	<
7	7	•	34	22	"	61	3D	=
8	8	◘	35	23	#	62	3E	>
9	9	○	36	24	$	63	3F	?
10	A	◎	37	25	%	64	40	@
11	B	♂	38	26	&	65	41	A
12	C	♀	39	27	'	66	42	B
13	D	♪	40	28	(	67	43	C
14	E	♫	41	29	)	68	44	D
15	F	¤	42	2A	*	69	45	E
16	10	►	43	2B	+	70	46	F
17	11	◄	44	2C	,	71	47	G
18	12	↕	45	2D	-	72	48	H
19	13	‼	46	2E	.	73	49	I
20	14	¶	47	2F	/	74	4A	J
21	15	§	48	30	0	75	4B	K
22	16	■	49	31	1	76	4C	L
23	17	↨	50	32	2	77	4D	M
24	18	↑	51	33	3	78	4E	N
25	19	↓	52	34	4	79	4F	O
26	1A	→	53	35	5	80	50	P

Dez.	Hex.	Char	Dez.	Hex.	Char	Dez.	Hex.	Char
81	51	Q	118	76	v	155	9B	¢
82	52	R	119	77	w	156	9C	£
83	53	S	120	78	x	157	9D	¥
84	54	T	121	79	y	158	9E	P_t
85	55	U	122	7A	z	159	9F	ƒ
86	56	V	123	7B	{	160	A0	á
87	57	W	124	7C	|	161	A1	í
88	58	X	125	7D	}	162	A2	ó
89	59	Y	126	7E	~	163	A3	ú
90	5A	Z	127	7F	Δ	164	A4	ñ
91	5B	[	128	80	Ç	165	A5	Ñ
92	5C	\	129	81	ü	166	A6	ª
93	5D	]	130	82	é	167	A7	º
94	5E	^	131	83	â	168	A8	¿
95	5F	_	132	84	ä	169	A9	⌐
96	60	`	133	85	à	170	AA	¬
97	61	a	134	86	å	171	AB	½
98	62	b	135	87	ç	172	AC	¼
99	63	c	136	88	ê	173	AD	¡
100	64	d	137	89	ë	174	AE	«
101	65	e	138	8A	è	175	AF	»
102	66	f	139	8B	ï	176	B0	▦
103	67	g	140	8C	î	177	B1	▨
104	68	h	141	8D	ì	178	B2	▦
105	69	i	142	8E	Ä	179	B3	│
106	6A	j	143	8F	Å	180	B4	┤
107	6B	k	144	90	É	181	B5	╡
108	6C	l	145	91	æ	182	B6	╢
109	6D	m	146	92	Æ	183	B7	╖
110	6E	n	147	93	ô	184	B8	╕
111	6F	o	148	94	ö	185	B9	╣
112	70	p	149	95	ò	186	BA	║
113	71	q	150	96	û	187	BB	╗
114	72	r	151	97	ù	188	BC	╝
115	73	s	152	98	ÿ	189	BD	╜
116	74	t	153	99	Ö	190	BE	╛
117	75	u	154	9A	Ü	191	BF	┐

Dez.	Hex.	Char	Dez.	Hex.	Char	Dez.	Hex.	Char
192	C0	∟	214	D6	╥	236	EC	∞
193	C1	⊥	215	D7	╫	237	ED	∅
194	C2	⊤	216	D8	╪	238	EE	∈
195	C3	⊢	217	D9	┘	239	EF	∩
196	C4	—	218	DA	┌	240	F0	≡
197	C5	+	219	DB	█	241	F1	±
198	C6	╞	220	DC	▄	242	F2	≥
199	C7	╟	221	DD	▌	243	F3	≤
200	C8	╚	222	DE	▐	244	F4	⌠
201	C9	╔	223	DF	▀	245	F5	⌡
202	CA	╩	224	E0	α	246	F6	÷
203	CB	╦	225	E1	β	247	F7	≈
204	CC	╠	226	E2	Γ	248	F8	°
205	CD	=	227	E3	π	249	F9	•
206	CE	╬	228	E4	Σ	250	FA	.
207	CF	╧	229	E5	σ	251	FB	√
208	D0	╨	230	E6	μ	252	FC	ⁿ
209	D1	╤	231	E7	τ	253	FD	2
210	D2	╥	232	E8	Φ	254	FE	∎
211	D3	╙	233	E9	ϑ	255	FF	
212	D4	╘	234	EA	Ω			
213	D5	╒	235	EB	δ			

Sie erzeugen die folgenden Sonderzeichen, diese in der rechten Spalte abgebildet sind, indem Sie die Alt-Taste gedrückt halten, während Sie auf dem Nummernblock die entsprechende Dezimalzahl (linke Spalte) tippen. Es ist allerdings möglich, daß Ihr Drucker nicht in der Lage ist, **alle** gewünschten Sonderzeichen auszudrucken.

Tastenbezeichnungen

Nicht jeder Rechner hat die gleiche Tastatur , manche sind größer und haben mehr Tasten, andere sind kleiner oder haben weniger Tasten. Es gibt welche mit englischen Tastenbezeichnungen und solche mit deutscher Bezeichnung, andere arbeiten zum Teil mit Symbolen. Im Prinzip ist allerdings auf die Tasten aller Tastaturen derselbe Vorrat an Zeichen verteilt.

Wie bei einer Schreibmaschine werden die Zeichen, die auf der Taste in voller Größe oder in der unteren Hälfte dargestellt sind, durch einfaches Drücken der Taste auf den Bildschirm gelockt; Buchstaben erscheinen dabei klein. Zusammen mit der Hochstelltaste gedrückt, werden Buchstaben als Großbuchstaben gezeigt, bei allen anderen Tasten wird das Zeichen erzeugt, das in der oberen Hälfte auf der Tastenkappe steht. Befindet sich noch ein Zeichen rechts unten auf der Taste, so können Sie das hervorzaubern, wenn Sie die Taste „ALTGr" oder gleichzeitig „ALT" und „Strg" und die entsprechende Taste drücken.

Noch zwei wichtige Tastenkombinationen, die Sie kennen sollten:

Strg + Alt + Entf, gleichzeitig gedrückt, erzeugt einen WARMSTART, d.h. die Anwendung wird abgebrochen, ohne zu speichern, und der Rechner meldet sich nach kurzer Zeit wieder mit dem DOS-Prompt. Dieser Griff wird angewendet, wenn nichts mehr geht, der Rechner sich also aufgehängt hat.

Strg + C bricht fast jeden DOS-Befehl ab. Wenn Sie aus Versehen eine unerwünschte - ärgerliche oder nur langwierige - DOS-Aktion ausgelöst haben, können Sie sie mit diesem Tastengriff unterbrechen.

Die nachfolgende Liste soll Ihnen helfen, die Abkürzungen und Symbole nicht nur auf Ihrer eigenen Tastatur verstehen zu lernen, sondern auch auf anderen Tastaturen mit womöglich anderen Bezeichnungen arbeiten zu können.

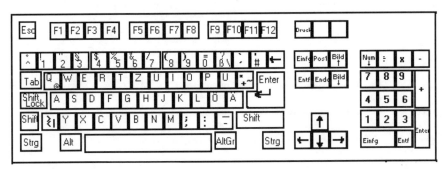

Diese Tastenart/ Funktionstaste	finde ich hier/ unter diesen Namen	sie hat folgende Funktion
Schreibtastatur	Buchstabentasten im Mittelfeld	erzeugen Buchstaben
Nummernblock	rechts neben Schreibtastatur	zur Zahleneingabe, ist bei Zahlenkolonnen oft einfacher als mit den Zahlentasten oberhalb der Buchstaben

Tasten zur Bewegung am Bildschirm

Cursorsteuertasten	Pfeile in alle vier Richtungen	bewegen den Cursor in der angegebenen Richtung über den Bildschirm
Bildschirm n.unten	Bild (Pfeil nach unten), PgDn	bewegt den Bildschirminhalt um eine Bildschirmseite nach unten
Bildschirm n.oben	Bild (Pfeil nach oben), PgUp	bewegt den Bildschirminhalt um eine Bildschirmseite nach oben
Ende-Position	Ende, End	bewegt den Cursor an das Ende der Zeile
Hometaste	Pos1, Home	bewegt den Cursor an den Anfang der Zeile
Tabulatortaste	Tab, Pfeil nach links und nach rechts	bewegt den Cursor um jeweils eine Tabulatorstelle nach und rechts
Rücktaste	Backspace, gr. Taste m.Pfeil nach links	löscht von rechts nach links zeichenweise den Text
Leertaste	Space, (ohne Beschriftung)	bewegt den Cursor zeichenweise nach rechts, ohne Zeichen zu erzeugen

Funktionstasten

allg. Funktionstasten	F1 bis F10 oder F12	haben je nach Programm unterschiedliche Funktionen
Drucken	Druck, PrtScr, Druck + Hochstelltaste	druckt den momentanen Bildschirminhalt
Einfügen	Einfg, Ins	fügt etwas ein
Entfernen	Entf, Del, Lösch	löscht etwas
Eingabe löschen/ Progr.verlassen	Esc, EingLösch	verläßt das Programm,

Hilfstasten

Feststelltaste	Rollen (Pfeil nach unten), Scroll Lock	in Tabellenkalkulationen gebräuchlich: ändert die Möglichkeiten der Bewegung auf dem Bildschirm
Steuerungstaste	Strg, Ctrl	
Unterbrechen	Pause, Break, Abbr, Unterbr	in einigen Programmen Möglichkeit, Befehlsabarbeitung zu unterbrechen
Eingabetaste	Enter, Return, ↵	Abschluß der Eingabe: Befehl wird ausgeführt oder Absatz (Text oder Programmzeile) wird abgeschlossen
Zahlenarretierung	Num (Pfeil nach unten), NumLock	schaltet im Nummernblock zwischen Verwendung für Ziffern oder Positionstasten hin und her
Alt-Taste	Alt	Hilfstaste zur Erzeugung von Sonderzeichen oder zum Auslösen bestimmter Befehle
Alt Gr	Alt Gr, gleichzeitig Alt und Strg	Hilfstaste zur Erzeugung von Sonderzeichen oder zum Auslösen bestimmter Befehle
Hochstelltaste	Shift, dicker Pfeil nach oben	Hilfstaste zur Erzeugung von Großbuchstaben oder oben auf der Taste angesiedelter Sonderzeichen
Feststelltaste	dicker Pfeil nach unten, Capslock, Groß (Pfeil nach unten)	Festellung der oben beschriebenen Hilfstaste

Erste Hilfe: Fehlerbehebung und Tips

Keine Angst, viel kaputtmachen können Sie an Ihrem Rechner nicht. Weit verbreitet ist allerdings der Glaube, daß ich als Anwenderin bloß eine falsche Taste drücken muß und irgend etwas Schreckliches passiert. Das stimmt allerdings nicht. Meistens passiert gar nicht viel, Ihr Computer fragt sich höchstens im stillen, ob seine Anwenderin vielleicht etwas verwirrt ist.

Probieren Sie es einmal aus: Schalten Sie den Computer an und drücken Sie ruhig mit den Fingern beider Hände kreuz und quer auf die Tasten. Dabei entsteht am Bildschirm nur eine wirre Reihe von Zeichen, vielleicht piepst Ihre Tastatur auch, um sich gegen so eine Behandlung zu wehren, aber das ist auch alles. Wenn Sie jetzt die Return-Taste drücken, was dem Computer signalisiert, daß er den eingegebenen Wirrwarr als Befehl auffassen und ausführen soll, antwortet er vermutlich auch mit einem Piepsen oder einem unwirschen Satz, daß er mit Ihrem Kauderwelsch nun wirklich gar nichts anfangen kann.

Aber das Drücken einer falschen Taste bringt ihn nun wirklich nicht um. Sollte er sich über Ihre Behandlung so sehr geärgert haben, daß er sich „aufhängt" (nichts geht mehr), dann versuchen Sie, ihn durch einen Warmstart (gleichseitiges Drücken von Strg, Alt und Entf) wiederzubeleben.

Es gibt nur ganz wenige Behandlungen, die uns der Rechner dauerhaft übelnimmt. Dazu gehört falsche Pflege (Standort, Feuchtigkeit, Wärme und so weiter, siehe im eigenen Kapitel dazu) und brutale Gewalt jeglicher Art. Darüber hinaus gibt es nur wenige Fehler, die fatale Folgen haben können: das ungewollte Formatieren der Festplatte oder von Disketten sowie das ungewollte Löschen von Dateien. Beim Löschen von Dateien können Sie Glück im Unglück haben, nämlich dann, wenn noch Sicherungskopien gespeichert sind. Die Festplatte zu formatieren, heißt aber im schlimmsten Fall, Ihren gesamten Aktenschrank mit allen gesammelten Aktenordnern in Flammen aufgehen zu lassen. Wenn Sie Disketten formatieren oder Dateien löschen, prüfen Sie bitte immer besonders genau, ob nicht durch einen Tippfehler dort c: (= Festplatte!) statt a: (= erstes Laufwerk, Diskettenlaufwerk) steht.

Im folgenden finden Sie eine ganze Reihe von Tips, wie der Computer mit allem Drumherum behandelt werden sollte und woran es liegen könnte bzw. was zu tun ist, wenn er nicht so will, wie Sie wollen. Vieles wird sich banal anhören, denn oft sind die Anfängerinnenfehler, die wir machen, ganz simple, „dumme" Fehler. Was nicht heißt, daß nur Frauen „dumme" Fehler machen. Fast allen Anfängern passiert der eine oder andere einmal. Und noch ein Trost: viele der Männer, die sich für technisch versiert halten, denken entsprechend kompliziert und kommen oftmals erst sehr spät darauf, daß eine Betriebsstörung eine ganz einfache Ursache haben kann. Da ist der Rechner schon zur Hälfte in seine Einzelteile zerlegt, bis sie merken, daß nur der Stecker nicht am richtigen Platz saß...

1. Rechner, Monitor oder Tastatur funktionieren nicht

Mit Computern ist es wie mit Haushaltsgeräten: 80 % aller Betriebsstörungen liegen am Stecker.

- Prüfen Sie, ob der Stecker in der Steckdose steckt.

- Monitor, Tastatur, Maus und Rechner sind jeweils durch Kabel miteinander verbunden. Verfolgen Sie mit der Hand den Verlauf eines jeden Kabels, um zu prüfen, ob wirklich alles richtig eingesteckt ist.

- Manchmal ist nur der Kontakt nicht richtig hergestellt. Wackeln Sie an allen Steckern bei ausgeschaltetem Strom ein wenig, oft hilft das.

- Sie haben auch sicher alle Geräte eingeschaltet? Bildschirm und Rechner können jeweils einen eigenen Schalter haben.

- Jeder Bildschirm hat Helligkeits- und Kontrastregler. Prüfen Sie, ob vielleicht der Bildschirm ganz dunkel eingestellt wurde.

- Die Stecker können an falsche Steckplätze gesteckt worden sein; sollten Sie Zweifel haben, probieren Sie einfach einen anderen Steckplatz, in den der Stecker ohne Gewaltanwendung paßt.

- Auch in einem Rechner gibt es Wackelkontakte. Daher kann man das Gehäuse ruhig einmal aufschrauben und bei ausgeschaltetem Strom an den einzelnen Steckplatten und Steckern vorsichtig wackeln und versuchen, sie an den Kontaktstellen etwas besser zusammenzuschieben. Manche schwören auch auf ein Kontaktspray...

2. Der Drucker funktioniert nicht

- Der Drucker muß per Kabel an den Computer angeschlossen sein.

- Prüfen Sie, ob der Drucker wirklich angeschaltet ist und ob der Stecker in der Steckdose steckt.

- Der Drucker muß auf „online" geschaltet sein. Bei den meisten Druckern ist das auf einer kleinen Anzeige an der Vorderseite zu sehen.

- Manchmal ist er nicht richtig mit Papier oder Farbband (oder bei Laserdruckern vielleicht Toner) ausgerüstet. Viele Drucker haben eine kleine Anzeige, der wir entnehmen können, welche Schwierigkeiten er hat, ob ihm etwas fehlt oder ob er vielleicht ein Blatt Papier verschluckt hat.

- In den einzelnen Anwendungsprogrammen muß der verwendete Drucker angemeldet sein. Das passiert normalerweise nur ein Mal beim Installieren des Drukkers und der Programme. Sollte das bei Ihrem Rechner nicht der Fall sein, schauen Sie im Druckerhandbuch nach oder fragen Sie eine gute Freundin oder Ihren Händler um Rat.

- Wenn der Drucker Merkwürdiges druckt, das Sie nicht haben wollen, oder wenn Sie aus Versehen einen Druckauftrag abgeschickt haben, den Sie stoppen wollen, drücken Sie als erstes den Online-Knopf am Drucker selbst. Das unterbricht den Druckvorgang. Sie könnten nun z.B. neues oder anderes Papier einlegen oder einfach nur in Ruhe prüfen, ob der Drucker alles richtig druckt. Wenn Sie erneut Online drücken, fährt er mit dem Ausdruck fort. Wenn Sie den Ausdruck abbrechen wollen, müssen Sie den Drucker erst auf „offline" bringen und dann für einige Minuten den Drucker vollkommen ausschalten. Danach können Sie ihn wieder normal einschalten, denn er hat einen kleinen Speicher, der für einge Minuten die Druckaufträge „behält", danach aber „vergißt".

3. Fehler mit Laufwerken und Disketten, beim Speichern oder Laden

- Prüfen Sie, ob eine Diskette im Laufwerk ist.

- Die Diskette kann falsch herum im Diskettenschlitz stecken. Die Vorderseite muß je nach Lauferk oben oder links sein.

- Wenn Sie die Diskette nicht in das Laufwerk schieben können, prüfen Sie, ob das, wohin Sie Ihre Diskette zu schieben versuchen, wirklich ein Laufwerk ist.

- Es könnte auch schon eine Diskette im Laufwerk sein.

- Disketten- und Laufwerksgröße müssen übereinstimmen.

- Das Laufwerk muß richtig verschlossen sein (Hebel verschlossen oder Justierknopf gedrückt).

- Falls Ihr Rechner mehrere Laufwerke hat: Haben Sie die richtige Laufwerksbezeichnung eingetippt?

- Wenn Sie speichern wollen, muß die Diskette vorher richtig formatiert worden sein.

- Sollten Sie nicht speichern können, ist die Diskette vielleicht schreibgeschützt. Bei schreibgeschützen $5^1/_4$-Zoll-Disketten ist ein Aufkleber über die Kerbe an der rechten Seite geklebt, den Sie entfernen müßten. Bei $3^1/_2$-Zoll-Disketten ist das Fenster rechts oben offen – Sie können den kleinen Kunststoff-Riegel einfach wieder herunterziehen.

- Die Diskette könnte durch Alterung oder falsche Behandlung defekt sein. Prüfen Sie das mit dem DOS-Befehl CHKDSK.

- Beim Laden von Dateien oder beim Wechsel in Unterverzeichnisse kommt es oft vor, daß wir uns vertippen – dann kann natürlich das Gewünschte nicht auf der Diskette gefunden werden. Prüfen Sie auch (mit dem DOS-Befehl DIR), ob sich die Datei oder das Unterverzeichnis wirklich auf dieser Diskette oder in diesem Unterverzeichnis befindet und wirklich so wie von Ihnen eingetippt heißt.

4. Fehler im Umgang mit DOS

- Wenn Sie Ihren Rechner anschalten, kann nach einer Weile die Fehlermeldung kommen, es sei keine Systemdiskette im Laufwerk oder es sei das falsche Laufwerk angegeben. Wenn Sie Ihren Rechner normalerweise mit einer Systemdiskette starten, prüfen Sie, ob es wirklich diese ist, die sich im Laufwerk befindet. Häufiger besteht allerdings der Fehler darin, daß sich irgendeine Diskette im Lauferk befindet und DOS darauf die Startdateien sucht, obwohl Ihr Rechner von der Festplatte aus starten soll. Nehmen Sie also die Diskette aus dem Laufwerk und versuchen Sie einen Warmstart (ALT, Strg und Entf gleichzeitig drücken).

- Wenn DOS etwas nicht paßt, gibt es immer recht verständliche Fehlermeldungen aus. Da können Sie dann genau erkennen, was nicht richtig gemacht wurde. Meistens haben Sie sich vertippt oder nicht die genaue Syntax, also die genaue Reihenfolge des Befehls mit allen Leerstellen, eingehalten. Probieren Sie es noch einmal, tippen Sie den Befehl Zeichen für Zeichen ab. Wenn Sie nicht genau wissen, was mit dieser Fehlermeldung gemeint ist, schauen Sie in Ihrem DOS-Handbuch nach, dort gibt es eine Auflistung der Fehlermeldungen.

Wenn Sie trotzdem nicht weiterwissen und wenn all diese „Erste-Hilfe"-Maßnahmen nichts nutzen, Ihr Rechner oder seine Umgebung einfach nicht so funktionieren, wie Sie es sich vorstellen, wenn Sie auch schon Gebrauchsanweisungen und Handbücher gewälzt haben: dann sollten Sie eine gute Freundin anrufen, die sich mit Computern auskennt. Das ist nicht nur im Notfall sinnvoll. Denn gerade am Anfang sind es oft viele Kleinigkeiten, die wir von einem Menschen lernen können, der sich mit Computern auskennt, und den wir gezielt fragen können. Wenn auch diese nicht weiterwissen, dann rufen Sie Ihren Computerhändler bzw. den jeweiligen Hardware- oder Softwarehersteller an. Adressen und Telefonnummern finden Sie im Kapitel „Hotline".

Hotline – der heiße Draht zu den Herstellern

Sollten alle Hilfemaßnahmen und auch eilige Nachfragen bei Freunden keine Lösung Ihres Problems erbracht haben, rufen Sie den Computerhändler oder die Benutzerberatung (die sogenannte Hotline) des Hardware- oder Software-Herstellers an; diese Telefonnummer sollte in dem Handbuch zu finden sein. Eine Liste der wichtigsten Adressen, Telefonnummern und/oder Hotline-Nummern finden Sie hier, ebenso die wichtigsten Distributoren, also Händler für Software und Hardware. Bei allen Adressen ist nur eine kleine – subjektive – Auswahl der angebotenen Produkte angegeben.

Access Computer Vertriebs GmbH
Distributor für Hardware und Software
Martin-Kollar-Str.12
W-8000 München 82
Tel.: 089-42006112

Aldus Software GmbH
PageMaker u.a.
Hans-Henny-Jahnn-Weg 9
W-2000 Hamburg 76
Tel.: 040-22719270

Autodesk GmbH
AutoSketch, AutoCAD, 3D Studio u.a.
Hansastr. 28
W-8000 München 21
Tel.: 089-54769-0

Borland GmbH
Turbo Pascal, C++, Paradox, dBase, Object Vision u.a.
Gautinger Str. 10
W-8130 Starnberg
Tel.: 08151-263302

BSP Softwaredistribution GmbH
Distributor für Hardware und Software
Postfach 110324
Brunnstraße 25
W-8400 Regensburg 11
Tel.: 0941-9929-0

Canon Deutschland GmbH
Drucker u.a.
Kellersbergstr. 2 - 4
W-4040 Neuss 1
Tel.: 02131-125111

Central Point Software Deutschland GmbH
PC Tools, PC Backup u.a.
Hoferstr. 1/II
W-8000 München 83
Tel.: 089-6700710

Commodore Büromaschinen GmbH
Computer, Drucker u.a.
Lyoner Str. 38
W-6000 Frankfurt 71
Tel.: 069-66380

Compaq Computer GmbH
Computer u.a.
Elektrastr. 6
W-8000 München 81
Tel.: 089-99330

CompuServe GmbH
Online-Informationsdienst für PCs
Jahnstr. 2
W-8025 Unterhaching
Tel.: O130-4643

Computer 2000 AG Deutschland
Distributor für Hardware und Software
Baierbrunner Str. 31
W-8000 München 70
Tel.: 089-78040229

DataEase GmbH
DataEase u.a.
Schatzbogen 56
W-8000 München 82
Tel.: 089-420499-49

Dr. Neuhaus Datensysteme AG
Distributor für Hardware und Software, Modems, BTX-Hardware, Faxgeräte etc.
Flughafenstr.10
W-6103 Griesheim
Tel.: 06155-60080

DTP-Partner GmbH
u.a. Hardware, Software
Kieler Str. 131
W-2000 Hamburg 50
Tel.: 040-855081

EDTZ Hard-und Software GmbH
u.a. Hardware, Software, bes. für den DTP-Bereich
Friedrich-Ebert-Straße 16-18
W-8012 Ottobrunn
Tel.: 089-60870222

Epson Deutschland GmbH
Drucker u.a.
Zülpicher Str. 6
W-4000 Düsseldorf 11
Tel.: O211-5603442

ESCOM GmbH
Hard- und Software-Händler mit Filialen in ganz Deutschland
Zentrale: Tiergartenstr. 9
W-6148 Heppenheim
Tel.: 06252-7090

Heureka Verlags GmbH
GeoWorks u.a.
Bodenseestr. 19
W-8000 München 60
Tel.: O89-8340255

Hewlett-Packard GmbH
Drucker, PC u.a.
Hewlett-Packard-Straße
W-6380 Bad Homburg
Tel.: 06172-16-0

IBM Deutschland GmbH
alle Arten von Software, u.a. PC-DOS und PC-Text 4, Computer, Drucker u.a.
Pascalstr. 100
W-7000 Stuttgart 80
Tel.: 0711-7850

KHK Software AG
PC Kaufmann, Euro Line u.a.
Berner Str. 23
W-6000 Frankfurt 66
Tel.: O69-500070

Kyocera Electronics Europe GmbH
Drucker u.a.
Mollsfeld 12
W-4005 Meerbusch 2
Tel.: 02159-9180

LOGITECH GmbH
Scanner, Mäuse, Eingabegeräte u.a.
Landsberger Str. 398
W-8000 München 60
Tel.: O89-588071

LOTUS Development GmbH
LOTUS 123, AmiPro u.a.
Bayerbrunner Str. 35
W-8000 München 70
Tel.: O89-785090 od. 783024

Micro Focus GmbH
COBOL u.a.
Am Moosfeld 11
W-8000 München 82
Tel.: 089-42094-0

Micrografx
Designer, Charisma u.a.
Josephspitalstr. 6
W-8000 München 2
Tel.: 089-2603830

Microsoft GmbH
viele Software-Produkte, u.a. Word, MS-DOS, Windows, Works, Foxpro,
auch Mäuse etc.
Edisonstr. 1
W-8044 Unterschleißheim
Tel.: O89-3176-(Durchwahl)
Durchwahlen:
Works   - 1140
Word   - 1130
Windows -1110
MS-DOS -1151

Nantucket GmbH/Computer Associates
Clipper u.a.
Mülheimer Str. 79
W-5090 Leverkusen 1
Tel.: 0214-510377

NEC Deutschland GmbH
Drucker, PC, Laufwerke u.a.
Klausenburger Str. 4
W-8000 München 80
Tel.: O89-90500933

North American Software GmbH
askSam, Euroscript
Uhdestr.40
W-8000 München 71
Tel.: 089-790970

Novell Digital Research Systems Group GmbH
DR DOS, Netzwerkbetriebssystem u.a.
Engelschalkinger Str. 14
W-8000 München 81
Tel.: O89-92799440

Olivetti Systems & Networks GmbH
Drucker, PC u.a.
Lyonner Str. 34
W-6000 Frankfurt 71
Tel.: 069-6692-1

REIN Elektronik GmbH
Distributor für Hardware und Software
Lötscher Weg 66
W-4054 Nettetal 1
Tel.: 02153-733215

SPC - Software Publishing GmbH Deutschland
Harvard Graphics, SuperBase u.a.
Oskar-Messter-Str. 24
8045 Ismaning
Tel.: 089-9965500

SPI - Deutschland - GmbH
Software Products International
Open Access, WindowBase u.a.
Stefan-George-Ring 22 + 24
W-8000 München 81
Tel.: 089-9935110

Star Division - Softwareentwicklung und -vertriebs-GmbH
Starwriter, Startext u.a.
Sachsenfeld 4
W-2000 Hamburg 1
Tel.: 040-23646500

Symantec Deutschland GmbH
F & A, Time Line, Norton-Software, Zortech C++ u.a.
Grafenberger Allee 56
W-4000 Düsseldorf 1
Tel.: 0211-9917110

Traveling Software Ltd.
Laplink u.a.
Lords Court, Windsor
GB-Berkshire SL43DB
Tel.: 0044-753-818282

Unicon Vertriebs GmbH
Ragtime u.a.
Bruno-Bürgel-Weg 19-35
0-1190 Berlin
Tel.: 02-6350441

Ventura Software Inc.
Ventura Publisher
An der Gümpgesbrücke 15
W-4044 Kaarst 2
Tel.: 02131-960930

VOBIS Microcomputer AG
Hardware aller Art, Highscreen-Produkte
Postfach 17 78
5100 Aachen
techn. Service: Tel.: O2405-809344
kaufmänn. Service: Tel.: O2405-809293 od. 809283

WordPerfect Software GmbH
WordPerfect u.a.
Frankfurter Str. 21 - 25
W-6236 Eschborn
Tel.: 06196 - 904460 DOS
           904461 Windows

Wordstar International GmbH
Wordstar u.a.
Meglinger Str. 20
W-8000 München 71
Tel.: 089-785800-0

Xerox Imaging Systems/Xerox Engineering Systems GmbH Versatec
Ventura Publisher
Werftstraße 37
W-4000 Düsseldorf 11
Tel.: 0211-501383

Standort, Pflege und Wartung des Computers

Die Pflege des Computers beginnt mit der Auswahl des richtigen Standorts. Wenn Sie diesbezüglich einige Ratschläge beherzigen, wird es ihm bei Ihnen nicht nur gut gefallen, er wird sogar zur Belohnung gut funktionieren.

- Stellen Sie den Rechner so auf, daß Sie nicht von einer Lichtquelle direkt oder durch Reflexion auf dem Monitor geblendet werden. Der Monitor sollte sich in Augenhöhe mit einem Abstand von ca. 50 cm zu den Augen befinden. Tastatur und Bildschirm sollten so stehen, daß Sie bequem und gerade davor sitzen und ohne Körper- oder Kopfdrehung auf den Bildschirm schauen können.

- **Temperatur**

  Der Standort sollte nicht zu kalt oder zu warm sein und nicht großen Temperatur-schwankungen unterworfen sein. Direkt neben der Heizung oder hinter einem Fenster, durch das direkte Sonneneinstrahlung auf den Rechner trifft, ist also nicht der passende Standort. Die Lüftungsschlitze müssen außerdem immer frei bleiben, schieben Sie also nicht den Rechner ganz an die Wand und verbarrikadieren Sie die Rückseite nicht mit Büchern oder ähnlichem.

- **Feuchtigkeit**

  Feuchtigkeit tut weder der Hardware noch den Disketten gut, das kann zu Kontaktstörungen und Korrosion führen. Der muffige Keller ist also nicht der richtige Platz. Auch sollte der Computer nicht direkt neben Zimmerpflanzen stehen, da beim Gießen oder Besprühen der Pflanzen zu schnell mal ein Schwall Wasser in den Rechner geraten könnte. Außerdem schütteln Pflanzen ab und zu Blätter, Kleingetier und Staub ab – die nicht in Ihren Rechner fallen sollten. Wenn Ihnen unglücklicherweise doch Flüssigkeit in den Rechner oder die Tastatur geraten ist, schalten Sie sofort alle Geräte aus und lassen Sie alles trocknen. Wenn Sie Glück haben und vielleicht auch nur wenig verschüttet wurde, können Sie nach 24 bis 48 Stunden unbehelligt weiterarbeiten.

- **Schmutz/Staub**

  Zu große Verschmutzung direkter oder indirekter Art sollte vermieden werden, da der Staub sich durch die Luftschlitze seinen Weg in den Rechner sucht und dort Kontakte und damit die Arbeit empfindlich stört. Das Schlafzimmer, in dem Sie täglich die Betten aufschütteln, ist ebensowenig der richtige Platz wie andere Orte, an denen es viel staubt. Selbstverständlich sollten Sie sich auch bemühen, Rechner,

Drucker und vor allem die Tastatur nicht anderweitig zu verschmutzen. Viele Rechner reagieren sogar auf starkes Rauchen mit Betriebsstörungen. Wie Sie Ihren Rechner sauberhalten, lesen Sie weiter unten.

- **Stabilität**

  Der Rechner sollte gerade und stabil stehen. Ein wackeliges Regal, das bei jedem Tastenanschlag vibriert, ist nicht der ideale Standplatz. Außerdem sollte jede Erschütterung (besonders beim Laufwerkszugriff) vermieden werden, das kann die Kontakte lockern und tut der CPU (die zentrale Steuereinheit, das „Hirn" Ihres Computers) und auch dem Schreiblese-Kopf nicht gut.

- **Stromzufuhr**

  Schalten Sie nicht alle Geräte (z.B. durch einen Schalter an einer Steckerleiste) auf einmal, sondern nacheinander ein. Verlegen Sie alle Kabel so, daß sie nicht durch eine unbedachte Bewegung herausgezogen werden können und daß niemand darüber stolpern kann.

- **Magnetismus**

  Weder Disketten noch der Rechner selbst dürfen magnetischen Strahlen ausgesetzt sein (großer Magnet, Lautsprecher, Fernseher).

Rechnerputz

Durch die Wahl des richtigen Standorts und durch die richtige Behandlung haben Sie schon den größten Beitrag zur Pflege des Computers getan. Ab und zu ist es allerdings notwendig und sinnvoll, ein wenig für Sauberkeit zu sorgen. Putzteufeliger Eifer ist allerdings nicht angebracht.

Wichtig:

Putzen Sie alle Geräte nur, wenn der Strom abgeschaltet ist.

- **Disketten**

  Putzen im eigentlichen Sinne dürfen Sie Disketten nicht.

  Die sauberste Art, Disketten aufzubewahren, ist in einem verschlossenen Diskettenkasten, der bei jedem Computerhändler zu kaufen ist. Außerdem sollten $5^{1}/_{4}$"-Disketten immer in der Stecktasche aus Papier bleiben, wenn sie nicht gerade im Laufwerk stecken, denn diese Stecktasche ist auch ein guter Staubschutz.

- **Bildschirm**

Er kann mit einem leicht feuchten Lappen abgewischt werden. Natürlich gibt es wie für fast alle Reinigungszwcke auch ein Spray für Monitore. Bei der Verwendung von Glasreiniger sollten Sie vorsichtig sein, einige Monitore werden davon stumpf. Ist das schon eingetreten: das Polieren mit sehr wenig Salatöl bringt den Glanz und damit bessere Lesbarkeit wieder zurück.

- **Rechner**

Wasser oder auch nur feuchte Lappen sind hier tabu. Für das Putzen der äußeren Teile können Sie einen mit etwas Glasreiniger – der verfliegt – angefeuchteten Lappen verwenden. Das Innenleben sollten Sie möglichst in Ruhe lassen. Grober, mit bloßem Augen deutlich sichtbarer Schmutz kann ganz vorsichtig mit dem Staubsauger entfernt werden.

- **Tastatur**

Sie kann vorsichtig umgedreht und geschüttelt werden, dabei fällt schon einiges an Staub, Zigarettenasche, Krümeln und sonstigem heraus. Auch Saugen ist hier eine gute Methode. Sie können auch die Tastenkappen vorsichtig abheben (die sind alle nur aufgesteckt) und spülen. Bevor Sie sie wieder einsetzen, sollten die Tastenkappen vollkommen trocken sein.

So lächerlich es klingen mag: wenn Sie alle Kappen auf einmal abnehmen, notieren Sie sich, welche wohin gehört, sonst haben Sie lange „Spaß" beim anschließenden Puzzeln!

- **Laufwerke**

Eigentlich müssen Laufwerke gar nicht geputzt werden. Es gibt allerdings käuflich zu erwerbende Reinigungsdisketten, die die Laufwerke von innen säubern – wie es ja auch Reinigungskassetten für Ihren Kassettenrekorder gibt.

- **Maus**

Wenn Sie eine Maus mit Kugel haben, legen Sie die Maus auf ihren Rücken und nehmen Sie die Kugel heraus. Sowohl die Kugel als auch die Höhlung, in der die Kugel liegt, können vorsichtig mit Isopropyl-Alkohol oder auch Glasreiniger gesäubert werden.

Die wichtigsten DOS-Befehle und Dateiendungen

Das Disk Operating System, kurz DOS genannt, sorgt in Ihrem Rechner dafür, daß die Kiste überhaupt läuft, daß alle Programme gut miteinander auskommen und daß die Maschinenteile (Hardware) sich untereinander und mit den Programmen (Software) gut verständigen können.

Die momentan geläufigsten DOS-Arten sind die von Microsoft (MS-DOS), IBM (PC-DOS) und von Digital Research (DR DOS).

Auch wenn Sie sich nicht mit DOS beschäftigen wollen, ist es sinnvoll, die wichtigsten Befehle zu kennen, um z.B. mal eine Diskette zu formatieren, etwas Ordnung in Ihre Disketten/Festplatte zu bringen und für andere sehr nützliche Dinge. Mit den im folgenden aufgelisteten Befehlen können Sie – wenn es sein muß – Ihr gesamtes Computerleben lang auskommen.

Beachten Sie bitte, daß die Syntax, also die Folge von Buchstaben, Zeichen und Leerstellen, ganz wichtig ist. Groß- oder Kleinschreibung brauchen Sie dafür bei DOS nicht zu berücksichtigen. Sie geben DOS das Startzeichen zum Ausführen eines jeden Befehls, indem Sie nach Eintippen der Befehlszeile einmal die Return-Taste drücken.

Sollten Sie die Ausführung eines DOS-Befehls unterbrechen wollen oder müssen (weil sie einen falschen Befehl eingegeben haben oder Schlimmstes verhindern wollen), so geht das mit dem gleichzeitigen Drücken von der Strg-Taste und der C-Taste.

Noch ein Tip vorweg: DOS spricht ab und zu über Meldungen am Bildschirm mit Ihnen. Lesen Sie diese Meldungen immer ganz genau, Sie erfahren dadurch, ob ein Befehl ausgeführt wurde oder woran es liegt, wenn DOS sich weigert, ihn auszuführen.

Wegweiser zu den hier aufgeführten wichtigsten DOS-Befehlen:

(Schema:

Funktion: siehe unter **Befehl**)

Datei drucken: **type**

Datei kopieren: **copy**

Datei löschen: **del**

Datei: Inhalt anzeigen lassen: **type**

Dateien in Verzeichnissen kopieren: **xcopy**

Dateienliste anzeigen lassen: **dir**

Dateinamen ändern: **ren**

Diskette auf Inhalte oder Fehler prüfen: **chkdsk**

Diskette formatieren: **format**

Diskette kopieren: **diskcopy**

Disketten vergleichen: **diskcomp**

Diskettenformat prüfen: **chkdsk**

Disketteninhalt anzeigen: dir

Festplatte formatieren: **format**

Festplatteninhalt anzeigen lassenanzeigen>: **dir**

Laufwerk wechseln: **c:**

Verzeichnis anlegen: **md**

Verzeichnis entfernen: **rd**

Verzeichnis kopieren: **xcopy**

Verzeichnis wechseln: **cd**

Verzeichnisliste anzeigen lassen: **dir**

Zurückkehren in das Hauptverzeichnis: **cd**

- c:/a:/b:

    wechselt das Laufwerk

    Beispiel: Wenn Sie in das erste Disketten-Laufwerk (a:) wechseln wollen, aber am Bildschirm der DOS-Prompt (c:>) angezeigt ist, tippen Sie ein:

    ```
    a:
    ```

- **cd**

    (von change directory = wechsle das Verzeichnis)

    wechselt das aktive Verzeichnis

    Beispiel:

    ```
    cd buch
    ```

    wechselt in das Verzeichnis buch

cd.. wechselt in das nächsthöhere Verzeichnis

Beispiel: Sie befinden sich im Verzeichnis c:\buch\vorwort; mit

```
cd..
```

wechseln Sie zu c:\buch

cd\ wechselt in das Hauptverzeichnis

Beispiel: Wenn Sie im Verzeichnis c:\buch oder c:\buch\vorwort stehen, wechseln Sie mit

```
cd\
```

in das Hauptverzeichnis c:.

- **chkdsk**

  (von check disk = prüfe Diskette)

  zeigt das Diskettenformat (Speicherkapazität, Schreibdichte), Anzahl der Unterverzeichnisse und eventuelle Fehler auf der Diskette an.

  Aufruf: chkdsk (Laufwerk)

  Beispiel: chkdsk a:

- **copy**

  (von copy = kopiere)

  kopiert Dateien von der Festplatte/Diskette auf Festplatte/Diskette.

  Beispiel: copy a:text.txt c:\

  kopiert die Datei text.txt von der Diskette in Laufwerk a: auf die Festplatte.

  Wenn Sie keinen Zielnamen oder kein Zielverzeichnis angeben, wird die Datei unter dem gleichen Namen im Hauptverzeichnis (c:) gespeichert.

  Allerdings ist es auch möglich, der kopierten Datei einen neuen Namen zu geben:

  Beispiel: copy a: text.txt c:brief.txt

  oder sie gleich in ein Unterverzeichnis zu schreiben:

  Beispiel: copy a:text.txt c:\brief\text.txt.

  Wenn Sie mit Jokern (Platzhaltern, also Zeichen, die stellvertretend für ein beliebiges anderes Zeichen oder eine beliebige Zeichenfolge stehen) arbeiten, können Sie ganze Gruppen von Dateien kopieren – * steht für eine Zeichenfolge, ? für genau ein Zeichen.

Beispiel: `copy a:*.* c:`

kopiert alle Dateien von a: auf c:

oder:

```
copy a:*.txt c:
```

kopiert alle Dateien mit der Endung .txt von a: nach c:

oder:

```
copy a:text.* c:
```

kopiert alle Dateien mit dem Namen TEXT von a: nach c:

Wollen Sie Unterverzeichnisse kopieren, wenden Sie den Befehl xcopy an (siehe dort).

Wichtig: Ist der vergebenen Name auf der neuen Diskette oder im neuen Verzeichnis schon vergeben, wird diese Datei mit der neuen Datei überschrieben – schauen Sie sich also vorher das Verzeichnis an, in das Sie schreiben wollen.

- **del**

  (von delete = löschen)

  löscht eine oder mehrere Dateien

  Beispiel: `del buch.txt`

  löscht die Datei buch.txt

  Wichtig hierbei ist es, immer den vollständigen Dateinamen inklusive Extension („Nachname" hinter dem Punkt) anzugeben.

  Gruppen von Dateien löschen Sie unter Benutzung des Jokerzeichens *.

  Beispiel: `del *.txt`

  löscht alle Dateien, die mit .txt enden.

  oder:

  ```
  del buch.*
  ```

  löscht alle Dateien, die BUCH heißen, gleichgültig, welche Endung sie haben.

  Ab der MS-DOS-Version 5.0 können auch sämtliche Dateien eines Verzeichnisses mit

  ```
  del (Verzeichnis)
  ```

  gelöscht werden.

  Achtung: Schauen Sie sich vor dem Löschen an, welche Dateien sich im gerade benutzen Verzeichnis befinden; Sie können sich die Dateien mit dem Befehle dir (siehe dort) anzeigen lassen.

Ab der MS-DOS-Version 5.0 gibt es den Befehl undelete, der diese so gelöschten Dateien unter bestimmten Voraussetzungen wieder zurückholen kann – dennoch sollten Sie beim Löschen immer vorsichtig sein.

- **dir**

  (von Directory = Verzeichnisliste, Katalog)

  zeigt alle Dateien im aktuellen Verzeichnis an.

  Beispiel: `dir a:`

  zeigt alle Dateien, die sich auf der Diskette im Laufwerk a: befinden.

  Wenn es so viele sind, daß die Liste nur schnell am Bildschirm vorbeirauscht, geben Sie ein:

  `dir a:/p` (p steht für page = Seite),

  dann stoppt die Liste nach einer Seite; jede weitere Seite lassen Sie sich durch das Drücken einer beliebigen Taste anzeigen.

  Der Zusatz /w (also dir a:/w) zeigt die Kurzinformationen zu allen Dateien in einer mehrspaltigen Liste an.

- **diskcopy**

  (von disk copy = Diskette kopieren)

  kopiert den gesamten Inhalt einer Diskette auf eine gleichartige Diskette

  Hierfür müssen sowohl Format als auch Schreibdichte identisch sein (also z.B. beides $5^1/_4$" groß und mit 360 K Speicherkapazität).

  Beispiel:

  `diskcopy a: a:`

  kopiert den Inhalt der Diskette in Laufwerk a: auf eine gleichartige Diskette, die später in Laufwerk a: eingelegt wird.

  Sie werden von DOS jeweils aufgefordert, die Quelldiskette (die beschriebene) oder die Zieldiskette (die leere) in das Laufwerk einzulegen. Bei Disketten mit höherer Schreibdichte kann es sein, daß Sie mehrfach Quell- und Zieldiskette abwechselnd einlegen müssen.

  Wenn die leere Diskette (Zieldiskette) noch nicht formatiert ist, wird das bei diesem Befehl automatisch mit erledigt. Ob das Kopieren fehlerfrei geklappt hat, überprüfen Sie mit dem Befehl diskcomp (siehe dort).

- **diskcomp**

  (von disk compare = Diskettenvergleich)

  vergleicht zwei gleich große Disketten (physischer Vergleich, also Sektor für Sektor).

  Wenn Sie mit diskcopy eine Diskette kopiert haben, prüft dieser Befehl, ob nun auch wirklich die Quell- und Zieldiskette den identischen Inhalt haben.

  Aufruf: `diskcomp a: a:`

  Auch hier, wie bei diskcopy, müssen Sie einmal oder mehrmals die erste und die zweite Diskette einlegen.

- **format**

  (von format = formatieren)

  formatiert fabrikfrische oder alte, wieder zu löschende Disketten für den Gebrauch als Speichermedium, bereitet sie also für die Aufnahme von Daten vor.

  Aufruf: `format a:` (oder `b:` oder `c:`)

  Die unterschiedlichen Diskettengrößen und -schreibdichten benötigen – auch abhängig von der Rechnertechnologie, die vorliegt – unterschiedliche Zusätze bei der Formatierung:

$5^1/_4$-Zoll-Disketten, DD:	`format a:/4`
$5^1/_4$-Zoll-Disketten, HD:	`format a:`
$3^1/_2$-Zoll-Disketten, DD:	`format b:/f:720`
(bei DOS 3.x geben Sie ein:	`format b:/t:80/n:9)`
$3^1/_2$-Zoll-Disketten, HD:	`format b:`

- **md**

  (von make directory = mache ein Verzeichnis)

  erzeugt auf der Festplatte oder der Diskette ein Unterverzeichnis.

  Beispiel: `md texte`

  legt ein Unterverzeichnis mit dem Namen TEXTE an.

  oder:

  ```
  md word\buch\texte
  ```

  legt unter WORD und dort im Verzeichnis BUCH ein Unterverzeichnis mit dem Namen TEXTE an; dabei müssen das Verzeichnis WORD und das Unterverzeichnis BUCH allerdings vorher schon angelegt worden sein.

- **ren**

  (von rename = umbenennen)

  ändert den Namen einer Datei.

  Beispiel: ren texte.txt buch.txt

  ändert den Namen der Datei TEXT in BUCH um.

  oder:

  ren buch.txt buch.doc

  ändert die Endung von BUCH, nämlich .txt, in .doc um.

  Daraus wird deutlich: Es müssen die Dateiendungen (hinter dem Punkt) mit angegeben werden.

- **rd**

  (von remove directory = entferne das Verzeichnis)

  löscht ein leeres Verzeichnis bzw. Unterverzeichnis

  Beispiel: rd briefe

  löscht das Verzeichnis BRIEFE.

  Vorher müssen alle Dateien des Verzeichnisses gelöscht worden sein (mit dem Befehl del, siehe dort).

- **type**

  (von type = schreiben)

  zeigt den Inhalt einer Textdatei auf dem Bildschirm an.

  Beispiel: type text.txt

  zeigt den Inhalt (die Wörter und Zeichen) der Datei TEXT an.

  Ist die Datei länger, als sich auf einer Bildschirmseite darstellen läßt, tippen Sie ein:

  ```
  type text.txt |more
  ```

  Das sorgt für eine bildschirmseitenweise Anzeige; durch das Drücken einer beliebigen Taste lassen Sie sich die jeweils nächste Seite anzeigen.

  Wollen Sie die Datei auch gleich ausdrucken, dann schreiben Sie dazu >prn, also z.B.

  ```
  type text.txt >prn
  ```

  Dieses funktioniert allerdings nur, wenn der Drucker an der Druckerschnittstelle LPT1 angeschlossen und „online" (also druckbereit) ist.

● **xcopy**

(von x copy = beliebiges Kopieren)

kopiert Dateien und Verzeichnisse von/auf Diskette oder Festplatte.

Dabei ist es nicht wichtig, daß das Quellspeichermedium und das Zielspeichermedium das gleiche Format oder die gleiche Schreibdichte haben. Sie können also z.b. von Platte auf eine Diskette oder von einer $5^1/_4$-Zoll- auf eine $3^1/_2$-Zoll-Diskette kopieren.

Beispiel: `xcopy a: b:`

kopiert alle Dateien von der Diskette in Laufwerk a: auf die Diskette in Laufwerk b:

Um sicher zu sein, daß auch alle Verzeichnisse, Unterverzeichnisse und Dateien mit kopiert werden, geben Sie ein:

```
xcopy a: b:/s/e
```

Die Kontrolle, ob alles richtig kopiert wurde, erfolgt hier nicht über diskcomp (da die Disketten nicht gleich groß sind), sondern über das Anzeigen der Verzeichnisliste mit dir (siehe dort).

Dateinamen und Dateiendungen unter DOS

Sie können Ihre Dateien beliebig benennen. Sie sollten jedoch beherzigen, keine Umlaute zu verwenden. Außerdem dürfen Dateinamen nur bis zu 8 Zeichen lang sein, wobei Buchstaben, Zahlen und das Zeichen _ gebräuchlich sind, z.B. BRIEFE, BRIEF1, BRIEF_92.

Die Endung des Dateinamens (der „Nachname") besteht immer aus 3 Buchstaben, z.B. .TXT, .DOC.

MS-DOS hat einige Dateiendungen für bestimmte Dateiarten reserviert, d.h. sie dürfen nur für jene ganz bestimmten Dateitypen verwendet werden (diese Dateien dienen der Kommunikation Ihres Betriebssystems mit der Hard- und Software, und wenn Sie die Endungen für andere Dateitypen verwendeten, wäre DOS vollkommen verwirrt). Nicht reservierte Dateiendungen können Sie nach Lust und Laune verwenden.

Ein wenig Systematik ist allerdings sinnvoll, denn nach einigen Wochen oder Monaten sollten Sie anhand des Namens inklusive Endung immer noch erkennen können, was der Inhalt der Datei ist. So können Sie z.B. alle Briefe mit .BRI oder .TXT abspeichern, alle Rechnungen mit .REC oder ähnlichem.

Folgende Dateiendungen sind unter MS-DOS üblich; angegeben ist jeweils, wofür diese Endungen üblicherweise verwendet werden und ob diese Bezeichnung reserviert oder frei verwendbar ist.

.alt	ältere Dateiversion	nicht reserviert
.ask	Datei im ASCII-Format	nicht reserviert
.bak	Sicherungskopie einer Datei	nicht reserviert
.bas	Quellprogramm in Basic	reserviert
.bat	Stapeldatei v. Befehlen	reserviert
.chk	fehlerhafte Datei, die durch chkdsk repariert wurde	reserviert
.com	ausführbarer Maschinencode	reserviert
.cpi	Zeichensatztabelle (MS-DOS ab 3.3)	reserviert
.dbf	Datenbankdatei, dBase-Format	reserviert
.doc	Dokument, Textdatei	nicht reserviert
.exe	ausführbarer Maschinencode	reserviert
.ini	Initialisierungsdatei (Programmeinstellungen)	nicht reserviert
.meu	Menügruppendatei (MS-DOS-4.01-Shell)	reserviert
.pas	Quellprogramm in Pascal	reserviert
.sik	Sicherheitskopie	nicht reserviert
.sys	Systemdatei, Treiberdatei	reserviert
.txt	Textdatei aus Textverarbeitungsprogramm	nicht reserviert
.tmp	temporär angelegte Datei	nicht reserviert

Kleine Diskettenkunde

Disketten

Disketten sind magnetische Speicherplatten zum zusätzlichen Aufbewahren von Daten außerhalb des Computers oder zum bequemen Datentransport, z.B. vom Büro-Computer zum Computer zu Hause.

Sie werden mit dem DOS-Befehl FORMAT für die Benutzung vorbereitet, ähnlich wie in ein Gartenbeet erst Rillen geharkt werden, bevor ich Samen in die Erde legen kann. Diese Rillen des Beetes heißen bei der Diskette Spuren: Sie sind konzentrische Kreise auf der runden Scheibe der Diskette. Die einzelnen tortenstückförmigen Beete werden Sektoren genannt.

Momentan gibt es für IBM-kompatible PCs (also für die Computertypen, die die gängigsten sind und mit denen wir uns hier beschäftigen) zwei verschiedene Diskettentypen: $5^1/_4$-Zoll-Disketten und $3^1/_2$-Zoll-Disketten. (Zoll wird auch als " dargestellt, also $5^1/_4$"-Disketten.)

Die $5^1/_4$-Zoll-Disketten werden auch Floppy-Disk genannt (floppy = schlapp), weil sie leicht biegsam sind. Sie bestehen aus einer meist schwarzen Schutzhülle aus Kunststoff und einer dort eingepaßten dünnen Datenträgerscheibe, die man durch das Schreiblesefenster als dunkelbraune Folie sehen kann.

In das Laufwerk werden sie so geschoben, daß die rechteckige Kerbe am Rand der Diskette nach links zeigt (bei waagerechten Diskettenschlitzen) oder nach unten (bei senkrechten Diskettenschlitzen). Sie sind in zwei Schreibdichten erhältlich: DD (Double Density, doppelte Schreibdichte) und HD (High Density, hohe Schreibdichte). DD steht für eine Speicherkapazität von 360 Kilo-Byte, HD für eine Speicherkapazität von 1,2 Mega-Byte.

Die $3^1/_2$-Zoll-Disketten bestehen aus einer starren Kunststoffhülle (meist schwarz, manchmal aber auch farbenfroher) und einer eingelegten Datenträgerscheibe. Das Schreiblesefenster ist durch einen verschiebbaren Metallriegel geschützt.

Ins Laufwerk werden sie so geschoben, daß der breite Metallriegel oben ist (bei waagerechten Diskettenschlitzen) oder auf der linken Seite (bei senkrechten Diskettenschlitzen). Sie sind in einer Speicherkapazität von 720 Kilo-Byte oder 1,44 Mega-Byte erhältlich.

Die folgende Liste zeigt Diskettenformate, Speicherkapazitäten und den jeweils passenden Formatierungsbefehl für DOS. Dabei wird davon ausgegangen, daß das Laufwerk a: für $5^1/_4$"- und das Laufwerk b: für $3^1/_2$"-Disketten ausgelegt ist.

Größe	Schreibdichte	Speicherkapazität	Spuren	Sektoren	Format-Befehl
$5^1/_4$"	DD	360 KByte	40	9	FORMAT A:/4
$5^1/_4$"	HD	1,2 MByte	80	15	FORMAT A:
$3^1/_2$"	DD	720 KByte	80	9	FORMAT B:/f:720
		(bei DOS 3.x geben Sie ein: FORMAT b:/T:80/N:9			
$3^1/_2$"	DD	1,44 MByte	80	18	FORMAT B:

Laufwerke

Für die beiden verschiedenen Diskettengrößen gibt es verschieden große Diskettenschlitze in Ihrem Rechner. Nicht jeder Rechner hat jedoch einen Diskettenschlitz für jedes der beiden Formate. Die Diskettenschlitze bzw. die Laufwerke befinden sich fast immer an der Vorderseite des Rechners, selten an der Seite, hinten jedoch nie. Die Schlitze hinten an der Rückseite sind Steckplätze für Stecker. Versuchen Sie bitte nie, eine Diskette mit Gewalt in ein Laufwerk zu schieben, denn es könnte sein, daß es a) gar kein Laufwerk ist, b) sich schon eine Diskette darin befindet oder c) die Größen von Diskette und Laufwerk nicht zusammenpassen. Laufwerke müssen häufig noch durch Riegel oder durch Feststelltasten verschlossen werden. Ist der Riegel nicht verschlossen bzw. die Festelltase nicht gedrückt, bekommen Sie eine entsprechende Fehlermeldung von DOS. Andere Programme zeigen dann keinen Disketteninhalt des Laufwerkes an.

Schreibschutz

Wenn Sie Daten auf einer Diskette besonders sicher aufbewahren wollen, besteht die Möglichkeit des sogenannten Schreibschutzes. Der schützt davor, daß auf der Diskette die vorhandenen Dateien überschrieben oder gar gelöscht oder formatiert werden können. Mit dem Schreibschutz können Sie eine Diskette sozusagen vorübergehend versiegeln.

Bei $5^1/_4$-Zoll-Disketten wird mit einem kleinen Aufkleber die Kerbe an der Seite der Diskette sauber überklebt, bei $3^1/_2$-Zoll-Disketten wird das kleine Fenster an der Seite der Diskette mit Hilfe eines winzigen Kunststoff-Schieberiegels geöffnet.

Diskettenpflege/-organisation

Um auf einen Blick zu erkennen, was sich auf Ihren Disketten befindet, werden Aufkleber auf die Vorderseite geklebt, auf denen Stichwörter zum Inhalt stehen.

Disketten sind zwar keine Mimosen, aber Sie sollten sie trotzdem sehr rücksichtsvoll und pfleglich behandeln. Sie mögen keinen Staub, keinen Druck, keine extremen Gymnastikübungen (obwohl $5^1/_4$-Zoll-Disketten flexibel sind, sollte man sie nicht biegen), keinerlei Feuchtigkeit, auf keinen Fall eine magnetische Umgebung, keine Sonne und weder große Hitze noch große Kälte. Also doch Mimosen? Das nicht. Nur eben empfindlicher als z.B. ein Buch, mit dem ich auch mal zur Not eine Fliege erschlagen, ein zu kurzes Stuhlbein ausgleichen, auf das ich beim Frühstück etwas Marmelade kleckern oder das ich im heißen Auto liegenlassen kann. Das macht zwar das Buch nicht schöner, aber die Buchstaben verschwinden durch diese Behandlung nicht. Gleiches einer Diskette angetan wird die Dateien zerstören.

Daher bewahrt man sie am besten stehend in einem extra dafür anzuschaffenden Diskettenkasten auf, in dem man dann auch verschiedenen Abteilungen z.B. für Sicherungsdisketten, unformatierte Disketten etc. einrichten kann.

**Software-Produkte –
Ein kleiner Überblick zum Kennenlernen**

Hier finden Sie eine kleine Auswahl von Software-Produkten, um die am weitesten verbreiteten Anwendungsarten und Marken kommerzieller Standardsoftware für IBM-Kompatible kennenzulernen (in Klammern die Hersteller; Herstelleradressen siehe im Kapitel Hotline):

Betriebssysteme (Programme, die Organisations- und Vermittlungsaufgaben in Ihrem Computer und zwischen der Hardware und der Software ausführen)

DR DOS (Digital Research)

MS-DOS (Microsoft)

PC DOS (IBM)

und als sogenannte Benutzeroberfläche, eine Art grafische Betriebssystemerweiterung: Windows (Microsoft)

CAD – Computer Aided Design (Programme zur computerunterstützten Konstruktion)

AutoCAD (Autodesk)

AutoSketch (Autodesk)

DTP – Desktop publishing (Programme zur professionellen Gestaltung von Schriftstücken, Büchern, Zeitschriften)

PageMaker (Aldus)

QuarkXpress (Quark)

Ventura Publisher (Ventura, Xerox)

Datenbanken (Programme zur Erfassung und Verwaltung von Daten)

Access (Microsoft)

askSam (North American Software)

Clipper (Nantucket, CA)

DataEase (DataEase)

dBase (Borland)

F & A (Symantec)

Foxpro (Microsoft)

Paradox (Borland)

SuperBase (SPC)

Grafikprogramme (Programme, mit denen Bilder, grafische Übersichten etc. erstellt werden können; siehe auch CAD)

Charisma (Micrografx)

Corel Draw (Corel Systems)

Designer (Micrografx)

Harvard Graphics (SPC)

Illustrator (Adobe)

Integrierte Software (sogenanntes Programmpaket, das mehrere Programme wie Textverarbeitung, Datenbank, Grafikprogramm etc. in sich vereinigt)

Framework (Borland)

Lotus Works (Lotus Development)

Open Access (SPI)

Ragtime (Unicon)

Works/Works für Windows (Microsoft)

Kommunikationsprogramme (Programme zur Datenübertragung zwischen zwei Rechnern über Kabel oder Modem, also Telefonleitungen)

Laplink (Traveling Software)

PC Tools (Central Point Software)

Programmiersprachen ("Sprache", d.h. eigener Befehlsvorrat und eine Schreibweise sowie eine Art Übersetzer – Compiler – in die Maschinensprache, um Programme selbst zu erstellen; diese Compiler werden von verschiedenen Firmen angeboten)

Basic (Microsoft)

C (Borland, Microsoft etc.)

C++ (Borland, Microsoft, Zortech etc.)

COBOL (Microsoft, Micro Focus, Acu Cobol etc.)

Turbo Pascal (Borland)

sowie sogenannte Programmiertools:

Objectvision (Borland)

Visual Basic (Microsoft)

Tabellenkalkulation (Programme zur Ausführung umfangreicher Berechnungen)

Excel (Microsoft)

Lotus 123 (Lotus Development)

Multiplan (Microsoft)

Quattro Pro (Borland)

Textverarbeitung (Programme zum Eingeben, Speichern, Bearbeiten und Drucken von Texten)

AmiPro (Lotus Development)

Euroscript (Novell Digital Research Group)

PC-Text 4 (IBM)

Starwriter (Star Division)

Word; Word für Windows (Microsoft)

WordPerfect; WordPerfect für Windows (WordPerfect)

WordStar (WordStar)

Utilities (Programme mit ansprechender, leicht bedienbarer Bildschirmgestaltung zur Ausführung von vielerlei Hilfsaufgaben, z.B. Festplattenverwaltung, Betriebssystemaufgaben etc.)

Norton Utilities (Symantec)

PC Tools (Central Point Software)

Sonstiges:

MS-Project (Micorsoft)

Timeline (Symantec)

Computer und Gesundheit

Die Arbeit am Computer wird immer wieder in Zusammenhang gebracht mit Gesundheitsschäden für die Anwenderinnen. Diese Verbindung herzustellen ist durchaus angebracht, sind es doch oft Frauen, die stundenlang fast bewegungslos vor dem Computer sitzen müssen, um Daten, Zahlen oder Text zu erfassen. Männer verbringen zwar auch viel Zeit davor, aber zumindest ist ihre Arbeit (Programmieren, Spielen etc.) häufig anspruchsvoller und abwechslungsreicher, dadurch auch bewegungsintensiver.

Gesundheitsschädlich kann sich bei der Arbeit am Computer die freiwerdende Strahlung des Bildschirms auswirken, ebenso aber die körperliche Verkrampfung durch Bewegungsmangel oder falsche Haltung und die Belastung der Augen. Außerdem können bei übertriebenem Arbeiten am und Beschäftigen mit dem Computer („diesen Fehler beseitige ich, dieses Spiel gewinne ich, und wenn es bis Mitternacht dauert") viele Grundregeln für gesundes Leben (frische Luft, regelmäßige Mahlzeiten, Bewegung, mäßiger oder gar kein Coffein- und Nikotingenuß etc.) unter den Tisch fallen.

Die Strahlenbelastung ist in den letzten Jahrn dank verschiedener gesetzlicher Vorschriften reduziert worden. So sind mittlerweile viele Bildschirme strahlungsarm. Erkundigen Sie sich rechtzeitig, ob auch Ihr Monitor strahlungsarm ist. Sollte das nicht der Fall sein, gibt es Strahlungsfilter im Computerhandel zu kaufen. Die Strahlungsbelastung läßt sich auch reduzieren, indem Sie nie mehr als maximal 6 Stunden täglich vor dem Rechner verbringen. Schalten Sie den Rechner und den Monitor aus, wenn Sie ihn nicht benutzen. Sinnvoll in diesem Zusammenhang ist weiterhin das regelmäßige Lüften des Arbeitsplatzes. Stellen Sie den Monitor so auf, daß die Rückseite nicht direkt auf eine Person gerichtet ist, denn auch dort ist meßbare Strahlung vorhanden.

Verkrampfungen beugen Sie durch vernünftige Büromöbel und die Wahl eines sinnvollen Standplatzes für den Computer vor. Sie sollten gerade, entspannt und bequem vor der Tastatur sitzen, der Monitor sollte in Augenhöhe in gerader Linie vorm Körper in einem Abstand von ca. 50 cm zu den Augen aufgestellt sein. Spätestens nach einer Stunde sollten Sie den Computer für ein paar Minuten verlassen und ein wenig herumgehen (einen Plausch mit Kolleginnen halten, Kaffee holen oder andere Aufgaben erledigen) und dabei am besten auch ein paar Dehn- und Streckübungen machen. Oft reicht es schon, den Kopf vorsichtig ein paar Male in beide Richtungen kreisen zu lassen und sich dann kräftig zu strecken. Schütteln Sie auch die Hände, Arme und Schultern ein wenig aus.

Um die Augen nicht zu überanstrengen, sollten Sie sich den Bildschirm so einstellen, daß der Text kontrastreich und dennoch für Ihr Empfinden angenehm angezeigt wird. Schwarz auf weiß finden die meisten Menschen angenehmer als weiß auf schwarz. Monochrome Bildschirme in grün sollen nicht so anstrengend sein wie solche in orange. Wenn Sie einen Farbmonitor haben, stellen Sie sich dort ebenfalls angenehme Farben ein – sehr bunte Bildschirme sind nicht immer auch augenfreundlich.

Wenn Sie häufig zwischen Bildschirm und Papier hin- und herschauen müssen, legen Sie sich das Papier direkt zwischen Tastatur und Bildschirm, damit die Augen keine großen Weg zurücklegen müssen, oder verwenden Sie einen dieser Ständer mit schwenkbarem Arm, auf die man Bücher oder Unterlagen stellen kann.

Sorgen Sie für gute Beleuchtung, die nicht blendet und einen ständigen Wechsel zwischen hellem Bildschirm und dunkler Umgebung vermeidet.

Machen Sie auch spätestens nach einer Stunde – und sooft es zwischendrin geht – einige Entspannungsübungen für die Augen. Die beste Übung ist die, den Blick einfach aus dem Fenster schweifen zu lassen. Suchen Sie sich dann da draußen ein Objekt, dessen Konturen Sie mit dem Blick nachfahren. Sehr hilfreich ist es auch, die geschlossenen Augen mit der hohlen Hand locker abzudecken und so kurze Zeit zu entspannen.

Schulung und Weiterbildung im EDV-Bereich

Wenn Sie nicht nur aufgrund von Büchern die Arbeit am Computer erlernen wollen oder wenn Sie einfach mehr wissen möchten, gibt es jede Menge Schulungsunternehmen, die sich auf Computerkurse spezialisiert haben. Das Angebot beginnt bei der Vermittlung der Grundlagen oder der Beherrschung von jeglicher Art von Anwendungsprogrammen, führt weiter über die Erlernung einer Programmiersprache und kann bis zu komplexen Spezialkursen zur Berufsweiterbildung gehen. Bis auf Ausnahmen handelt es sich immer um Gruppenunterricht.

Niveau, Dauer, Inhalte und auch Preise sind ausgesprochen unterschiedlich. Es lohnt sich, genauere Vergleiche anzustellen. Natürlich ist es auch ganz wichtig, vorab möglichst präzise zu klären, was Sie von einem Kursus erwarten, was Sie nach Beendigung wissen und beherrschen wollen, wieviel Zeit und Geld Sie ausgeben wollen oder können und welche sonstigen Anforderungen Sie darüber hinaus an die Art der Schulung stellen.

Speziell für Frauen werden mittlerweile in jeder größeren Stadt Computerkurse angeboten, fast immer auch mit weiblichen Dozenten. In so einer Umgebung fühlen sich vor allem Anfängerinnen am wohlsten. In diesen Kursen wird auch speziell auf die weibliche Art, mit Technik umzugehen und sie sich zu erschließen, eingegangen. Anbieter dieser Kurse sind vor allem die Volkshochschulen und andere öffentliche Bildungseinrichtungen. Auskunft darüber erhalten Sie oft bei der Volkshochschule, bei der Stadtverwaltung, in der örtlichen Stadt- oder Gemeindebücherei oder beim Arbeitsamt. Diese Kurse sind erschwinglich und finden zu Zeiten statt, die sowohl für Berufstätige als auch für Mütter mit Kindern gut wahrzunehmen sind – häufig wird Kinderbetreuung mit angeboten.

Frauen-Computerschulen haben sich auf diese Art von Kursen („von Frauen für Frauen") spezialisiert. Es sind privat-rechtliche Organisationen. Sie gibt es in großen Städten, bei der momentanen Entwicklung ist allerdings damit zu rechnen, daß sie auch bald in mittelgroßen Städten gegründet werden. Das Lernklima ist entspannt und angenehm, die Vermittlung der Inhalte aber absolut professionell. Oft werden in diesen Kursen auch Randthemen (z.B. Entspannung bei der Computerarbeit) mit besprochen. Die Preise sind ausgesprochen moderat, die Kurszeiten sind ebenfalls sehr gut mit Beruf und Kindern zu vereinbaren. Einige dieser Kurse werden vom Arbeitsamt gefördert. Auskunft erhalten Sie über die örtliche Frauengleichstellungsstelle, das

Frauenreferat der Stadt, Frauenzentren, Frauenbuchhandlungen, das Arbeitsamt und Anzeigen in der Presse.

Darüber hinaus gibt es jede Menge von anderen privat-rechtlichen Instituten. Einige sind spezialisiert auf die Schulung ganz bestimmter komplexer Programme, andere haben ein breites, allgemeines Kursangebot, wieder andere bieten berufsbildende Maßnahmen (Ausbildung zur Datenkauffrau, Softwareentwicklerin etc.) an. Diese Kurse sind häufig Blockseminare, in denen konzentriert über einen bestimmten Zeitraum täglich ganztägiger Unterricht stattfindet. Je nach Kursart zahlt das Arbeitsamt oder der Arbeitgeber u.U. die nicht unerheblichen Gebühren. Auskunft zu solchen Instituten erhalten Sie am besten über das Arbeitsamt. Auch die Computerfachpresse enthält Informationen, meist in Form von Anzeigen, zu den größten Schulungsunternehmen (SPC, CDI).

Viele Schulungsunternehmen, auch die Frauen-Computerschulen, nicht jedoch die Volkshochschule, bieten auch sogenannte Inhouse-Schulungen an. Dabei kommt der Dozent oder die Dozentin zu Ihnen ins Büro und unterrichtet dort eine ganze Abteilung bzw. eine größere Gruppe.

Nachstehend finden Sie eine Auswahl der wichtigsten Informationsstellen für Frauen und jener Schulungsunternehmen, die sich auf Frauenschulung spezialisiert haben oder diese Kurse mit anbieten. Da das Angebot solcher Kurse jedoch ständig wächst, erkundigen Sie sich am besten direkt an Ihrem Wohnort.

Durchblick GmbH
Steinmetzstr. 40
W-1000 Berlin 30
Tel.: 030-2164163

Frauen-Computer-Zentrum Berlin
Cuvrystr.1
W-1000 Berlin 36
Tel.:030-6184095

KOBRA
Berliner Frauenbund e.V.
Knesebeckstr. 33/34
W-1000 Berlin 12
Tel.: 030-82100323 oder 82204087

Frauentechnikzentrum Wirkstoff e.V.
Rheinsbergerstr. 74 - 77
O-1040 Berlin

Frauentechnikzentrum Hohenschönhaus
Zum Hechtgraben 1
O-1093 Berlin
Tel.:030-9224128

Frauentechnikzentrum Potsdam e.V.
Am Neuen Garten
O-1560 Potsdam

Deutscher Frauenring e.V.
Normannenweg 12
W-2000 Hamburg 26
Tel.: 040-2514399

Frau und Arbeit e.V.
Grindelallee 43
W-2000 Hamburg 13
Tel.: 040-4444960 und 445137

Frauen Technik Zentrum
Weiterbildung für Frauen von Frauen
Deutscher Frauenring e.V.
Landesverband Hamburger Frauenring e.V.
Normannenweg 2
W-2000 Hamburg 26
Tel.: 040-2514399

Technikbildung für Frauen von Frauen
Mozartweg 2
W-2000 Norderstedt

Frauenbildungs-/Beratungszentrum
Brandteichstr. 19
O-2200 Greifswald

Frauen werden mobil
Weiterbildungsberatung von Frauen für Frauen
Berufsfortbildungswerk des DGB
Schleswiger Chaussee 35
W-2250 Husum
Tel.: 04841-7060

Frauenakademie Lübeck e.V.
Brodtener Kirchsteig 7
W-2400 Lübeck-Travemünde

Verein z. Förderung d. Weiterbildung
Am Rostengarten
O-2500 Rostock

Verein zur Förderung der Weiterbildung von Frauen e.V.
Am Moorweg 11
Postfach 41633
O-2551 Groß-Lüsewitz

Alternative Fraueninitiative e.V.
Dorfstr. 4
O-2711 Hundorf

Frauen-Erwerbs- u. Ausbildungsverein
Carl-Ronning-Str. 2
W-2800 Bremen
Tel.: 0421-12261

Zurück in den Beruf
Kontakt- und Beratungsstelle für Frauen
Arbeitsförderungszentrum GmbH
Am Wall 165 - 167
W-2800 Bremen 1
Tel.: 0421-321910

Institut Frau und Gesellschaft GmbH
Goethestr. 29
W-3000 Hannover 1
Tel.: 0511-326911

Weiterbildungsberatung für Frauen
Volkshochschule Braunschweig e.V.
Leopoldstr. 6
W-3300 Braunschweig
Tel.: 0531-40688

Frauenbildungsstätte Edertal Auraff e.V.
Königsbergerstr. 6
W-3593 Edertal
Tel.: 05621-3218

Verein Frau und Bildung e.V.
Kochstr. 19
O-3700 Wernigerode

Frauenbildungs-und Ferienhaus Osteresch
Zum Osteresch 1
W-4447 Hopsten
Tel.: 05457-1513

Verein zur Weiterbildung von Frauen e.V.
Venloer Str. 405-407
W-5000 Köln 30
Tel.: 0221-737000

Frauentechnikzentrum Erfurt e.V.
Magdeburger Allee 131
O-5066 Erfurt
Tel.: 0361-6433326

Neue Wege-Neue Pläne
Beratung und Information zum beruflichen Wiedereinstieg
Verein zur beruflichen Förderung von Frauen e.V.
Varrentrappstr. 90
W-6000 Frankfurt/ Main
Tel.: 069-7602099 oder 706285

Softwarehaus von Frauen für Frauen und Mädchen e.V.
Hohenstaufenstr. 8
W-6000 Frankfurt 1
Tel.: 069-7411401

Verein zur berufl. Förderung von Frauen
Varrentrappstr. 47
W-6000 Frankfurt 90
Tel.: 069-706285

Zentrum für Weiterbildung
Untelindau 18
W-6000 Frankfurt/M.
Tel.:069-721157

Frauen-Computer-Schule Offenbach
Senefelder Str. 180
W-6050 Offenbach
Tel.: 069-844430

Zentrum für Weiterbildung e.V.
Schleiermacher Str. 8
W-6100 Darmstadt
Tel.: 06151-21618

Beratungsstelle für Berufsrückkehrerinnen
Landesarbeitsgemeinschaft Soziale Brennpunkte e.V.
Mainzer Str. 131
W-6600 Saarbrücken
Tel.: 0681-66374

Technologie -Beratungsstelle
Kaiserstr. 8
W-6600 Saarbrücken
Tel.: 0681-936330

Frauenberatungsstelle „ Zurück in den Beruf"
Friedrich-Ebert-Str. 16
W-6740 Landau
Tel.: 06341-4051

Mikro-Partner
Rotebühlstr. 169/1
W-7000 Stuttgart 1
Tel.: 0711-655343

Weiterbildungsberatungsstelle für Frauen
Berufliche Förderung von Frauen e.V.
Schlosserstr.28
W-7000 Stuttgart 1
Tel.: 0711-6403903

Frauentechnikzentrum Leipzig e.V.
Torgauer Str. 114
O- 7024 Leipzig
Tel.: 0341-2374229

Technikbildung für Frauen von Frauen
Metzgerstr. 15
W-7410 Reutlingen
Tel.: 07071-38491

Frauenförderverein f. Weiterbildung
Bahnhofstr. 18
O-7551 Straupitz

Frau und Technik - DFR e.V.
Friedrichring 33
W-7800 Freiburg i.B.
Tel.: 0761-288592

Institut für Informatik und Gesellschaft (IIG)
Friedrichstr. 50
W-7800 Freiburg i.Br.
Tel.: 0761-2034941

FemComp
Ohlstadter Str. 49
W-8000 München 70
Tel.: 089-7694713

Frauen-Computer-Schule
Volkhartstr. 23
W-8000 München 19
Tel.: 089-1675589

SUPER NOFA
Schwanthalerstr. 10
W-8000 München 2
Tel.: 089-554254

Informatik für Frauen von Frauen e.V.
Bodenbacher Str. 81
O-8021 Dresden

Informatik für Frauen von Frauen e. V.
Dipl.-Ing. E.Eiselt
Jüngststr.22
O-8053 Dresden
Tel.: 35104

Cursus - Computer v. Frauen f. Frauen
Schießstattweg 60
W-8390 Passau
Tel.: 0851-55548

Beratungsstelle für Berufsrückkehrerinnen
Stadt Regensburg
Haidplatz 8
W-8400 Regensburg
Tel.: 0941-507-3432

Beratungsstelle für Frauen – Zurück in den Beruf
Industrie- und Handelskammer Würzburg/ Schweinfurt
Mainaustaße 35
W-8700 Würzburg
Tel.: 0931-4194-262/263

Berufsschule für Weiterbildung
Kantonsschulstr. 3
CH-8025 Zürich
Tel.: 0041-1-2614166

Außerdem bieten wie erwähnt fast alle Volkshochschulen derartige Kurse an.

Nachfolgend noch die Adressen einiger bundesweit Schulungen anbietenden Unternehmen:

CDI - Control Data Institut
Schulungsunternehmen mit Filialen in allen großen Städten
Zentrale: Frankfurt
Gutleutstr. 42 - 44
6000 Frankfurt 1
Tel.: 069 - 25606-0

SPC - Computer Training
Schulungsunternehmen mit Filialen in allen großen Städten
Zentrale zur Auskunft:
Frankfurter Str. 21 - 25
6236 Eschborn/Frankfurt
Tel.: 06196-42953

Literaturempfehlungen

Wenn Sie sich lesenderweise tiefer in den Dschungel der Computerwelt hineinwagen wollen, so gibt es eine schier unüberschaubare Flut von Büchern und Zeitschriften dazu.

In öffentlichen Bibliotheken und Büchereien finden Sie sicherlich eine reichhaltige Auswahl; Bücher zu ganz aktuellen Themen und neuen Programm-Versionen sind dort jedoch häufig erst mit Zeitverzögernug vorrätig.

Möchten Sie Näheres zu der Funktionsweise einzelner Anwendungsprogramme wissen, so kann Ihnen das Handbuch des Programmherstellers, das Sie zusammen mit der Software kaufen, oftmals weiterhelfen.

Computerbücher können Sie in jeder größeren Buchhandlung, einigen Kaufhäusern, wenn diese eine Buchabteilung haben, und in einigen Computerläden kaufen. Die beste Beratung finden Sie sicherlich in einer guten Buchhandlung, denn Computerhändler beraten lieber beim Kauf eines 3000 DM teuren Rechners als bei der Auswahl des passenden, aber vielleicht nur 50 DM teuren Buches.

Viele Verlage bringen Bücher für Anfänger heraus, die eine allgemeine Einführung oder die Erklärung eines Anwendungsprogrammes darstellen. Welches Buch und welche Art der Beschreibung Ihnen am meisten zusagt, sollten Sie beim Stöbern in der Buchhandlung selbst herausfinden.

Für Anfängerinnen empfehlen wir besonders die weiteren Bände in der Reihe:

Das Frauen-Computerbuch, IWT Verlag

Mit dieser Reihe führen die Autorinnen Computer-Anfängerinnen behutsam, verständlich und kompetent in die EDV ein. Mit vielen Beispielen und Abbildungen wird die scheinbar geheimnisvolle Welt der Computer erklärt. Es erscheinen Bücher zu den Grundlagen und zu weit verbreiteten Anwendungsprogrammen aus den Bereichen Textverarbeitung, Betriebssysteme, Datenbank, Tabellenkalkulation. Alle sind mit einem umfassenden, informativen Anhang ausgestattet.

Lediglich ein weiteres, zwar schon älteres, aber empfehlenswertes Buch widmet sich dem Thema „Erklärung von Computern für Frauen":

Deborah L. Brecher: Go - Stop - Run, 1987 Orlanda-Frauenbuchverlag.

Weiterhin sinnvoll ist die Anschaffung eines Computer-Lexikons. Das kann Ihnen oft bei dem Verständnis von Zeitschriftenartikeln oder bei der Lektüre von Handbüchern weiterhelfen. Stellvertretend für die vielen, die angeboten werden, seien hier zwei genannt:

Bernhard Bachmann: Das große Lexikon der Computerfachbegriffe, 2. Auflage 1992, IWT Verlag, DM 78.-

Bernhard Bachmann: Computerwissen von A - Z, 2. Auflage 1992, IWT Verlag, DM 36.-

 Eine gute Möglichkeit, sich schnell und umfassend über die aktuellen Entwicklungen auf dem Computermarkt zu informieren und Tips und Empfehlungen zu erhalten, ist die Lektüre von Fachzeitschriften. Diese gibt es in Hülle und Fülle. Um sich dort ein wenig zu orientieren, empfehlen wir hier eine – unvollständige und subjektive – Auswahl, die sich besonders gut für Einsteigerinnen eignet. All diese Zeitschriften erhalten Sie in gut sortierten Kiosken oder direkt im Computerhandel.

- Highscreen Highlights, DMV Verlag, ca. DM 5.-

Ein wirkliches Einsteigerinnenheft. Produktmeldungen, Soft- und Hardwareberichte, in denen nicht davon ausgegangen wird, daß die Leserin eh schon alles weiß.

- PC **Praxis**, Data Becker

  Zielgruppe sind ebenfalls Einsteigerinnen

- c't, Heinz Heise Verlag, ca. DM 8.50
- **DOS International**, DMV Verlag, ca. DM 7.50
- **CHIP**, Vogel Verlag, ca. DM 7.50

  Dieses Zeitschriften gelten als **die** Fachzeitschriften im PC-Bereich. Geeignet für fortgeschrittene Anwenderinnen.

- PC **Professionell**, Ziff Verlag, ca. DM 8.50

  Auch eher für Fortgeschrittene, da aber vorwiegend Soft- und Hardwaretests enthalten sind, können die Berichte mit etwas Mühe nachvollzogen werden.

- PC **Welt**, IDG Verlag, ca. 5 DM

  Softwareberichte, Neuigkeiten, Tips; geeignet für Fortgeschrittene.

- WIN, Vogel Verlag, ca. DM 7.50
- **WinDOS**, DMV Verlag, ca. DM 7.50

Alles rund um die Benutzeroberfläche Windows.

Liebe Leserinnen,

Computerbücher für Frauen – das ist bisher etwas vollkommen Neues. Wir haben uns bemüht, die Bücher genau auf die Bedürfnisse von Frauen abzustimmen, die sich mit einem Computer befassen wollen oder müssen. Ob uns das wirklich gelungen ist, das möchten wir gerne von Ihnen hören. Außerdem interessiert uns, wer Sie sind, was das also für Frauen sind, die unsere Bücher lesen. Dadurch können wir mit den nächsten Frauen-Computerbüchern noch stärker auf Ihre Wünsche eingehen.

Daher möchten wir Sie bitten, unseren Fragebogen zu kopieren, auszufüllen und an uns zurückzuschicken. Als Dankeschön an Sie schicken wir jeder 50. Leserin einen Blumenstrauß. Wenn Sie an der Verlosung teilnehmen möchten, tragen Sie bitte auch Ihren Namen und Ihr Adresse ein.

Herzlichen Dank für Ihre Mithilfe!

Name: _____

Adresse: _____

Telefonnummer: _____

Alter: _____

Ausbildung: _____

momentan ausgeübte Tätigkeit: _____

bisherige Computererfahrung:

_____

_____

Ich habe folgendes Frauen-Computerbuch gelesen:

_____

Ich bin darauf aufmerksam geworden durch

○ eine Buchhandlung   ○ eine Freundin

○ eine Zeitschrift   ○ Werbung in: _____

○ eine anderen Hinweis: _____

Ich habe es

○ gekauft   ○ geschenkt bekommen

○ geliehen   ○ am Arbeitsplatz erhalten

Generell hat es mir

○ sehr gut gefallen   ○ gut gefallen

○ nicht gefallen   ○ überhaupt nicht gefallen

Im einzelnen haben mir gefallen/nicht gefallen

	sehr gut	gut	nicht	gar nicht
Idee eines Computer-buches für Frauen	○	○	○	○
Gestaltung/Titelbild	○	○	○	○
Art, wie speziell auf Frauen eingegangen wird	○	○	○	○
Art der Erklärungen/Schreibstil	○	○	○	○
Informationsgehalt	○	○	○	○

Folgendes hat mir besonders gut/gar nicht gefallen:

_____

_____

_____

_____

Folgende Fragen habe ich noch an die Autorin bzw. den Verlag:

_____

_____

_____

Folgende Anregungen, auch bezogen auf weitere Themen, möchte ich für die zukünftigen Frauen-Computerbücher geben:

_____

_____

_____

IWT Verlag GmbH, Bahnhofstr. 36, 8011 Vaterstetten

Stichwortverzeichnis

FRAUEN

COMPUTERBÜCHER

Für viele Frauen bedeutet der Umgang mit einem Computer den ersten Schritt in ein technisches Umfeld, das keine Bezugspunkte zu bereits Vertrautem zu haben scheint. Wie leicht Computer-Grundlagen und die verschiedenen Standard-Softwareprogramme zu verstehen sind, wenn erstmal die "Aura des Geheimnisvollen und Unbekannten" durchbrochen ist, zeigen die Autorinnen dieser Reihe. Sie erklären alles Schritt für Schritt, auf bereits Erlerntem aufbauend, zeigen in vielen Beispielen nichttechnische Parallelen auf und verzichten auf "Computerkauderwelsch". Sie vermitteln ein umfassendes Grundverständnis und darüber hinaus ein neues technisches Selbstvertrauen.

Das Frauen-Computerbuch: Grundlagen

Brigitte Hutt
Der Einstieg in die Welt der Computer schlechthin — leicht verständlich und durch viele Beispiele lebendig. Dieses an sich eher trockene Thema wird hier ausgesprochen interessant. Aus dem Inhalt: Funktionsweise der Computer, die wichtigsten Anwendungsprogramme, Erklärung der Fachbegriffe, Tips und vieles mehr.
1992. 224 Seiten. Geb.
ISBN 3-88322-418-9
DM 32. –

 NEU

Das Frauen-Computerbuch: MS Windows

Friederike Wandmacher
Mit der Bedienungsoberfläche Windows können Sie die Arbeit mit Ihrem PC einfacher und eleganter gestalten. Wie das funktioniert, wird hier ausführlich erklärt. Auch absolute Anfängerinnen finden sich mit diesem Buch schnell in der Windowswelt zurecht: durch Einführungspassagen zu jedem Themenbereich, viele Beispiele und ein Fachwort-Lexikon.
1992. Ca. 220 Seiten. Geb.
ISBN 3-88322-415-4
DM 32. –

 NEU

Das Frauen-Computerbuch: Word für Windows

NEU

Pia Maslo
Wie erstelle und drucke ich ein Schriftstück mit Word für Windows? Wie gebe ich ihm ein ansprechenderes Aussehen? Wie schicke ich am schnellsten den selben Brieftext an 20 Adressen?
Dieses Buch erklärt's Ihnen — und noch viel mehr — gut nachvollziehbar und ohne Umschweife.
1992. Ca. 220 Seiten. Geb.
ISBN 3-88322-420-0
DM 32. –
Erscheint Nov. 1992

Das Frauen-Computerbuch: MS-DOS

NEU

Martina Bühler
Das Betriebssystem MS-DOS verrichtet auf sehr vielen PCs unbemerkt seine Arbeit. Gerade Anfängerinnen machen am liebsten einen Bogen um dieses Thema. Zu Unrecht! Was DOS nämlich in Ihrem Rechner macht, ist nicht nur sehr spannend, sondern vor allem notwendig und nützlich. Einfach und nachvollziehbar erklärt dieses Buch auf sehr humorvolle Weise Ihre Arbeit mit DOS.
1992. Ca. 220 Seiten. Geb.
ISBN 3-88322-416-2
DM 32. –

Das Frauen-Computerbuch: Word 5.0/5.5

Karen Heidl
Ein locker und verständlich geschriebener Einstieg in dieses leistungsfähige Textverarbeitungsprogramm: von den Grundlagen (Text erstellen, speichern, formatieren, drucken etc.) über die Benutzung von Arbeitshilfen, wie z.B. Textbausteinen, bis zur Erstellung von Serienbriefen.
1992. Ca. 220 Seiten. Geb.
ISBN 3-88322-419-7
DM 32. –

 NEU